DON BOSCO
VERLAG

Eva Reuys / Hanne Viehoff

Freizeit mit Kindern gestalten

Don Bosco Verlag

Die Deutsche Bibliothek – CIP-Einheitsaufnahme

Freizeit mit Kindern gestalten / Eva Reuys/Hanne Viehoff.
– 2. Aufl. – München : Don-Bosco-Verl., 1995
   ISBN 3-7698-0729-4
NE: Reuys, Eva; Viehoff, Hanne

Zeichnungen: Hanne Viehoff
Geschichten: Hanne Viehoff
Phantasiereisen: Eva Reuys

2. Auflage 1995 / ISBN 3-7698-0729-4
© by Don Bosco Verlag, München
Umschlag: Felix Weinold, Schwabmünchen
Gesamtherstellung: Salesianer Druck, Ensdorf

Gedruckt auf chlorfrei gebleichtem, umweltfreundlichem Papier

Inhalt

Einführung

Zu allen Zeiten haben Kinder sich Plätze und Orte für ihr Spiel gesucht. Sie bevorzugen Stellen, wo sie gemeinsam mit Freunden ihre Phantasie entwickeln, der natürlichen Neugierde nachgehen, Abenteuer erleben, Kräfte erproben und Grenzen ausloten können. Der ständigen Kontrolle und Aufsicht der Erwachsenen entzogen, gestalten sie sich ihre eigene Kinderwelt. Sie bauen Hütten und Höhlen, suchen Verstecke, entdecken und erforschen ihre nähere Umgebung.
Mit zunehmender Verstädterung verringern sich die Freiräume für Kinder. Spielflächen und Freizeiteinrichtungen werden künstlich angelegt. Genormte Spielgeräte schränken Kinder in ihrem kreativen Tun ein. Sie suchen attraktivere Orte: Baustellen, Bahnhöfe, leerstehende Fabriken, Kaufhäuser, die Straße. Die damit verbundenen Gefahren fordern Kinder zwar heraus, werden aber nicht immer richtig eingeschätzt.

Manche Kinder können mit ihrer freien Zeit nichts Sinnvolles anfangen, bei einigen macht sich Langeweile breit. Fernsehen und Video werden zum Ersatz für eigene Aktivitäten. Andere leben Spannungen und Aggressionen aus, indem sie Telefonhäuschen zerstören, Wände beschmieren, Autos beschädigen oder gegen Mitmenschen Gewalt anwenden.
Oft erleben Kinder aber auch, daß ihre freie Zeit von Erwachsenen verplant ist und wenig Zeit bleibt für selbstbestimmtes Spiel. Aus der gutgemeinten Absicht, die Kinder mit Ballett-, Reit- und Musikunterricht so umfassend wie möglich zu fördern, erwachsen oft Überforderung und Freizeitstreß.
Das künstliche Freizeitangebot wird zunehmend zum Geschäft und ein wichtiger Wirtschaftsfaktor: Freizeitparks und -oasen, Erlebnisbäder, Fitneßstudios und Sportzentren werden zum Ersatz für natürliche Erlebnisräume.

Unser Anliegen ist es, solche natürlichen Räume für Kinder wieder zu erschließen. Wir möchten dazu ermutigen, gemeinsam mit Kindern die Umwelt in ihrer Vielfalt zu entdecken und ihnen die Augen zu öffnen für die Schönheit der Natur.
Der Aufenthalt in der freien Natur weckt in Kindern spontan Neugierde, Entdeckerfreude und Begeisterung. Sie staunen über den kunstvollen Aufbau eines Spinnennetzes, lauschen dem Gesang der Amsel, erforschen Tümpel und Bachläufe, freuen sich am Spiel im Schnee oder Wasser, lassen sich begeistern von großartigen Landschaften am Meer oder im Gebirge.
Erfahrungen und Erlebnisse dieser Art vermitteln ein Gefühl der Verbundenheit mit der umgebenden Natur. Nur was man liebt, wird man auch schützen! In einer Zeit zunehmender Umweltzerstörung ist dies besonders wichtig.

Zur Handhabung

Dieses Buch enthält verschiedene Erlebnisfelder, die sich an den Umwelt- und Spielerfahrungen von Kindern orientieren.

Alter, Interessen, Erfahrungen der Kinder sowie die Situation der Gruppe sollten bestimmend für die Auswahl und Gestaltung der Spiele und Aktionen sein.

Angebote, die sich hier an ältere Kinder richten, sind mit ein wenig Phantasie leicht umzugestalten und auch mit Kindern im Vorschulalter durchzuführen. Wir verzichten daher bewußt auf Altersangaben.

Die Erlebnisfelder gliedern sich in:

● Informationen für den Gruppenleiter **i**

● Kinderfragen **?**

● Geschichten und Texte

● Erkundungen und Naturbeobachtungen

● Aktionen und Spiele

● Werken und Gestalten

● Lieder

● Kochen und Backen

● Unfallverhütung und Erste Hilfe ✚

● Literatur

Die unterschiedlichen Symbole erleichtern die Handhabung des Buches. Einen Überblick über sämtliche Aktivitäten gibt das alphabetische Stichwortverzeichnis auf Seite 267.

Dieses Buch richtet sich an alle, die Freizeit mit Kindern gemeinsam planen und gestalten: Erzieher, Lehrer, Gruppen- und Spielleiter, Eltern und alle, die sich haupt- oder ehrenamtlich mit Kindern beschäftigen.

Einige Aktivitäten sind mit einem ✳ gekennzeichnet. Sie werden an anderer Stelle im Text näher ausgeführt.

Andere Angebote sind mit → S. XX versehen. Sie weisen auf eine genauere Beschreibung unter einem anderen Themenkreis hin.

Unsere Anregungen verstehen sich nicht als unveränderliche Rezepte. Die Angebote sind immer der jeweiligen Gruppensituation anzupassen.

Dorf und Stadt

DORF UND STADT – MENSCHLICHE SIEDLUNGSFORMEN

Als die Menschen seßhaft wurden, ließen sie sich an Plätzen nieder, die ihnen ausreichend Nahrungsgrundlagen und Schutz vor Gefahren boten. Flüsse und Wege schufen Verbindungen zu anderen Orten; Tausch- und Handelsgeschäfte konnten betrieben werden.

DORF UND STADT – IM WANDEL DER GESCHICHTE

In Städten und Dörfern ist auch heute noch Geschichte lebendig: Gebäude, Straßen, Plätze und Stadtmauern sind Zeugen der Vergangenheit. Baumeister und Künstler haben das Denken und Empfinden ihrer Zeitepoche in verschiedenen Baustilen zum Ausdruck gebracht.

DORF UND STADT – HEUTE

Das Dorf, eine ursprünglich ländlich-bäuerliche Siedlungsform, verwandelt sich zunehmend: Viele Bauern geben ihre Landwirtschaft auf, Industriebetriebe siedeln sich im Umkreis an, Städter ziehen auf's Land. Dörfliches Brauchtum verliert an Bedeutung.
Die Stadt heute ist Sammelplatz von Industrie, Handel, Verkehr und Verwaltung. Sie bietet damit vielen Menschen eine Existenzgrundlage. Ein reichhaltiges kulturelles Angebot macht für viele das Leben in der Stadt attraktiv.
Die Lebensqualität wird jedoch zunehmend gemindert durch hohes Verkehrsaufkommen, vergiftete Luft, Lärm, Probleme bei der Abfallentsorgung und Wohnungsnot.

DORF UND STADT – LEBENSRAUM FÜR KINDER

Kinder wachsen von klein an in ihr Lebensumfeld hinein. Im Spiel entdecken sie ihre nächste Umgebung. Sie bauen Beziehungen auf zu Familie, Freunden und Nachbarn; der Wohnort wird ihnen zur Heimat.
Vor allem in der Stadt gibt es ein reiches Angebot, das sich speziell an Kinder richtet: Ferien- und Stadtranderholung, Abenteuerspielplätze, Kindertheater und -kino, Programme im Museum und vieles mehr.

Kinder erkunden ein Dorf – eine Stadt

In unserer Zeit haben viele Menschen kaum noch eine tiefere Beziehung zu ihrem Wohnort. Sie wissen oft wenig darüber. Daher ist es sehr wichtig, Kinder schon frühzeitig für ihre nähere Umgebung zu interessieren. Nur so können sie Anteil nehmen am Leben, den Problemen und Ereignissen in ihrem Wohnort.
Sind Kinder mit ihrem eigenen Lebensraum vertraut, so ist es durchaus reizvoll, fremde Dörfer und Städte zu erkunden.

Was interessiert Kinder?

- Museen: Spielzeug-, Naturkunde-, Heimat-, Stadt-, Schiffahrts-, Kunst-, Völkerkunde-, Kuriositäten-, Freilichtmuseen; Schlösser und Burgen
- Öffentliche Einrichtungen wie Post, Polizei, Feuerwehr
- Filmstudios
- Westernstadt
- Kinderkino, Kindertheater, Puppentheater
- Abenteuerspielplatz, Spielzeugladen
- Tiergehege, Stallungen, Zoo
- Botanischer Garten
- Sporteinrichtungen und anderes mehr

Was ist zu beachten?

Vorbereitung

Bei Dorf- und Stadterkundungen ist eine sorgfältige Vorbereitung besonders wichtig.

Der Gruppenleiter informiert sich über:
- Sehenswürdigkeiten, Öffnungszeiten und Eintrittspreise für Museen, Theater, Freizeiteinrichtungen sowie Verkehrsverbindungen. Informationsquellen sind: Touristenbüros, Verkehrsämter, Städteführer oder Broschüren, Stadtpläne, Veranstaltungskalender.
- Programme für Kinder
  Eine größere Anzahl von Museen führt „Museumspädagogische Abteilungen" oder kooperiert mit museumspädagogischen Institutionen → Adressenliste Seite 41. Diese entwickeln und veranstalten Programme speziell für Kinder, u.a. Führungen und Werkstattaktivitäten. Jugendämter, Verbände und Vereine bieten in den Ferien verschiedene Programme für Kinder an: Spielbusse, Kinderzirkus, Mitspieltheater, Kinderzeitung, Stadtteilforschung und vieles mehr.
- Ferienpässe für Kinder
  Manche Städte vergeben Ferienpässe gegen geringe Kosten an Kinder. Ein Paß berechtigt zum Besuch vieler Museen, des Zoos, der Hallen- und Freibäder und anderer Freizeiteinrichtungen. Auskunft geben hier die Jugendämter.

Begleitpersonen

Die Zahl der Begleitpersonen orientiert sich an Alter, Anzahl und Besonderheiten der Teilnehmer. Zu empfehlen sind mindestens zwei erwachsene Begleiter.

Regeln

Zu Beginn einer Dorf- oder Stadterkundung müssen mit den Kindern bestimmte Regeln vereinbart werden:
- Die Gruppe bleibt immer zusammen oder trifft sich zu einem vereinbarten Zeitpunkt an einem allen bekannten Platz.
- Bilden sich Kleingruppen, so sollten ihnen mindestens drei Kinder angehören. Im Notfall kann einer Hilfe holen, ohne daß der andere alleingelassen wird.
- Jedes Kind weiß eine Anlaufstelle für den Notfall.
- Im Ort verhalten sich die Kinder gesittet: Lärmendes, rüpelhaftes, unhöfliches Verhalten ist unerwünscht. Abfälle werden nicht auf den Boden, sondern in die dafür vorgesehenen Behälter geworfen.
- Verkehrsregeln sind zu beachten. Kinder sind häufig umweltvergessen und unterschätzen die Gefahren.

Pausen, Rast

Längere Dorf- und Stadterkundungen können anstrengend sein. Pausen sind unbedingt nötig, um die Kinder nicht zu überfordern.
Eine Rast im Park, auf einer Wiese, dem Spielplatz oder eine Stärkung mit einer kleinen Mahlzeit dienen der Entspannung und Erholung. Mit frischen Kräften kann dann ein weiteres Ziel angestrebt werden.

Abenteuer, Spiel und Spaß

Kinder erforschen ein Dorf oder eine Stadt am liebsten auf spielerische Weise. Das ganzheitliche Erleben steht im Vordergrund:
- Fotopirsch ∗
- Stadt-, Dorfrallye ∗
- Architektenwettbewerb ∗

Ausrüstung für Dorf- und Stadtforscher

- Stadtplan, Städteführer
- Skizzenblock und Schreibmaterial
- Kassettenrecorder, Leerkassette, Mikrofon für Interviews
- Fotoapparat, Film
- Geld für Sonderausgaben, Eintrittsgelder
- Adresse für den Notfall

KOMMT EIN TAG IN DIE STADT

Ein Wecker rasselt,
eine Teekanne zischt,
ein Regenguß prasselt,
eine Putzfrau wischt,
ein Briefkasten klappert,
ein Baby schreit,
eine Nachbarin plappert,
und ganz weit
quietscht eine Bahn in den Schienen.
So kommt ein Tag in die Stadt:
im Dämmerlicht um halb sieben,
in die Stadt, die geschlafen hat.

Vielleicht ist am Abend der Regen zu Ende,
vielleicht ist der Himmel dann rot,
vielleicht hat die Putzfrau rissige Hände,
und vielleicht ist die Nachbarin tot.

Ein neuer Tag im Dämmerkleid...
Irgendwo plappert ein Kind,
eine Straßenbahn rasselt, ein Wecker schreit,
am Fenster rüttelt der Wind.
So kommen die Tage über die Städte:
am Morgen im fahlen Licht,
und welcher Tag in der langen Kette
keinen Abend hat – ich weiß es nicht.

(Hans Adolf Halbey, aus: Joachim Gelberg (Hrsg.), Die Stadt der Kinder, © by Georg Bitter Verlag, Recklinghausen 1982)

Es war einmal – Geschichte(n) unserer Stadt

Jedes Dorf, jede Stadt hat eine ganz eigene Geschichte. Bereits in ihrem Alltag erleben Kinder, daß ein altes Haus abgerissen, eine Straße verändert, ein neues Gebäude errichtet wird und sich so das Dorf oder die Stadt verändert. Was sich bis zu fünfzig Jahren vorher ereignet hat, können Kinder von ihren Großeltern oder Eltern erfahren. Bei den Kindern kann jedoch auch das Interesse dafür geweckt werden, wie es ganz früher einmal war.

Besuch im Heimat-, Stadt- oder Freilichtmuseum

Im Museum wird die Vergangenheit nicht nur durch das Wort lebendig, sondern in all den Gegenständen, die einst zum Alltag gehörten. Möbel, Haushaltsgegenstände,

Arbeitsgeräte, Alltags- und Festkleidung, Brauchtum geben Zeugnis für die damalige Zeit. In Freilichtmuseen wurden Bauernhöfe von früher wieder vollständig aufgebaut und ausgestattet. Häufig werden auch Arbeiten wie Spinnen, Weben, Brotbacken u.a. den Besuchern demonstriert.

Ein Museumsbesuch regt Kinder dazu an, Gegenwart und Vergangenheit miteinander zu vergleichen. Es wird ihnen deutlich, daß der Alltag für die meisten Menschen früher sehr beschwerlich war. Familien-, Dorf- und Stadtfeste waren so eine willkommene Abwechslung.

Erzählungen und Sagen zur Dorf- oder Stadtgeschichte

Erfahrungsgemäß lassen sich Kinder von alten Geschichten begeistern. Mit besonderem Interesse werden sie dann aufgenommen, wenn sie am Ort des Geschehens erzählt werden. Bevor der Gruppenleiter mit den Kindern einen Spaziergang durch den Ort unternimmt, macht er sich kundig. Oft wissen alteingesessene Bewohner oder auch Fremdenführer erstaunlich viele Geschichten über ihren Wohnort und sind gerne bereit, diese zu erzählen. Auch in Stadtführern für Kinder und Eltern sind Geschichten und Legenden nachzulesen, die sich um Persönlichkeiten, Straßen, Plätze oder Gebäude ranken.

So wird vom Hofbräuhaus in München folgende lustige Geschichte erzählt:
„Früher soll es im Hofbräuhaus eine Bierbeschau gegeben haben. Die Bierbeschauer mußten hirschlederne Hosen tragen. Eine Holzbank wurde mit Bier übergossen, und die Bierbeschauer mußten sich draufsetzen. Nach einer Stunde standen alle auf ein Zeichen hin gemeinsam auf. Blieb die Bank nun an ihren Hosen kleben und wurde mit emporgehoben, so war das Bier gut und kräftig und sein Geld wert."

(aus: Elke Barten, München sehen und erleben. Stadtführer für Kinder und Eltern, Ludwig Buchverlag, München 1985)

Neustraße früher

Neustraße heute

Fotos von früher und heute

In Stadt- und Heimatmuseen, Bildbänden über den Ort, alten Foto- und Postkarten-
alben finden sich Fotos, die alte Zeiten widerspiegeln. Für die Kinder ist interessant
zu sehen, wie Verkehrsmittel, Mode, Gebäude, Straßen und Plätze damals aussa-
hen. Es können auch Ansichtskarten von heute mit Ansichten von gestern vergli-
chen werden, um herauszufinden, was sich verändert hat.

Einblick in das Kirchenregister

In kleinen Orten kann man den Pfarrer bitten, den Kindern einen Einblick in das Kirchenregister zu gewähren. Die Kinder forschen nach, auf welches Jahr die älteste
Eintragung zurückgeht und welche ihnen bekannten Familiennamen weit zurückrei-
chen. Sie erhalten damit Auskunft darüber, welche Familien schon lange ortsansäs-
sig sind.

Kinder befragen Bewohner – Menschen in unserer Mitte

Nachdem die Kinder über ihren Ort schon einiges an Wissenswertem erfahren haben, wollen sie die Bewohner näher kennenlernen.

Material

Schreibblock und Schreibmaterial, Kassettenrecorder, Leerkassette, Mikrophon,
Videokamera, Papierbogen und dicke Filzschreiber.

So wird's gemacht

Die Kinder stellen Fragen an Alteingesessene, Zugezogene, Ausländer, Asylanten, Kinder, Besucher u.a. Die Gespräche werden auf Band aufgenommen oder schriftlich festgehalten. Ältere Kinder haben vielleicht Spaß daran, ihre Interviews mit der Kamera aufzunehmen. Voraussetzung ist allerdings, daß die Befragten ihr Einverständnis erklären.
Bereits vor der Aktion gestalten die Kinder einen Fragebogen, auf dem sie später die Aussagen notieren können. Zu zweit oder in kleinen Gruppen machen sich die Kinder auf den Weg.

Beispiele für Fragen

- Wie lange leben Sie schon hier?
- Wie alt sind Sie?
- Was gefällt Ihnen hier, was nicht?
- Was sollte am Ort verändert werden?
- Gibt es ein besonderes Erlebnis, das Sie uns erzählen möchten?

Selbstverständlich werden die einzelnen Gruppen angewiesen, höflich anzufragen und es zu akzeptieren, wenn der eine oder andere zu einem Interview nicht bereit ist. Danach tragen die Kinder ihre Ergebnisse zusammen. Auf einem großen Blatt können die Aussagen ausgewertet werden. Die Kinder notieren zum Beispiel, was im Ort gefällt oder nicht gefällt, und ergänzen die Angaben mit eigenen Aussagen zu ihrem Wohnort.

Auf Fotopirsch

Material
Fotoapparat, Film.

Die Kinder machen in ihrem Dorf oder Stadtviertel Fotos von schönen Gebäuden, Fassaden, Brunnen, Plätzen, Straßen. Sie halten aber auch wenig erfreuliche oder häßliche Ansichten im Bild fest: heruntergekommene Hinterhöfe und Fassaden, verschmutzte Spielplätze, mit Autos zugeparkte Geh- oder Radwege, Müll auf den Straßen u.a. Für Kinder ist es besonders reizvoll, die Fotos selbst zu entwickeln. Vielleicht bietet sich die Möglichkeit, das Fotoatelier des Jugendheims oder der Schule mitzubenutzen.
Die Fotos können zu einer Dokumentation über den Wohnort zusammengestellt und von den Kindern mit einem aussagekräftigen Text versehen werden. Vielleicht findet eine Ausstellung das Interesse der Eltern und anderer Bewohner des Ortes.

Stadt-Rallye

VORBEREITUNGEN

Bei einer Rallye erfahren die Kinder auf spielerische Weise viel Interessantes und Wissenswertes über die Stadt, in der sie leben oder die sie gemeinsam mit Freunden besuchen. Eine Rallye, die insgesamt zwei bis drei Stunden dauert, findet in einem begrenzten Gebiet statt. Sie kann durch das einigermaßen vertraute Stadtviertel oder aber in die Altstadt führen.
Besonders wichtig ist eine sorgfältige Planung. Da eine Person kaum alle Aufgaben bewältigen kann, sollten sich an der Organisation mehrere Helfer beteiligen.

Wegstrecke erkunden
Der Spielleiter geht das Stadtviertel einige Tage vor dem geplanten Spiel ab und legt den Streckenverlauf im groben fest. Die Wegstrecke führt an Punkte, an denen interessante Aufgaben gestellt werden können. Stadtführer, Stadtbücher für Kinder, Broschüren von Fremdenverkehrsämtern geben dem Spielleiter Informationen, die für die Zusammenstellung der Aufgaben wichtig sind.
Spätestens einen Tag vor dem Spiel wird die Strecke nochmals abgegangen. Nun werden die Aufgaben genau festgelegt und die Zeit ermittelt, die für die gesamte Rallye benötigt wird. Die Entfernungen zwischen den Stationen sollten so bemessen sein, daß sich die einzelnen Gruppen nicht gegenseitig behindern.

Posten und Stationen
Die meisten Rallyes werden so geplant, daß aus dem Aufgabenblatt die zu bewältigenden Aufgaben und auch die Wegstrecke klar hervorgehen. Posten sind dann nicht nötig. Es sind aber auch andere Vorgehensweisen denkbar:
– Jede Gruppe wird von einem Betreuer begleitet. An bestimmten, vorher festgelegten Punkten teilt er der Gruppe eine Aufgabe mit und notiert die Ergebnisse auf seinem Aufgabenblatt.
– An einzelnen Stationen beziehen Helfer Posten und erwarten die ankommenden Gruppen. Material, das zur Aufgabenstellung benötigt wird, haben die Posten vorbereitet. Die Aufgaben werden den Teilnehmern mitgeteilt, und die Ergebnisse werden sofort in einem Auswertungsbogen festgehalten.
Den Weg zur nächsten Station entnehmen die Mitspieler der mitgeführten Wegbeschreibung oder erfahren ihn vom Streckenposten.
Die einzelnen Stationen werden von den Gruppen in unterschiedlicher Reihenfolge oder aber im Abstand von 10-15 Minuten aufgesucht.

Zusammenstellung der Gruppen
Die Teilnehmer bilden Gruppen von mindestens drei bis maximal zehn Personen. Dabei ist darauf zu achten, daß die Kinder ihrem Alter und ihren Fähigkeiten entsprechend eine gleich gute Ausgangssituation haben. Bestehen die Teams aus einer unterschiedlichen Anzahl von Kindern, so sollte bei der Aufgabenstellung gewährleistet sein, daß keine Gruppe aufgrund ihrer größeren oder kleineren Anzahl

von Kindern einen Vor- oder Nachteil hat. Beteiligen sich Eltern an der Rallye, dann bilden sich etwa gleich starke Gruppen aus Erwachsenen und Kindern.

Bei einer Eltern-Kind-Rallye werden einige Aufgaben eingebaut, die nur mit Hilfe der Erwachsenen zu lösen sind. Sicher ist von Vorteil, daß sich die Unfallgefahr erheblich vermindert, wenn Erwachsene vor allem jüngere Kinder begleiten. Im Eifer des Gefechts kann es nämlich passieren, daß der Verkehr zu wenig beachtet wird.

AUFGABEN

Jede Rallye ist eine Aneinanderreihung von spielerischen Aufgaben mit Wettbewerbscharakter. Wichtig ist eine bunte Mischung! Neben Wissensfragen werden Aufgaben gestellt, die Kombinationsgabe, eine gute Beobachtung, die Fähigkeit zur Improvisation, Geschicklichkeit und vor allem Teamgeist fordern. Nicht die Einzelleistung, sondern das gemeinsame Lösen von Aufgaben steht im Vordergrund.

Ein wesentlicher Bestandteil der Rallye ist es auch, den Weg zur jeweils nächsten Station zu finden. Über mehr oder weniger verschlüsselte Hinweise erfahren die Teilnehmer, wie es weitergeht.

Orientierungsaufgaben
- An der Litfaßsäule nach links abbiegen... in die erste Straße rechts gehen ... nach der fünften Parkuhr stehenbleiben.
- Verschlüsselte Hinweise geben, indem die Reihenfolge der Buchstaben verändert oder der gesuchte Ort oder Straßenname von rückwärts geschrieben wird. Auch können Buchstaben ausgelassen werden.
- Straßen und Plätze, die nach bekannten Persönlichkeiten benannt sind, mit Hilfe von Daten aus dem Leben oder anderen Hinweisen umschreiben.

Suchaufgaben
- Nummern von Bussen, Trambahnen, U-Bahnen, Abfahrtszeiten von bestimmten Zügen erfragen.
- Quersumme der Telefonnummer des Bürgermeisters errechnen.
- Das teuerste oder das billigste Gericht auf der Speisekarte eines bestimmten Lokals ermitteln, den Marktstand mit den preiswertesten Äpfeln suchen, im Supermarkt einen Artikel finden, der genau 2,99 DM kostet.
- Das originellste Souvenir in einem Laden ausfindig machen und skizzieren.
- Im Heimatmuseum Modelle oder Bilder historischer Bauten betrachten und das „Original" im Ort ausfindig machen.

Wissensfragen
- Alter, Bedeutung, Baustil, Zweck eines Gebäudes wissen.
- Fragen zu Personen auf Inschriften: Warum ist die Person bekannt, wann hat sie gelebt?
- Fragen zu Kunstwerken: Wer war der Künstler? Entstehungszeit?

Improvisationsaufgaben
- Eine Ansprache halten.

- Eine bestimmte Telefonnummer wählen und ein Lied singen oder einen Vers verfassen. Es wird auf Band aufgenommen (Anrufbeantworter).
- Fünf Eiswürfel mit ins Ziel bringen.
- Eine fremde Person überreden, an der Rallye teilzunehmen.

Beobachtungsaufgaben
- Fünf Minuten lang die Menschen zählen, die ein bestimmtes Gebäude betreten oder verlassen.
- Ein Postkartenpuzzle zusammensetzen und das abgebildete Gebäude suchen.
- Ein Bauwerk oder eine Häuserfassade skizzieren.
- Alle Tierdarstellungen auf der Wegstrecke entdecken und zählen.

Auswertung der Aufgaben
Um zu vermeiden, daß die Teilnehmer von einer Station zur nächsten hetzen, sollte auf eine Zeitmessung verzichtet werden. Vor allem Rallyes mit Kindern sollten ohne Druck ablaufen, da sonst die Gefahr besteht, daß die Aufmerksamkeit merklich nachläßt. Dies ist insbesondere bei einer Stadtrallye nicht ungefährlich. Die Veranstalter der Rallye legen bereits vor dem Start fest, wie die einzelnen Aufgaben bewertet werden. Die Höchstpunktezahl für das beste Ergebnis wird errechnet. Es wird auch überlegt, in welchen Fällen Extrapunkte für besondere Leistungen in Frage kommen. So können Aufgaben, die Improvisation verlangen, besser bewertet werden. Die Auswertung sollte gleich nach dem Eintreffen der einzelnen Gruppen erfolgen. Die Punktewertung der einzelnen Aufgabenblätter wird auf einem gesonderten Blatt übersichtlich zusammengefaßt. So stehen bald nach Ankunft der letzten Gruppe die Punktewertungen aller Teams fest.

Siegerehrung, Preise
Die Siegerehrung erfolgt sofort nach Auswertung aller Ergebnisse oder erst am Abend in Verbindung mit der Aufführung eines kleinen Programms. So können am Abend die auf Band aufgenommenen Lieder oder Gedichte abgespielt werden, oder es wird die selbst erdachte Rede vorgetragen (vgl. Improvisationsaufgaben). Dafür kann die Jury dann nochmals Punkte vergeben. Erst im Anschluß daran wird die Siegerehrung vorgenommen. Jede Gruppe erhält eine Kleinigkeit für ihre Leistung. Besondere Leistungen werden hervorgehoben. Die Gruppen auf den ersten Plätzen werden mit zusätzlichen Preisen belohnt.

Preise können sein
Städtepuzzle, Souvenir der Stadt, Stadtführer oder Buch zur Stadtgeschichte für Kinder, Ansichtskarten, Buttons mit Stadtwappen oder Städtenamen, selbstgefertigte Urkunden, die die Teilnahme bestätigen und die Plazierung angeben, Eintrittskarten, z. B. für Schwimmbad, Kino, Zirkus, Kindertheater.

Buttons mit Stadtwappen oder Städtenamen

Schaufensterbummel

Bei diesem Spiel interessiert die Kinder nur eines. Sie wollen möglichst schnell alle Buchstaben finden, die in verschiedenen Schaufenstern der Geschäfte ausgestellt sind. Alle Buchstaben zusammen ergeben, in die richtige Reihenfolge gebracht, das Lösungswort.

Material
Karton, dicke Filzstifte, Schere.
Pro Gruppe: Schreibmaterial, Zettelblock, evtl. Streckenbeschreibung.

Vorbereitung
– Wort überlegen, z. B. „Eisdiele".
– Karton in postkartengroße Teile zerschneiden und die Buchstaben des Wortes einzeln auf den Karton schreiben.
– Ladenbesitzer über das geplante Spiel informieren und um Unterstützung bitten. Buchstabenkarten im Schaufenster so anbringen, daß sie nicht auf den ersten Blick entdeckt werden.
– Bei weiter auseinanderliegenden Geschäften auf Ortsplan Wegstrecke markieren und Plan für jede Gruppe kopieren.

Spielverlauf
Es spielt jedes Kind für sich, oder die Gruppe teilt sich in Kleingruppen. Nachdem der Spielleiter die Spielaufgabe erklärt hat, informiert er die Kinder über die Anzahl der Buchstaben, den Spielbereich und den gemeinsamen Treffpunkt. Für das Spiel kann nur eine Straße mit zahlreichen Geschäften in Frage kommen oder aber der ganze Ort. Die Kinder notieren sich unterwegs jeden Buchstaben auf einen Zettel. Dies erleichtert am Ende das Hin- und Herschieben der einzelnen Buchstaben, um das Lösungswort zu finden. Das erste Kind oder die erste Gruppe, die das Lösungswort dem Spielleiter mitteilt, bekommt eine Überraschung. Bei dem gewählten Wort „Eisdiele" ist wohl eine große Portion Eis eine willkommene Belohnung. Allen anderen mitspielenden Kindern winken Trostpreise.

Buchstabenrallye

Bei diesem Spiel werden einzelne Buchstaben oder Wortteile an den verschiedensten Orten hinterlegt. Alle Buchstaben ergeben, in die richtige Reihenfolge gebracht, einen Satz, dessen Aussage für die Kinder eine Überraschung bereithalten kann. So könnte zum Beispiel die Lösung des Buchstabenrätsels lauten: „T R E F F P U N K T K O N D I T O R E I M O S E R". Sicher freuen sich die Kinder, wenn sie nach diesem lebhaften und spannenden Spiel als Belohnung eine kleine Stärkung erhalten.

Material
Karton, dicke Filzstifte, Schere, Verpackungsmaterial.
Pro Gruppe: großer Briefumschlag mit Aufgabenblatt, Schreibmaterial, Telefonnummer und Telefongeld für den Notfall.

Vorbereitung
- Karton in postkartengroße Teile zerschneiden und Buchstabe oder Wortteil in Großbuchstaben auf jede Karte schreiben.
- Einen Teil der Buchstabenkarten originell verpacken, so z. B. als Postpaket oder in einer leeren Pralinenschachtel, wenn der Fundort die Post bzw. eine Konditorei ist.
- Buchstabenkarten an verschiedenen Orten hinterlegen: Telefonzelle, Konditorei, Tankstelle, Minigolfplatz, Gepäckausgabe bei der Post...
- Aufgabenblatt mit Hinweisen, wo der Buchstabe oder das Wortteil gefunden werden kann, zusammenstellen und für die Gruppen kopieren.
- Personen, die in das Spiel einbezogen werden, informieren und um Unterstützung bitten.

Spielverlauf
Das Spiel kann mit einer oder auch mehreren Kleingruppen gespielt werden. Treten Guppen gegeneinander an, so werden die einzelnen Stationen in unterschiedlicher Reihenfolge oder im Abstand von 10 – 15 Minuten aufgesucht. Die Buchstabenkarten werden dann am Fundort belassen. Falls die Karten verpackt wurden, kann für jede Gruppe ein eigenes Paket hinterlegt werden. Die Gruppe, die das Rätsel richtig löst und als erste am gemeinsamen Treffpunkt ist, wird Sieger. Gesamtdauer des Spiels ca. 2 Stunden.

Jedes Team erhält beim Start ein Aufgabenblatt, auf dem die Buchstaben oder Wortteile und am Ende der vollständige Satz einzutragen sind.

BUCHSTABENRALLYE

Teilnehmer der Gruppe Nr. ... sind:

1. _____	4. _____
2. _____	5. _____
3. _____	6. _____

Wir sind um ... Uhr gestartet.
„Geht zu den einzelnen Stationen. Dort haben wir für euch eine oder auch mehrere Buchstabenkarten hinterlegt. Manchmal müßt ihr sie erst suchen. Bitte laßt die Buchstaben am Fundort! Nach euch kommen noch andere Kinder, die mitspielen und die gleiche Chance haben sollen. In die richtige Reihenfolge gebracht, ergeben

alle Buchstaben einen Satz. Nun kommt es nur noch darauf an, daß ihr schneller als die anderen seid und das Rätsel löst. Viel Spaß dabei!"

1. Findet die nächstgelegene Bushaltestelle. Sie liegt genau 500 m vom Startpunkt entfernt in südlicher Richtung. Dort haben wir keine Buchstabenkarte versteckt! Der gesuchte Buchstabe ist der dritte Buchstabe des Namens der Bushaltestelle.   .....

2. Geht zur Telefonzelle in der Hansastraße und notiert den Anfangsbuchstaben, der auf Seite 290 steht.   .....

3. In der Bahnhofsnähe liegt das Postamt. Bittet Herrn Müller an der Paketausgabe, euch das Buchstabenpaket auszuhändigen!   .....

4. Im Bahnhof findet ihr ein Schreibwarengeschäft, das Ansichtskarten verkauft. Hier hat sich ein Buchstabe sichtbar versteckt. Ihr müßt also nur genau schauen.   .....

5. Geht zum Minigolfplatz. Hier haben wir acht Buchstabenkarten versteckt!   .....

Wie lautet die Lösung?
....

Unsere Ankunftszeit: ... Uhr. Insgesamt benötigten wir ... Stunden ... Minuten.

Variation
Dieses Spiel kann in abgewandelter Form auch im Haus durchgeführt werden, wenn alle Räume miteinbezogen werden.

Architekten-Wettbewerb: Spielplatz

Kinder haben meist eine genaue Vorstellung davon, was sie zum ausgelassenen Spiel brauchen und was sie eher daran hindert. Wie ein richtiges Architektenteam sollen sie in diesem Projekt gemeinsam ein Modell von ihrem Spielplatz der Zukunft entwerfen. Sind mehrere Kindergruppen beteiligt, so können die verschiedenen Modelle später der Öffentlichkeit präsentiert werden: im Jugendheim, in der Tagesstätte oder im Bürgerhaus. Vielleicht findet das eine oder andere Modell Beachtung bei einem Städteplaner oder im Gemeinderat.

So wird's gemacht
Jeweils drei bis fünf Kinder bilden ein Architektenteam. Bis zu fünf einzelne Teams können an der Aktion teilnehmen. Wie bei einem richtigen Architektenwettbewerb können Preise für die besten Modelle ausgesetzt werden. Eine Jury, bestehend aus Kindern und Erwachsenen, setzt die Maßstäbe für die Bewertung fest, überlegt sich

und besorgt kleine Preise: kleines Spielzeug, Luftballons, Gutscheine für den Besuch einer Eisdiele usw.

Die Aktion verläuft in vier Phasen:

ERKUNDUNG

Die Kinder erkunden in ihrem Dorf oder Stadtteil die Spielmöglichkeiten für Kinder. Der bekannteste oder nächstgelegene Platz wird dabei näher unter die Lupe genommen. Was sie dort vorfinden, bewerten sie jeweils mit einer Note von 1 (= sehr gut) bis 6 (= ungenügend). Besonders gute und ganz besonders schlechte Spielgeräte können zusätzliche Bemerkungen erhalten. Jede Kleingruppe erhält einen Laufzettel und Schreibzeug. Die Aufgaben auf dem Laufzettel können lauten:
– Zählt die Spielgeräte!
– Benennt jedes einzelne Spielgerät: Für welche Altersstufe ist es geeignet? Bewertet es mit einer Note!
– Welche weiteren Spielmöglichkeiten gibt es noch?
– Was befindet sich im unmittelbaren Umfeld des Spielplatzes? Was ist daran besonders gut/besonders schlecht?
– Beurteilt die Sauberkeit auf dem Spielplatz!
– Sucht Gefahrenquellen!
– Was fehlt eurer Meinung nach auf dem Spielplatz?
– Was wünscht ihr euch auf dem Spielplatz?

PLANUNG UND ENTWURF

Im Haus werten die Kinder ihre Aufgaben aus. Sie diskutieren insbesondere weitere Möglichkeiten. Jedes Kind fertigt nun einen Entwurf an vom Spielplatz seiner Wünsche. Danach werden die Entwürfe ausgewertet. Die Gruppe diskutiert die Ergebnisse. Die besten Ideen, die eine breite Zustimmung aller erhalten, werden zusammengefaßt. Der Gruppenleiter sollte in dieser Zeit immer wieder den einzelnen Kleingruppen Hilfestellung und Unterstützung in der Gesprächsführung geben. Ein Kind notiert die Vorschläge, auf die sich alle einigen.

ANFERTIGEN DES MODELLS

Material
Kartons, Wellpappe, Paketpapier, Kreppapier, Milchtüten, Papierrollen, kleines Verpackungsmaterial wie z. B. Styroporflocken, Bindfaden, Klebeband, Kleber, Büroklammern, Schere, Küchenmesser, Farben und Pinsel zum Bemalen, Zeichenkarton DIN A 3, Filzstifte.

In der dritten Phase machen die Kinder sich ans Werk: Sie setzen ihre Ideen um in ein Modell. Dabei sollte der Phantasie freier Lauf gelassen werden, auch ziemlich unrealistische Vorschläge können ausgestaltet werden. Der Gruppenleiter gibt auch in dieser Phase Hilfestellung und berät bei technischen Problemen. Zum Abschluß wird jedes Modell auf einem Tisch präsentiert.

PRÄMIERUNG

Die Jury bewertet nun jedes Modell.
Preise können gegeben werden für:
- das Modell, das alle Altersstufen anspricht
- das Modell mit den originellsten Ideen
- das Modell, das eine besonders sorgfältige Planung und Ausführung erkennen läßt
- das Modell, das besonders zukunftsorientierte Ideen erkennen läßt
- das Modell, das mit wenig Aufwand realisiert werden kann und der Gemeinde wenig Kosten verursacht.

Kinder-Eiscafé

Anziehungspunkt jeder Stadt ist für Kinder immer auch eine Eisdiele. Wie wäre es, einmal ein eigenes Eiscafé für Kinder auf die Beine zu stellen? Ein warmer Sonntagsnachmittag im Sommer ist dafür gut geeignet. Treffpunkt ist ein Haus, in dem die Kinder eine Küche benutzen dürfen. Freunde, Verwandte, Bekannte und Nachbarn sind in diesem Café gern gesehene Gäste. Was ist zu beachten?

Langfristige Planung
Ein bis zwei Wochen vorher kann mit den ersten Vorbereitungen begonnen werden:
- Lebensmittel einkaufen
- Eis ✳ in ausreichender Menge herstellen, Wolkenbaisers backen ✳

- Dekoration basteln:
  Tortendeckchen für die Servierschürzen vorbereiten
  Tortendeckchen zur Tischdekoration bedrucken oder bemalen
  Eiskarten basteln ✳
  Plakate als Hinweisschilder (Aufschrift: Kinder-Eiscafé) herstellen

Einkaufsliste
- Lebensmittel: Malzkaffee, Zucker, Eiswaffeln, Eistüten, Gummibärchen, Smarties, Schoko- und Mandelsplitter, Fruchtsauce
- Bastelmaterial: Tortendeckchen, Schaschlikstäbe, Tonpapier, weißer Zeichenkarton DIN A 5, Filzstifte, Plakatkarton

Kurzfristige Vorbereitung
Ein bis zwei Tage vorher bzw. am Vormittag des geplanten Tages werden vorbereitet
im Freien:
- Tische, Stühle, Sonnenschirme bereitstellen
- jeden Tisch dekorieren mit Tortendeckchen, einer Eiskarte, evtl. einer kleinen Blumenvase
in der Küche:
- Tische anrichten mit: Bechern, Gläsern, Kompottschalen, Tellern, Kaffeelöffeln, Trinkhalmen, Eisportionierer, Suppenlöffel
für die servierenden Kinder:
- Servierschürze, Notizblock und Schreibzeug, Tablett

Vorbereitung direkt vor Beginn der Aktion
- Malzkaffee zubereiten und kühl stellen
- Sahne steif schlagen und kühl stellen
- Eis aus dem Gefrierschrank nehmen und im Kühlschrank aufbewahren
- Eisportionierer in Gefäße mit Wasser stellen
- Lebensmittel, die zur Dekoration benötigt werden, bereitstellen: Smarties, Mandel- und Schokosplitter, Fruchtsauce, Gummibärchen, Wolkenbaisers

Organisation während der Aktion
Eis ist ein empfindliches Lebensmittel. Eine gut durchdachte und straffe Organisation hilft, Pannen zu vermeiden.
An separaten Tischen ist je ein Helfer verantwortlich für:
- das Aufstellen der Vorratsdosen mit dem Eis und das Portionieren (dieser Tisch steht direkt neben dem Kühlschrank)
- die Dekoration der Eisbecher
- Ein weiterer Helfer nimmt die Bestellungen an und gibt die gefüllten Eisbecher an ein servierendes Kind weiter.
- Ein weiterer Helfer nimmt gebrauchtes Geschirr entgegen und sorgt für die Reinigung von Geschirr und Küche.

EISKARTE

Es macht Kindern sicher viel Spaß, die Eiskarte selbst zu basteln. Diese liegt auf jedem Tisch auf. Der Phantasie sind keine Grenzen gesetzt, wenn es gilt, neue Eiskreationen zu erfinden.

Eiskarte

Eiskasperl
Eine leckere Schlemmerei
für unsere Minis:
eine Kugel Vanilleeis
auf Fruchtsauce, Eistüte

Kinder-Eiskaffee
Eine gesunde Köstlichkeit
für unsere Gäste
aller Altersstufen:
gekühlter und leicht gesüßter
Malzkaffee, zwei Kugeln
Vanilleeis, Schlagsahne
und als Krönung:
Schokosplitter!

Wolkentraum
Eine Eismeringue der
besonderen Art:
Vanille-, Zimt- und Schokoeis,
mit Schlagsahne,
bestreut mit Mandelsplittern,
und ein köstliches
Wolkenbaiser!

Gummibärchen's Eisversteck
Alle Gummibärchen haben sich in
diesen heißen Tagen ins Eis zurückgezogen
und sich dort versteckt. Wer findet sie?
Vanille-, Zimt- und Schokoeis, mit
Sahne, Schoko- und Mandelsplittern
und natürlich: ein Gummibärchen!

Kinder-Stadtplan

Material
Makulaturpapier, ca. 60 x 140 cm groß, selbstklebende Etiketten und Markierungs-
punkte, Filzstifte.

So wird's gemacht
Zunächst müssen einige Vorbereitungen getroffen werden:
- Auf dem Makulaturpapier werden Straßen und Plätze des Stadtteils eingetragen,
  ohne ihre Namen und Bezeichnungen.
- Auf den Etiketten und den Markierungspunkten werden Symbole aufgemalt, die
  für die Freizeit von Kindern von Bedeutung sind:

Schwimmbad	 Bücherei	 Kleinkinderspielplatz	 Spielplatz für größere Kinder Fußballplatz
 Wiese zum Drachen-steigenlassen	Skate-board-Bahn	 Rollschuh-/ Schlittschuhbahn	 Fahrrad-/ Mountainbike-Gelände
 Sehenswertes	 Jugendheim	Spielwaren-geschäft	Musik-schule
 Kirche	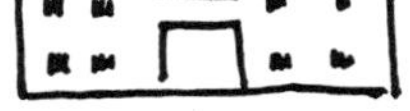 Rathaus	 Spielstraße	 Baum/Park/ Grünanlage

Wohn-haus

Eisdiele

Museum

- Die Anzahl der Etiketten mit gleichen Symbolen richtet sich nach den tatsächlichen Gegebenheiten des Stadtteils.
  Symbole für Häuser und Bäume sollten in einer größeren Anzahl vorhanden sein, auch leere Etiketten, die die Kinder selbst bemalen.

Nach diesen Vorbereitungen gehen die Kinder ans Werk:

- Sie bezeichnen und beschriften auf dem Makulaturpapier Straßen und Plätze.
- Sie heften die Etiketten mit den Symbolen an die richtige Stelle. Dabei kommt es natürlich nicht auf die genaue Anzahl von Wohnhäusern in einer Straße oder Bäumen einer Grünanlage an. Wichtig ist die Diskussion darüber, welche Einrichtungen aus der Sicht der Kinder für sie selbst wichtig sind. Vielleicht finden sie noch weitere Plätze, Höfe oder Ecken, wo sie spielen und sich aufhalten können.

Einkaufstüten

Selbstgebastelte Einkaufstüten sind nicht nur originell, sondern auch umweltschonend. Sie werden aus Altmaterial angefertigt, ersetzen Plastiktüten und sind so stabil, daß sie mehrere Einkäufe überstehen. Im Miniformat sind sie eine nette Verpackung für kleine Geschenke oder Mitbringsel.

Material
Kalenderblätter, Poster, dünnes Packpapier, Zeichenkarton oder Tapetenpapier im DIN A4-Format, Schere, Kleber, Lineal oder Geodreieck, Locher, zwei Bleistifte, dünne Paketschnur, Wachsmalkreide, Filzstifte.

So wird's gemacht

- Zwei Blätter im gleichen Format zuschneiden. Wird die Tüte aus Packpapier oder Zeichenkarton hergestellt, so muß sie vor den weiteren Arbeitsschritten bemalt oder beschriftet werden.
- Stets auf der Tischplatte falten.

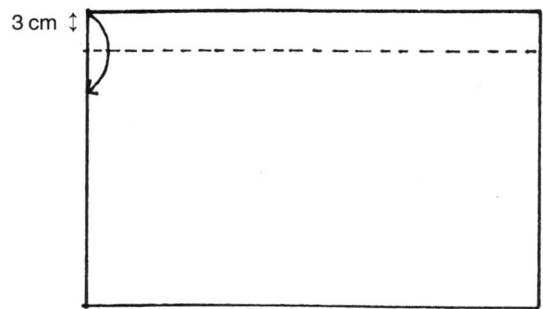

3 cm ↕

- Von jedem Blatt den oberen Rand 3 cm nach innen umfalten und festkleben; die bunte Seite des Papiers liegt außen.

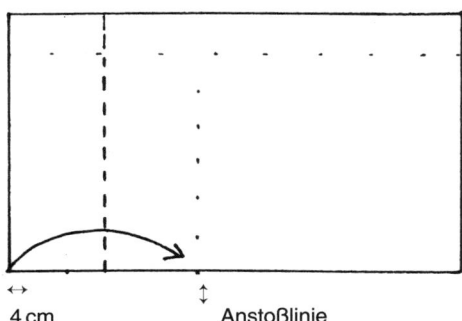

↔ 4 cm   ↕ Anstoßlinie

- Auf jedem Blatt die linke Seite 4 cm umfalten.
- Beide Blätter mit den umgefalteten Seitenteilen aufeinanderkleben. Darauf achten, daß der Rand bei beiden Blättern oben und die bunte Seite des Papiers außen ist.

- Tüte an der Anstoßlinie der Seitenteile falten; es entsteht eine Kastenform, die oben und unten offen ist.

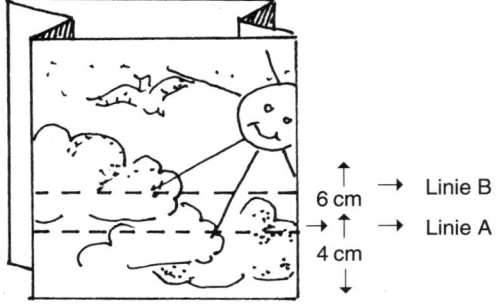

6 cm → Linie B
→ ↑ → Linie A
4 cm

- An den beiden Seitenteilen einen Mittelbruch nach innen falten.
- Am unteren Rand zwei Markierungslinien anbringen: Linie A ist 4 cm, Linie B 6 cm vom unteren Rand entfernt.

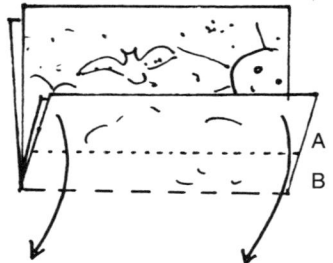

– Beide Blätter zusammen zuerst der Linie A entlang falten, dann in gleicher Richtung der Linie B entlang.
– Gefaltetes Teil nach unten klappen.

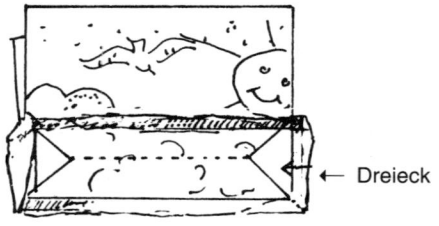

– Tütenboden entlang der Linie B auseinanderfalten, mit Daumen und Zeigefinger die Seitenteile am Mittelbruch fassen und so herunterdrücken, daß in den Ecken ein gefaltetes kleines Dreieck entsteht.

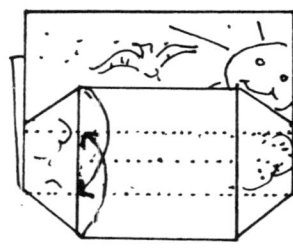

– Seitenteile des Tütenbodens zur Mitte hin falten.

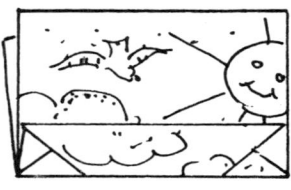

– Beide Teile des Tütenbodens aufeinanderkleben.

– Am oberen Rand im gleichen Abstand und in beiden Blättern Löcher anbringen.
– Kordel durchziehen und innen verknoten.

Kordel drehen
– Paketschnur zusammenknoten.
– Durch beide Enden einen Bleistift schieben.
– Schnur dicht hinter dem Bleistift fassen.
– Zwei Personen stehen sich gegenüber und drehen die Bleistifte bei gespannter Schnur schnell in entgegengesetzter Richtung.
– Ist die Kordel fest genug gedreht, so wird sie zur Hälfte zusammengelegt, und beide Bleistifte werden entfernt. Bei diesem Vorgang muß sehr schnell gearbeitet werden, sonst verheddert sich die Kordel.
– Kordelenden zusammen verknoten.
Eine 3 m lange Schnur ergibt eine ca. 60 cm lange Kordel.

Was ist zu beachten?
Die Angaben bei den Faltschritten beziehen sich auf Papier im DIN A 4 Format. Die Tüte kann jedoch ohne weiteres auch in kleineren oder größeren Formaten herge-stellt werden. Die Angaben für die Breite der Seitenteile und des Bodens sind dann entsprechend zu verkleinern bzw. zu vergrößern. Die Breite des Bodens entspricht immer der Breite der Seitenteile; der Abstand zur Markierungslinie B ist immer halb so groß wie der Abstand vom unteren Rand zur Markierungslinie A. Bei größeren Formaten empfiehlt sich zur Verstärkung des oberen Randes und des Tütenbodens das Einlegen von entsprechend großen Kartonstreifen.

Haus aus Eierkartons

Richtige kleine Handwerker sind die Kinder, wenn sie ihr Haus aus Eierkartons zu-sammenbauen. Wenn der Vorrat an Baumaterial reicht, dann wird das Haus sogar so groß, daß sie darin spielen können.

Material
Eierkartons (mindestens 100 Stück!), stabile Graupappe, Zeitungspapier, scharfes Küchenmesser, Papierschneidemesser, Kleister, Kleber, Klebeband.

So wird's gemacht

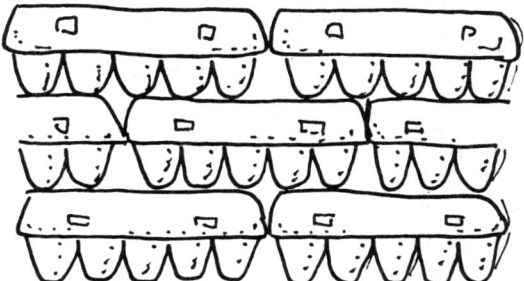

– Graupappe in gleichmäßig lan-ge Streifen schneiden. Die Strei-fen haben in etwa die Breite der Eierkartons und dienen als Fen-ster- und Türstöcke.
– Bei der ersten Reihe die Eierkar-tons seitlich mit Kleber bestrei-chen, aneinanderkleben.
– Bei den nächsten und allen wei-teren Reihen Deckel der Eier-

kartons mit Kleister bestreichen, Kartons versetzt darauf aufeinanderkleben.
- Für die Eckteile wird ein Karton halbiert, mit zerknülltem Zeitungspapier ausgestopft und mit Klebeband umwickelt.
- Türen und Fenster bauen: Die seitlichen Tür- und Fensterrahmen werden mit senkrecht stehenden Eierkartons festgeklebt. In der gewünschen Höhe wird ein Streifen Graupappe waagerecht über die Rahmen gelegt und mit Kleber gut verklebt. Danach werden die „Ziegel" weiter versetzt übereinander gebaut, bis die endgültige Höhe des Hauses erreicht ist.
- Wenn die Kinder noch den Wunsch nach einer weiteren Ausgestaltung haben, so eignen sich Tücher für das Dach, halbierte Eierkartons mit der Öffnung nach oben als Blumenkästen sowie entsprechend große Kartondeckel zum Auf- und Zuklappen als Tür. Gardinen und Vorhänge sind aus Kreppapier schnell hergestellt. Die Kinder werden sicher noch viele Ideen haben, wie sie ihr Haus so richtig gemütlich machen können.

Ansichtskarten

Wenn Kinder eine fremde Stadt besuchen, so wollen sie sicher den Daheimgebliebenen Grüße schicken. Natürlich können sie in jedem Kiosk Ansichtskarten dafür kaufen. Sie können diese aber auch selbst machen. Postkarten gibt es bei der Post oder als kleinen Malblock in einem Geschäft für Malerbedarf. Die Rückseite läßt sich mit Filzstiften, Kreiden oder Wasserfarben bemalen. Die Kinder suchen sich Motive in der Stadt und gestalten diese auf ihren Karten.

Georg, 8 Jahre

Stadt-Memory

Bei diesem Spiel lernen Kinder auf spielerische Art die Sehenswürdigkeiten einer Stadt kennen. Vielleicht finden sie auch Interesse daran, die Entdeckungsreise durch die Stadt „vor Ort" fortzusetzen.

Material
Plakatkarton, Kleber, Schere, je zwei gleiche Ansichtskarten (mindestens 24 Karten).

Herstellen des Spiels
Karton in Größe der Ansichtskarten zuschneiden und auf die Rückseite der Karten kleben.

Spielregel
Gespielt wird wie beim Memoryspiel. Die Spielkarten liegen verdeckt auf dem Tisch. Findet ein Spieler ein Kartenpaar, so kann es abgelegt werden. Wenn er auch noch weiß, was auf der Karte abgebildet ist, darf er so lange Karten aufdecken, wie er Paare findet. Wenn er die Sehenswürdigkeit nicht benennen kann oder zwei verschiedene Karten aufdeckt, kommt der nächste Spieler an die Reihe.

Ansichtskarten-Puzzle

Puzzlespiele erfreuen sich bei Kindern großer Beliebtheit und können mit wenig Aufwand selbst hergestellt werden.

So wird's gemacht
Ansichtskarten von Städten oder Dörfern in beliebig große Teile zerschneiden. Je eine Ansicht in ein Kuvert geben und dieses auf der Vorderseite mit einem kurzen informativen Text über die Abbildung versehen.

Puzzlespiele
- Jedes Kind setzt für sich ein Puzzle seiner Wahl zu einem Bild zusammen.
- Mehrere Gruppen treten im Wettspiel gegeneinander an. Auf das Signal des Spielleiters hin zieht jede Gruppe ein Kuvert mit Puzzleteilen. Pro Puzzle können zwei Punkte erzielt werden:
ein Punkt für die Gruppe, die das Bild zuerst zusammengefügt hat,
ein Punkt für die Gruppe, die das Bildmotiv benennen kann.

Wir bauen eine neue Stadt

(T. und M.: H. Viehoff)

1. Wir bau - en ei - ne neu - e Stadt, die vie - le schö - ne Plät - ze hat, ei - ne neu - e Stadt: Schö - ne Plät - ze, auf de - nen Kin - der mit - ein - an - der spie - len, Men - schen mit - ein - an - der re - den. Plät - ze, auf de - nen Brun - nen lei - se rau - schen, schö - ne Plät - ze für dich und mich!

2. A Wir bauen eine neue Stadt,
   die viele grüne Gärten hat,
   eine neue Stadt:
   V grüne Gärten,
   in denen Apfelbäume blühen,
   Pflaumenbäume wachsen,
   grüne Gärten,
   in denen Vögel ihre Nester bauen,
   grüne Gärten für dich und mich!

3. A Wir bauen eine neue Stadt,
   die viele bunte Blumen hat,
   eine neue Stadt:
   V bunte Blumen,
   die ihren Duft verströmen,
   die sich dem Licht
   entgegenstrecken,
   bunte Blumen
   für die Käfer und Schmetterlinge,
   Blumen für dich und mich!

4. A Wir bauen eine neue Stadt,
   die viele offne Türen hat,
   eine neue Stadt:
   V Türen, durch die
   wir hindurchgehen können,
   hinter denen Menschen wohnen,
   Türen, die weder
   Schloß noch Riegel brauchen,
   Türen für dich und mich!

5. A Wir bauen eine neue Stadt,
   die viele helle Fenster hat,
   eine neue Stadt:
   V Fenster, durch die
   wir hinausschauen können,
   hinter denen Menschen wohnen,
   Fenster zum Öffnen ins Freie,
   Fenster für dich und mich!

6. A Wir bauen eine neue Stadt,
   wo jeder ein Zuhause hat,
   eine neue Stadt:
   V Ein Zuhause für Große und Kleine,
   für Gesunde und Kranke,
   ein Zuhause für Bekannte
   und Fremde,
   ein Zuhause für dich und mich!

Eiskreationen

VANILLEEIS ODER ZIMTEIS

Zutaten für 10 Personen
4 Eigelb, 200 g Zucker, 1 l Milch, 1 1/2 Tassen Sahne.
Gewürz: für Vanilleeis 1 Tl Vanillepulver, für Zimteis 3 Tl Zimt.

Geräte
Küchenquirl, Rührschüssel, Eismaschine.

Zubereitung
– Eigelb mit dem Zucker in die Rührschüssel geben, mit größter Geschwindigkeit
  des Küchenquirls eine cremige Masse schlagen.

- Gewürz zugeben.
- Quirl auf niedrigste Stufe zurückschalten und zuerst die Milch, dann die Sahne zugeben und verrühren.
- Masse in die Eismaschine geben und gefrieren lassen.
- Eis in Vorratsdosen füllen und im Gefrierschrank aufbewahren.
- Eine Stunde vor dem Verzehr die Vorratsdosen in den Kühlschrank stellen.

SCHOKOEIS

Zutaten für 10 Personen
2 Eier, 200 g Zucker, 1 Tafel zartbittere Schokolade oder 3 Eßlöffel Schokoladenpulver, knapp 1 l Milch, 1 Tasse Sahne.

Zubereitung
- Die Milch leicht erwärmen, Schokolade in Stückchen oder in Pulverform zugeben und auflösen. Milch wieder abkühlen lassen.
- Weitere Verarbeitung wie beim Vanille- und Zimteis (siehe oben).

SERVIERVORSCHLÄGE

Eiskasperl
- Fruchtsauce in eine Kompottschale geben.
- Eine Kugel Vanilleeis darauf setzen, Smarties für Augen und Mund eindrücken.
- Eine Eistüte umgedreht als Zipfelmütze aufsetzen.

Kinder-Eiskaffee
- 2 Kugeln Vanilleeis in gekühlten und leicht gesüßten Malzkaffee geben.
- Mit Schlagsahne und 2 Eiswaffeln dekorieren.
- Mit Trinkhalm und Löffel servieren.

Wolkentraum
- Je eine Kugel Vanille-, Zimt- und Schokoeis in einen Becher geben.
- Schlagsahne oben draufsetzen, mit Mandelsplittern bestreuen.
- Ein Wolkenbaiser ✷ hineinstecken.

Gummibärchen's Eisversteck
- Je eine Kugel Vanille-, Zimt- und Schokoeis in einen Becher geben, wobei in einer Kugel das Gummibärchen versteckt ist.
- Schlagsahne oben draufsetzen.
- Mit 2 Eiswaffeln garnieren.

Wolkenbaisers

Bei der Herstellung von Milcheis bleiben meist größere Mengen Eiweiß übrig. Dieses läßt sich ohne große Mühe zu Wolkenbaisers verarbeiten, die dann auf einem Eisbecher eine lustige Dekoration ergeben.

Zutaten für 25-30 Wolkenbaisers
4 Eiweiß, 200 g sehr feiner Zucker, Mehl zum Bestäuben des Backblechs oder rechteckige Backoblaten, Schaschlikstäbe zur Dekoration.

Geräte
Küchenquirl, Rührschüssel, Spritztüte mit Lochtülle.

Zubereitung
– Eiweiß in die Rührschüssel geben, mit der niedrigsten Stufe des Küchenquirls kurz anschlagen.
– Geschwindigkeit auf mittlere Stufe erhöhen, Zucker langsam einrieseln lassen.
– Eischnee mindestens 10 Minuten mit der höchsten Geschwindigkeit des Küchenquirls schlagen, bis eine schnittfeste Masse entsteht.
– Eischnee in die Spritztüte füllen.
– Backblech vorbereiten: entweder leicht und gleichmäßig mit Mehl bestäuben und den Eischnee direkt auf das Blech spritzen oder Backoblaten aufsetzen.
– Kleine Wolken spritzen: kleine und größere Tupfer so nebeneinander setzen, daß sie ineinanderlaufen. (Hilfsmittel evtl. Papierschablone)

– Bei 50 Grad im Backofen mehr trocknen als backen. Dieser Vorgang kann mehrere Stunden dauern. Die Baisers sollten zwar fest, jedoch nicht gebräunt sein!
– Überstehende Backoblaten abbrechen.
– In jede Wolke einen Schaschlikstab stecken.
– Wolkenbaisers in einer Vorratsdose aufbewahren.

Ozonalarm

Ozon – dieses Wort hat in den letzten Jahren für große Verwirrung gesorgt. Während Ozon in der Höhe der Erdatmosphäre ständig abnimmt und vom sogenannten „Ozonloch" die Rede ist, nimmt es am Boden unter bestimmten Bedingungen zu.
Ozon ist in geringen Mengen ein normaler Bestandteil der Luft. In der Höhe der Erdatmosphäre bildet es einen natürlichen Schutzschild gegen schädliche Sonnenein-

strahlung. In Bodennähe ist ebenfalls Ozon vorhanden, aber in deutlich geringeren Mengen. Der Ozongehalt am Boden steigt aber in verkehrsreichen Gebieten deutlich an, wenn eine Schönwetterperiode herrscht. Das Sonnenlicht bildet aus den Autoabgasen zusätzliches Ozon. Der gefürchtete Sommer-Smog entsteht.
In höherer Konzentration kann Ozon zu Reizungen der Augen, Schleimhäute, Atemwege und zu Kopfschmerzen führen. Gefährdet sind vor allem Kinder, Menschen mit Atembeschwerden und alte Menschen.

Verhalten bei Ozonalarm
Bei entsprechender Wetterlage kontrollieren in den Städten Meßwagen die Ozonwerte und geben diese über Presse und Rundfunk bekannt.
Um negative gesundheitliche Auswirkungen bei erhöhter Ozonkonzentration zu vermeiden, gelten folgende Empfehlungen:
– Anstrengende sportliche Aktivitäten und bewegungsreiche Tätigkeiten im Freien einschränken bzw. unterlassen, da durch die körperliche Betätigung mehr Ozon eingeatmet wird.
– Aufenthalte im Freien in den Mittagsstunden möglichst kurz halten, da dann die Sonneneinstrahlung und damit der Ozongehalt am stärksten ist.
– Auf Autofahrten, wenn irgend möglich, verzichten oder Fahrgemeinschaften bilden und öffentliche Verkehrsmittel benutzen.

Literatur

Informationsmaterial über Sehenswürdigkeiten und Veranstaltungen
Broschüren von Touristenbüro, Fremdenverkehrs- oder Kulturamt
Veranstaltungskalender der Stadt oder Gemeinde
Stadtführer für Kinder und Familien

Bücher, die Anregungen für einen Museumsbesuch mit Kindern geben
Wolffhardt, Barbara: Kinder entdecken das Museum, Kösel Verlag, München 1984.
Zweifel, Meta: Komm mit ins Museum. Mit Kindern auf Entdeckungsreisen, Orell Füssli Verlag, Zürich 1990.
Antonic, Magda: Abenteuer Museum. Sehen, Lernen, Spielen, Selbermachen, Orell Füssli Verlag, Zürich 1991.
Pertler, Cordula M.: Kinder erleben große Maler. Modelle für Erzieher, Lehrer und Eltern, Don Bosco Verlag, München 1992 (mit 7 Farbdias).

Kinder-Kataloge zu Ausstellungen der Museen

Materialien zur Freizeitgestaltung im und mit dem Museum
Das Museumspädagogische Zentrum, Barer Str. 29, 80799 München, führt ein reichhaltiges Angebot an Handreichungen. Diese können an der Infothek des MPZ in der Neuen Pinakothek München eingesehen und erworben werden.
– Handreichungen für den Museumsbesuch (z.T. mit Anregungen zur praktischen Gestaltung)

- Handreichungen zur Stadtgeschichte
- Bausätze nach historischen Vorbildern
- Spiel: Stadt-Memory

Viele der Anregungen sind auf andere örtliche Gegebenheiten übertragbar.

Bücher, die den Alltag einer Stadt in der Vergangenheit schildern

Fix, Philippe: Kaum hundert Jahre ist es her. Handwerk und Leben in einer kleinen Stadt, Ravensburger Buchverlag Otto Maier, Ravensburg 1988.

Bildbände mit Ansichten von früher

Adressen Museumspädagogischer Institutionen

14195 Berlin: Institution für Museumskunde, Medien- und Museumsdidaktik, In der Halde 1. Museumspädagogische Abteilungen haben: Staatliche Museen Preussischer Kulturbesitz, Museum für Völkerkunde, Museum für Vor- und Frühgeschichte im Schloß Charlottenburg.
53115 Bonn: Rheinisches Landesmuseum, Museumspädagogische Abteilung, Colmantstraße 4.
40211 Düsseldorf: Kunstmuseum, Pädagogische Abteilung, Pempelforter Str. 50–52.
60311 Frankfurt a. M.: Historisches Museum, Museumspädagogische Abteilung, Römerberg.
22083 Hamburg: Museumspädagogischer Dienst, Hamburger Str. 45. Museumspädagogische Abteilungen haben: Museum für Kunst und Gewerbe, Museum für Hamburgische Geschichte, Kunsthalle.
30169 Hannover: Kunstmuseum Hannover mit Sammlung Sprengel, Abteilung Museumspädagogik, Kurt-Schwitters-Platz.
76133 Karlsruhe: Staatliche Kunsthalle, Abteilung: Museumspädagogik, Hans-Thoma-Str. 2.
34131 Kassel: Staatliche Kunstsammlungen Schloß Wilhelmshöhe, Abteilung Museumspädagogik.
56077 Koblenz: Landesmuseum, Museumspädagogische Abteilung, Hohe Ostfront, Festung Ehrenbreitstein.
50667 Köln: Außenreferat der Stadt, Abteilung Museumspädagogik, Marspfortengasse 6.
A-4020 Linz: Landeskulturzentrum Ursulinenhof, Abteilung Museumspädagogik, Landstr. 31.
68165 Mannheim: Landesmuseum für Technik und Arbeit, Abteilung Museumspädagogik, Museumsstr. 1
80799 München: Museumspädagogisches Zentrum, Barer Str. 29. Deutsches Museum, Abteilung Museumspädagogik, Museumsinsel. In Zusammenarbeit mit dem MPZ: Vorgeschichtsmuseum in Bad Königshofen, Museum für Vor- und Frühgeschichte in Neuburg an der Donau, Römermuseum Weißenburg, Schulmuseum Ichenhausen, Heimatmuseum Aichach, Römermuseum Passau „Boiotro".
90402 Nürnberg. Germanisches Nationalmuseum, Kunstpädagogisches Zentrum, Kornmarkt 1. Amt für Kultur und Freizeit, Vordere Sterngasse 3, 90317 Nürnberg (unterstützt Initiativen).
70173 Stuttgart: Kulturamt der Stadt, Abteilung Museumspädagogik. Eichstr. 9
A-4870 Vöcklamarkt: Kinderweltmuseum, Schloß Walchen.
A-1070 Wien: Pädagogischer Dienst der Bundesmuseen, Burggasse 37.
CH-8035 Zürich; Pestalozzianeum, Fachstelle Schule und Museum, Beckenhofstr. 31.

Initiativen:

90443 Nürnberg: „Museum im Koffer", Hessestr. 4.
50678 Köln: „Taschenmuseum", Museum für Völkerkunde, Ubierring.
(Aus: Schmeer-Sturm, Marie-Louise / Thinesse-Demel, Jutta / Ulbricht, Kurt / Vieregg, Hildegard (Hrsg.): Museumspädagogik. Grundlagen und Praxisberichte, Pädagogischer Verlag, Burgbücherei Schneider GmbH, Baltmannsweiler 1990.)

In Feld und Flur

FELD UND FLUR – VON MENSCHEN GESTALTETE LEBENSRÄUME

Ackerland, Anbaugebiete für Obst, Wiesen, Weiden und Waldgebiete bilden in lebendigem Wechsel eine Landschaft, die von Menschen in jahrtausendelanger Arbeit gestaltet und geformt wurde. Mit der Entdeckung, Samen auszusäen und deren Früchte zu ernten, begann der Ackerbau.

FELD UND FLUR – LANDSCHAFTLICHE VIELFALT

Erdgeschichtliche Bedingungen haben in Mitteleuropa drei verschiedene landschaftliche Zonen gebildet: das nordeuropäische Tiefland, die Mittelgebirge sowie die Alpen und das Alpenvorland. Geologische und klimatische Gegebenheiten schaffen die Voraussetzungen für unterschiedliche und vielfältige Landschaftsräume.

FELD UND FLUR – ENTDECKUNGS- UND ERLEBNISRAUM FÜR KINDER

Kinder lieben es, durch Felder und Wiesen zu streifen, einem Bachlauf zu folgen oder das geheimnisvolle Leben in einem Teich zu erforschen. Sie erleben die landschaftliche Vielfalt im Nebeneinander landwirtschaftlich genutzter Flächen und noch wild wachsender Pflanzen und Tiere: an Wegrändern und Bachufern, in Hekken und Gärten, an Seen, in Moor- und Heidegebieten.

FELD UND FLUR – BEDROHT DURCH ZUNEHMENDE UMWELTZERSTÖRUNG

Die landschaftliche Vielfalt ist bedroht. Moderne landwirtschaftliche Anbaumethoden und Maschinen hinterlassen tiefgreifende Spuren. Flurbereinigung, Monokulturen, Flußbegradigung und der immer größer werdende Bedarf an Bauland verändern unsere Lanschaften nachhaltig. Gewachsene Lebensräume werden zerstört. Diese zu erhalten, ist Aufgabe des Umweltschutzes. Kinder bringen durch natürliche Wißbegier und Forscherdrang gute Voraussetzungen mit, sich in diesem Bereich zu engagieren.

Streifzüge durch Feld und Flur

In der warmen Jahreszeit halten sich Kinder besonders gern den ganzen Tag im Freien auf: beim Spielen und Herumtoben auf der Wiese, bei Exkursionen durch Feld und Flur, vorbei an grasenden Kühen auf der Weide, an reifem Korn auf den Feldern. Gerade Stadtkinder sind fasziniert von all den neuen Eindrücken, und es reizt sie, unbedacht in die Blumenwiese oder das Getreidefeld zu laufen, Äpfel vom Baum zu pflücken, Maiskolben abzureißen oder Tiere aufzuscheuchen.

Für den Erwachsenen ist es nicht immer leicht, den Kindern Grenzen in ihrem Freiheitsdrang zu setzen und sie zu einem sorgsamen und verantwortlichen Umgang mit der Natur anzuhalten. Freude und Begeisterung des Erwachsenen im Umgang mit der Natur wirken ansteckend auch auf die Kinder. Das Vorbild des Gruppenleiters gibt Orientierungshilfe. Die Liebe und das Erspüren der Zusammenhänge in der Natur haben Vorrang vor einseitiger Wissensvermittlung; so ist es nicht wichtig, daß der Gruppenleiter alle Namen der Tiere und Pflanzen auswendig kennt. Wollen die Kinder mehr wissen, so können Bestimmungsbücher herangezogen werden.

Wiesen und Felder sind sowohl Lebensraum für viele Kleintiere und Pflanzen als auch Nahrungsgrundlage für Nutztiere und damit auch für uns Menschen von Bedeutung. Sie sind Eigentum eines Bauern oder einer Gemeinde.

Was ist zu beachten?

- Mit dem Eigentümer abklären, welche Wiese betreten und zum Spielen benützt werden darf.
- Wiesen in voller Blüte dürfen vor dem ersten Mähen nicht betreten werden, um die Pflanzen zu schonen (April – Mai, bei verspäteter Blütezeit auch bis Mitte Juni).
- Lärm verscheucht Tiere und verhindert deren Beobachtung! Wenn wir sie sehen wollen, müssen wir uns ruhig verhalten. Dies gilt besonders, wenn wir unsere Beobachtungen in der Dämmerung oder nachts machen.

- Nicht in Getreidefelder laufen!
- Obst nicht von den Bäumen pflücken. Fallobst darf mitgenommen werden vom Straßenrand oder von Wiesen, die man frei betreten kann.
- Bestimmte Aktionen können nur in Absprache mit dem Bauern durchgeführt werden: Ernten von Maiskolben, Mithilfe beim Kühemelken oder bei der Ernte, Fahrten auf dem Traktor, Füttern der Tiere...
- In Naturschutzgebieten sind die besonderen Bestimmungen zu beachten.

AUSRÜSTUNG

Was nehmen wir mit?	*Wozu können wir das gebrauchen?*

kleine Eimer zum Transportieren von Natur-material, zum Beerensammeln ...

Gläser mit Schraubverschluß zum Transportieren von Wasser, Wasserpflanzen, zum Sammeln von einzelnen Pflanzen, toten Insekten ...

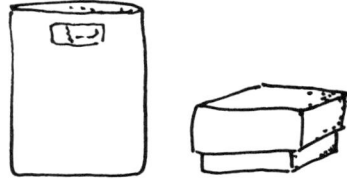

Tüten, Kartons, leere Streichholzschachteln zum Transportieren von Gräsern, Blättern, Zweigen, Astholz, Steinen, leeren Schneckenhäusern, Federn, Zapfen ...

selbstklebende Etiketten, Klebeband zum Beschriften der gefundenen Dinge

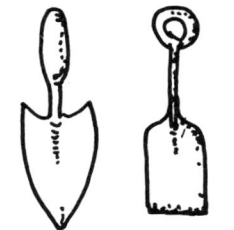

kleine Schaufeln zum Umgraben, Ausgraben, Einpflanzen ...

Taschenmesser oder Küchenmesser, Schere zum Schneiden von Blumen, Gräsern, Schnitzen von Astholz ...

AUSRÜSTUNG

Was nehmen wir mit?	*Wozu können wir das gebrauchen?*
	Pinzette zum Aufnehmen von kleinsten Dingen: ein Blatt mit einem Marienkäfer ...
	Lupe, Fernglas zum genauen Betrachten kleiner Lebewesen, zum Vergrößern
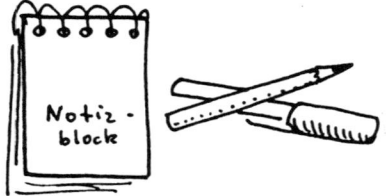	Notizblock, Schreibzeug für Notizen, Tagebuchaufzeichnungen, Skizzen, Zeichnungen ...
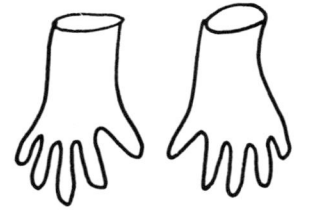	Gummihandschuhe, Einmalhandschuhe für alle Aktionen, die mit viel Schmutz verbunden sind, für Aktionen am Wasser ...
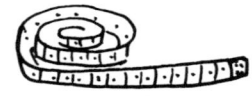	Metermaß zum Messen
	Bindfaden zum Zusammenbinden, Zusammenhalten verschiedenster Materialien
	Kamera für Fotos, Dias

AUSRÜSTUNG

Was nehmen wir mit?   *Wozu können wir das gebrauchen?*

Tonbandgerät zum Aufnehmen von Tierstimmen und Geräuschen in der Natur ...

Fangnetz, Kescher zum Einfangen kleiner Wassertiere

Rund um die Hecke

In vielen Gegenden wird die Landschaft durch Hecken aufgelockert; in Schleswig-Holstein heißen sie Knicks. Sie wurden als Abgrenzung zwischen den Feldern angelegt oder haben sich im Laufe der Zeit selbst entwickelt. Sie bieten Äckern und Häusern Schutz vor Wind und Wetter sowie zahlreichen Pflanzen und Tieren Lebensraum. Hecken in Gärten und auf Spielplätzen werden von Kindern gerne aufgesucht zum Verstecken und Indianerspielen.
Wenn den Kindern Zeit und Muße gegeben wird, werden sie vielfältige Beobachtungen und Erfahrungen selbständig machen können: einem Schmetterling zuschauen, der auf einem Arm gelandet ist; dem Gezwitscher eines Vogels lauschen; sich einfangen lassen vom Schauspiel der Natur. Darüber hinaus können vom Gruppenleiter vorbereitete Aktionen das spielerisch erworbene Wissen vertiefen und ergänzen:
– Patenschaft für eine Hecke ✳
– Hecken-Rallye ✳
– Anlegen einer Mini-Hecke im Zimmer ✳

PATENSCHAFT FÜR EINE HECKE

Größere Kinder übernehmen eine symbolische Patenschaft für eine Hecke. Dies kann verschiedene Aktivitäten umfassen:

- Auswahl einer geeigneten Hecke in erreichbarer Nähe; Begrenzung auf einen bestimmten Abschnitt; evtl. Markierung dieses Abschnittes mit farbigen Bändern, die in die Zweige von Büschen und Sträuchern gehängt werden.
- Säubern der Hecke vom Umweltmüll (vgl. Ackersäuberungsaktion S. 55).
- Beobachtungen zu verschiedenen Tages- und Jahreszeiten, auch nachts, bei Sonnenaufgang oder -untergang.
- Aufzeichnungen und Skizzen in einem Heckentagebuch.
- Anlegen von Tabellen ✳ und Gestalten von Collagen.
- Sammeln der eßbaren Früchte und Pflanzen, Zubereiten einer Mahlzeit, z. B. Brennesselpfannkuchen ✳, Brombeermarmelade, Fliederbeersuppe ✳.
- Tonbandaufzeichnungen der Geräusche rund um die Hecke.
- Fotos, Dias, Filmaufnahmen.

In einem abschließenden Gespräch können noch einmal alle Beobachtungen und Erfahrungen zusammengetragen werden. Die enge Lebensgemeinschaft einer großen Anzahl von Lebewesen kann auf kindgemäße Art verdeutlicht werden: Im Licht der Sonne und bei geeignetem Standort gedeihen viele Gräser, Kräuter und Sträucher. Diese locken Insekten an, die in den Blüten ihre Nahrungsquelle finden und gleichzeitig für die Bestäubung sorgen. Vögel finden Schutz zum Nestbau in den Gehölzen und reiche Nahrung durch Insekten, Beeren und Samen. Bodentieren, die sich ebenfalls von Insekten und Kriechtieren ernähren, bietet die Hecke Unterschlupf. Fleischfressende Raubtiere wiederum suchen in Vögeln und Kleintieren ihre Beute. Schließlich gab in früheren Zeiten die Hecke auch dem Menschen vieles, was er zum Leben brauchte: Kräuter, Nüsse und Beeren zur Nahrung, Zweige und Äste für Brennholz, Birkenzweige zum Besenbinden, Weidenzweige zum Korbflechten und viele verschiedene Holzarten für Werkzeuge und Haushaltsgeräte.

Eine Patenschaft dieser Art kann natürlich auch für andere Lebensräume übernommen werden: für einen Baum, ein Wiesenstück, ein Stück Bach- oder Seeufer, ein abgegrenztes Heidegebiet ... Wichtig ist, daß das betreute Stück Natur nicht zu groß ist und für die Kinder überschaubar bleibt von der regelmäßigen Betreuung her. So kann Verantwortungsgefühl wachsen.

HECKENSTRÄUCHER VON A – Z

	schöne Blüten	duftet angenehm	bietet Vögeln Schutz und Nahrung	lockt Bienen, Hummeln und Schmetterlinge	eßbare Früchte	Vorsicht: giftig! ungenießbar
Ahorn (Feldahorn)			x	x		
Berberitze (nur gekocht, als Marmelade, schmackhaft)*			x	x	x*	
Brombeere			x	x	x	
Eberesche / Vogelbeere (nur in gekochtem Zustand genießbar)*	x		x			x*
Falscher Jasmin	x	x		x		
Hainbuche			x			
Haselstrauch			x		x	
Himbeere			x	x	x	
Holunder (Saft von den Früchten ist sehr gesund)	x	x	x	x	x	
Korbweide			x			
Kornelkirsche	x			x		
Liguster	x					x
Pfaffenhütchen			x			x
Sanddorn (enthält viel Vitamin C, nur gekocht genießbar)*			x		x*	
Schlehdorn (nur in gekochtem Zustand schmackhaft)*	x		x		x*	
Schneeball	x			x		x
Schwarzer Nachtschatten	x					x
Weißdorn (stärkt Herz und Blutkreislauf)	x	x	x	x		
Zwergmispel (Zierstrauch in Gärten)			x			

ESSBARE WILDPFLANZEN

Heidelbeere,
Blaubeere

Himbeere

Walderdbeere

Holunder

Brombeere

Hagebutte

GIFTIGE WILDPFLANZEN

Schwarzer
Nachtschatten

Stechpalme

Schneeball

Tollkirsche

HECKENRALLYE

Material
Papier zum Schreiben und Malen, Filzstifte, Metermaß, Bestimmungsbücher.

Teilnehmer: 8 – 15 Spieler

Vorbereitung
Es werden 15 Zettel vorbereitet, zusammengerollt und mit Bändchen umwickelt.
Außen ist auf jedem Zettel ein großer Buchstabe dick mit Filzstift aufgemalt; auf der
Innenseite steht eine Aufgabe, die beim Spiel gelöst werden muß. Ziel des Spiels ist
es, aus den Buchstaben das Lösungswort HECKENBRAUNELLE zusammenzu-
stellen, sowie alle aufgeschriebenen Aufgaben zu lösen. Kurz vor Beginn des Spiels
werden die Aufgabenröllchen in der Hecke versteckt.

Verlauf der Rallye
Beim Verlauf des Spiels geht es nicht um Schnelligkeit oder Wettstreit. Die Kinder wählen ein Spielkomitee, bestehend aus drei Teilnehmern, das in unklaren Situationen eine Entscheidung fällt und darauf achtet, daß jeder Spieler mindestens
einmal die Lösung der Aufgabe schriftlich oder zeichnerisch festhält. Jedes Kind
kommt also einmal dran. Werden mehrere Aufgabenröllchen gleichzeitig gefunden,
so entscheidet das Komitee, in welcher Reihenfolge die Aufgaben gelöst werden.
Bei bestimmten Aufgaben muß jedes einzelne Kind die Lösung finden oder aus-
führen.
Am Schluß des Spiels werden die Aufgaben ausgewertet, jedes Kind erhält eine
kleine Anerkennung.

Spielaufgaben
Selbstverständlich muß sich der Spielleiter vergewissern, ob die folgenden Aufga-
ben für seine ausgewählte Hecke zutreffen; bei Bedarf stellt er neue Fragen zusammen.
– Welche Büsche und Sträucher wachsen auf der Sonnenseite?
  (z.B. Himbeere, Sanddorn, Schlehe, Liguster, Pfaffenhütchen, Kornelkirsche,
  Haselstrauch, Weichsel, Weißdorn, Eberesche)
– Ein gepreßtes Blatt z. B. vom Vogelbeerbaum ist auf dem Aufgabenzettel aufge-
  klebt.
  Zu welchem Baum gehört dieses Blatt? Er hat zwei Namen (Vogelbeere/Eber-
  esche) – welche? Wo ist er hier in der Hecke zu finden?
– Beobachtet einen Schmetterling! Malt ein Bild von ihm! Schaut im Bestimmungsbuch nach, wie er heißt!
– An einem Strauch wächst eine Frucht mit Namen Pfaffenhütchen. Woher hat sie
  ihren Namen (die vierkantige Frucht sieht aus wie die Kopfbedeckung, die katho-
  lische Geistliche früher trugen)? Schaut Euch ein Pfaffenhütchen genau an und
  merkt Euch die Farben. Am Schluß des Spiels erklärt ein Spieler, wie diese
  Pflanze aussieht.

- Im Boden der Hecke wohnt die Spitzmaus. Dichtet einen Vierzeiler von der Spitzmaus!
- Sucht einen Marienkäfer. Wieviele Punkte hat er? Was frißt er? (Blattläuse)
- Welcher Vogel ist das: Er ist einer der kleinsten Vögel und sehr scheu. Er lebt sehr verborgen tief im Schutz der Hecke. In seinem Namen trägt er einen Herrschertitel. (Der Zaunkönig)
- Von einem getrockneten und gepreßten Blatt (z. B. Weißdorn, Feldahorn, Holunder) wurden die Zwischenräume entfernt, so daß nur noch die Adern und der Blattstiel wie ein Gerippe übriggeblieben sind.
  Welches Blatt ist das? Malt es richtig aus und schreibt den Namen des Baumes oder Strauches auf, zu dem es gehört!
- Ergänzt den Text:
  Nachts kommt ein kleiner, fröhlicher Geselle aus seinem Versteck in der Hecke. Laufen ihm seine Feinde ....(Fuchs, Dachs, Marder) über den Weg, so rollt er sich zu einer stach..... Ku... zusammen. Wenn er auf die Jagd geht, dann frißt er .... (Insekten, Mäuse, Ratten, Eier von brütenden Vögeln, Schnecken und andere Kleintiere, Fallobst). Von Oktober bis ...... (April) hält er Winterschlaf. Es ist der .... (Igel)
- Diese Aufgabe muß von jedem Kind einzeln gelöst werden!
  Manche Haselnuß hat ein Loch. Dies frißt der Haselnußbohrer in die Nuß. Wie stellt Ihr Euch den Haselnußbohrer vor? Malt ihn auf! (Am Schluß des Spiels schauen wir uns die Bilder gegenseitig an und vergleichen sie mit einem Foto aus dem Bestimmungsbuch. Wer hat den lustigsten Haselnußbohrer gemalt? Welcher sieht dem „echten" am ähnlichsten?)
- Vom Brombeer- und Heckenrosenstrauch (oder Weißdorn) wurde je ein Dorn abgebrochen und in einer Streichholzschachtel dem Aufgabenzettel beigefügt. Sucht die Sträucher, zu denen diese Dornen gehören! Wie heißen sie?
- Kreuzt die richtige Lösung an:
  Was ist ein Zilpzalp?
  - ein kleines, unscheinbares Unkraut am Boden der Hecke ☐
  - ein Schmetterling ☐
  - gibt es nicht! ☐
  - ein Vogel, der in der Hecke lebt ☒
  - ein wenig bekannter Strauch in der Hecke ☐

- Sucht ein Efeublatt, das vom Stiel bis zur Blattspitze 7,8 cm mißt!
- Wovon ernähren sich die Vögel in der Hecke? (von Insekten, Beeren, Würmern, Samen und Körnern)
- Welche von den angegebenen größeren Tieren leben in der Hecke oder suchen zeitweilig in ihr Unterschlupf? Unterstreicht diese Tiere!
  <u>Hermelin</u> – Enten – Schwäne – <u>Marder</u> – <u>Feldhase</u> – Schaf – Luchs – Eule – <u>Reh</u> – Wolf – <u>Igel</u> – Hund – <u>Wiesel</u> – <u>Rebhuhn</u> – Adler – Katze – <u>Fasan</u>

Abschluß:
Wenn die Kinder alle Aufgaben gelöst haben, kann mit der Auswertung begonnen werden. Sicher ergeben sich noch viele Fragen, die diskutiert werden können. Die letzte Aufgabe ist es dann, das Lösungswort aus den Buchstaben zusammenzusetzen. Vielleicht wollen die Kinder noch wissen, was eine Heckenbraunelle ist, und schlagen noch einmal in ihrem Bestimmungsbuch nach.

MINIHECKE IM ZIMMER

Eine „Patenschaft für eine Hecke" kann bei Kindern den Wunsch wecken, eine Hecke im kleinen mit den darin lebenden Tieren zu gestalten.

Material
Steine, leere Schneckenhäuser, Federn, Zweige und Ästchen vom Holunder, der Brombeere, Hagebutte, Heckenrose ..., wasserdichte Folie, Steckmaterial (Erde, Steine, Steckschwamm), aus Knete geformte Tiere *, gelbes Tonpapier, langer Holzstab für die Sonne, Kleber, Holzstäbchen, Filzstifte, Schere.

So wird's gemacht
– Auf einer Tischplatte oder Fensterbank die Folie ausbreiten und mit Erde und Steinen bedecken. Einzelne Steckschwämme zwischen den Steinen versteckt plazieren.
– Aus gelbem Tonpapier Sonne zweimal ausschneiden und so zusammenkleben, daß sich das obere Ende des Holzstabes zwischen den beiden Sonnenteilen befindet.
– Sonnenstab in die Erde stecken und aus Zweigen und Ästen eine Hecke gestalten. Tiere wie Igel, Spitzmaus, Hase, Vögel, Schmetterling und Käfer aus Knete formen. Dabei können Federn, leere Schneckenhäuser, Steine u. a. mit in die Gestaltung der Tiere einbezogen werden. Die Kinder überlegen sich bei der Anordnung der Tiere und Pflanzen den richtigen Standort.
– Pflanzen und Tiere werden auf Wunsch mit beschrifteten Schildchen kenntlich gemacht.

Acker-Suchaktion

Im Spätsommer oder im Herbst, wenn die Felder abgeerntet sind, gibt es für Kinder viel zu entdecken, zu erforschen und zu sammeln.

Liegengelassene Feldfrüchte wie Kartoffeln und Maiskolben können ausgebuddelt oder aufgesammelt und am Lagerfeuer gegrillt werden. Auf dem Acker verstreutes Stroh regt zum Sammeln, ausgelassenen Spielen und Basteln an (Pferdchen aus Stroh *).

Aber auch der Ackerboden selbst ist interessant zum näheren Erforschen, da in der Erde viele Tiere leben und leicht beobachtet werden können. Leider finden sich auf den Feldern auch Sachen, die dort nicht hingehören. Es handelt sich um achtlos weggeworfene, verlorene oder vergessene Gegenstände. Eine Acker-Säuberungsaktion kann großen Spaß machen, vor allem dann, wenn sie mit einem Spiel verbunden wird.

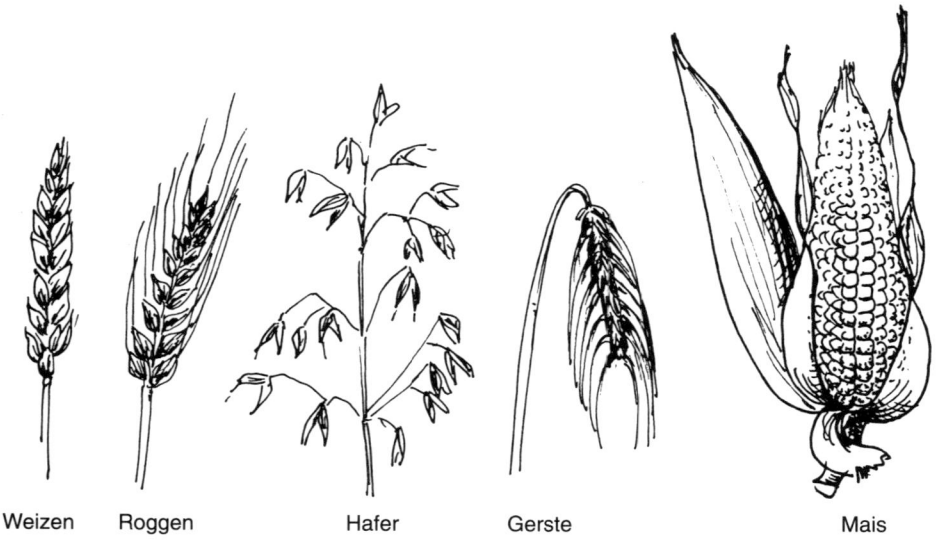

Weizen   Roggen   Hafer   Gerste   Mais

ACKERBODEN ERFORSCHEN

Material
Kleine Schaufel, Lupen.

Verlauf
Jedes Kind nimmt sich eine Handvoll Erde und erforscht diese. Es kann feststellen, welchen Geruch sie hat, ob sie sich feucht oder trocken, warm oder kühl anfühlt. Mit

Hilfe einer Lupe lassen sich die Erdkrumen genauer betrachten, und man wird vielleicht das eine oder andere Tier entdecken.

Mit der Schaufel kann in etwas tiefere und feuchtere Bodenschichten gegraben werden. Im entstehenden Erdhaufen lassen sich nun Regenwürmer und andere Wurmarten, Schnecken, Asseln, Springschwänze und viele andere Bodenbewohner beobachten. Aus den Beobachtungen ergeben sich Fragen der Kinder wie z. B. „Was sind das für Tiere, wovon leben sie, wozu sind sie nützlich?" Falls die Kinder besonderes Interesse am Regenwurm zeigen, kann dieser über einen längeren Zeitraum zuhause beobachtet werden (Regenwurm im Glas *). Bevor die Kinder den Acker wieder verlassen, wird die Erde wieder verteilt, das Loch zugeschüttet.

ACKER-SÄUBERUNGSAKTION

Material
Gummihandschuhe oder Einmalhandschuhe, Plastiktüten oder Müllsäcke.

Verlauf
Die Kinder ziehen mit ihrem Arbeitsmaterial los zu einem geeigneten Feld. Etwa eine halbe Stunde lang gehen sie zu zweit oder allein auf die Suche nach Dingen, die sie auf dem Acker finden und die dort nicht hingehören: Zigarettenstummel, abgebrochene Werkzeugteile, Papier, leere Flaschen, Reifenteile, Büchsen ... Vielleicht entdecken die Kinder auch interessante Fundstücke wie ein Hufeisen, einen alten Hut oder Handschuh, Geldstücke oder eine schöne Vogelfeder. An einem vereinbarten Treffpunkt sammeln sich alle wieder. Die mitgebrachten Dinge werden auf einer Unterlage ausgebreitet, und es kann gemeinsam überlegt werden, wo sie herkommen, wie alt sie sein oder von wem sie stammen könnten. Vielleicht fällt den Kindern eine Geschichte ein, z. B. von dem alten Pferd, das sein Hufeisen im Acker verloren hat.

Einige Utensilien können auch Anreiz für ein Rollenspiel sein. Die Kinder denken sich in kleinen Gruppen eine Geschichte aus, die sie dann den anderen vorspielen.

Der Müll wird anschließend sortiert und den entsprechenden Containern zugeführt.

Regenwurm im Glas

Für Kinder ist es interessant, Regenwürmer über einen längeren Zeitraum zu beobachten.

Material
Leeres Einmachglas, Kieselsteine, grober Sand, feuchte Erde;
Wurmfutter: Blätter, kleine Obststücke, Gras;
Tuch zum Abdecken, Regenwürmer.

So wird's gemacht
– Einmachglas mit verschiedenen Bodenschichten füllen: Auf den Boden kommt
  eine Schicht aus Kieselsteinen, darauf abwechselnd feuchte Erde und grober
  Sand. Zuoberst liegen Erde und Gras, vermischt mit Blättern und Obststücken.
– Einige Regenwürmer in das Glas setzen.
– Glas, außer beim Beobachten, immer mit einem Tuch abdecken, da für Regen-
  würmer Sonnenlicht gefährlich ist. Glas an einen schattigen Platz stellen und
  Erde feucht halten.
– Für ausreichend Wurmfutter sorgen.

Was kann beobachtet werden?
Auf der Suche nach Futter frißt sich der Regenwurm unermüdlich durch das Erdreich. Dabei vermischen sich die einzelnen Schichten. Die Kinder können sehen,
wie sich die Würmer einzelne Grashalme in ihre Röhren ziehen. Was der Regenwurm frißt, wird zu nährstoffreichem Kot umgewandelt und an die Erdoberfläche
transportiert. Den Kindern wird so deutlich, daß der Regenwurm für den Boden besonders nützlich ist, da er das Erdreich lockert und Pflanzen mit den nötigen Mine-
ralstoffen beliefert.

Wildkräuter sammeln

Heute ist das Wissen über wildwachsende Pflanzen und deren Nutzung weitgehend
in Vergessenheit geraten. Dieses kann neu belebt werden, wenn der Erwachsene
gemeinsam mit den Kindern Wildkräuter und -früchte sammelt und daraus Speisen
oder Getränke bereitet. Neben dem gesundheitlichen Wert der Pflanzen für die Er-
nährung ist der des Sammelns nicht zu unterschätzen. Frische Luft, Bewegung, die
Freude beim Entdecken und Erkennen der Kräuter und Früchte sowie an der schönen Landschaft fördern innere Ausgeglichenheit.

Tips zum Kräutersammeln
– Kräuter möglichst vormittags sammeln, wenn die Pflanzen vom Tau trocken sind.
– Nur die Pflanzen pflücken, die man gut kennt. Ein Bestimmungsbuch vermittelt
  nützliches Wissen.
– Blüten unmittelbar nach dem Erblühen ernten. Sie besitzen dann die meisten
  Wirkstoffe.
– Blätter und Triebspitzen sind je jünger desto zarter, ältere sind oft bitter.
– Früchte vollreif pflücken, da sie erst dann ihr Aroma voll entfalten.

Brennessel

- Gesammelt wird nur an Plätzen, die frei von Verunreinigungen, Pflanzenschutz- oder Düngemitteln sind. Straßen-, Weg- und Feldränder sowie angrenzende Wiesen sind daher zu meiden.
- Genügend Kräuter stehen lassen, damit sie blühen und Samen ansetzen können.
- Kräuter am besten in einem Korb transportieren. Plastiktüten sind ungeeignet. Wildpflanzen dürfen nicht gedrückt werden und auch nicht schwitzen. An zusätzlicher Ausrüstung eventuell ein kleines Messer und Gummihandschuhe mitnehmen.
- Groben Schmutz, Gras, welke Blatteile und andere unerwünschte Beimengungen bereits am Fundort entfernen.
- Pflanzen und Früchte möglichst noch am selben Tag verarbeiten, da einige rasch verderblich sind.
- In Naturschutzgebieten dürfen keine Pflanzen gesammelt werden!

Phantasiereise – auf der Wiese

Eine Sommerwiese lädt Kinder zum Spielen und Herumtoben, aber auch zum Beobachten und Ausruhen ein. Das Kind erlebt vielfältige Sinneseindrücke: Es riecht den Duft von Erde, Gras und Blumen, spürt die Sommerhitze, hört das Summen der Bienen, Gezwitscher der Vögel, Zirpen der Grillen, beobachtet krabbelnde Käfer und bunte Schmetterlinge auf Blüten.
Diese Wahrnehmungen und Erlebnisse kann der Gruppenleiter mit einer Phantasiereise wieder wachrufen und vertiefen. Das Kind wird angeregt, sich zu entspannen, ruhig zu werden.

Allgemeine Hinweise für den Gruppenleiter:
Für dieses Angebot ist es wichtig, eine „Insel der Ruhe" zu schaffen:
- Ein möglichst störungsfreier Raum oder eine abgeschiedene Ecke, wo bereits Matten oder Decken bereitliegen.
- Ein abgedunkelter Raum, beruhigende Musik, Kerzenlicht, eine Duftlampe, ein Gong oder eine Glocke sind geeignete Mittel, um ruhig zu werden.
- Jedes Kind nimmt eine Position auf der Matte oder Decke ein, in der es einige Zeit entspannt ruhen kann.

- Die Kinder werden angeregt, die Augen zu schließen. Der Gruppenleiter spricht ruhig und langsam mit deutlicher Stimme und hält die angegebenen Pausen ein, damit die Kinder Gelegenheit haben, die Gedanken nachzuvollziehen.
- Zur weiteren Entspannung dienen Atemübungen und Ruheformeln: „Schließe Deine Augen – Du liegst ganz ruhig und entspannt auf dem Boden – achte nur auf Deinen Atem – Du atmest ganz ruhig und langsam – atme tief ein – und aus – ein – und aus – ich möchte Euch auf eine Phantasiereise mitnehmen" (Stille oder Musikeinspielung)
- Am Ende der Phantasiereise werden die Kinder behutsam in die Realität zurückgeführt und angeregt, über ihre Erlebnisse zu sprechen oder diese bildnerisch darzustellen. Es ist dann sinnvoll, Malutensilien bereitzuhalten.

Material
Blüten und Blätter, große Glasschale, Schwimmkerzen, Zündhölzer, Wasser, Bodenmatten.

Musikempfehlung
Mozarts Klavierkonzert Nr. 21 C-Dur, 2. Satz Andante (KV 467).
Arnd Stein, Blumenwiese. Musik zum Entspannen und Träumen (MC). Best.-Nr. 119, Verlag für Therapeutische Medien, Iserlohn.

Verlauf
Die Kinder sitzen in bequemer Haltung auf den im Kreis angeordneten Matten. Die Blüten und Blätter liegen bereit. Die Glasschale wird in die Mitte gestellt. Nacheinander legen die Kinder die Blüten und Blätter in die mit Wasser gefüllte Schale. Anschließend ebenfalls die Schwimmkerzen, die angezündet werden. Dann legen sich die Kinder hin und werden angeregt, die Augen zu schließen. Nach einleitenden Atemübungen und Ruheformeln beginnt der Gruppenleiter mit der Geschichte:
„Du bist auf einer großen Wiese –
Farbkleckse mischen sich in das Grün –
Du siehst rote, weiße, gelbe und blaue Blumen –
sie bewegen sich leicht im Wind –
Käfer schwirren durch die Luft –
ganz nah fliegt eine Biene vorbei –
du hörst ihr Summen –
ein Schmetterling läßt sich auf einer Blüte nieder –
Du staunst über das prächtige Muster seiner Flügel –
Du setzt dich hin –
das Gras ist wie eine weiche Matratze –
Du riechst die Erde , das Gras, die Blumen –
Du schaust nach oben –
weiße Wolken ziehen am Himmel –
Du atmest die frische Luft –
atme tief ein und aus – ein und aus –
Dein Atem geht ruhig und gleichmäßig –
Du bist ganz ruhig und entspannt –

Komme wieder zurück in den Raum,
öffne langsam Deine Augen –
strecke Dich und setz Dich wieder hin."

Wiesenspiele

GERUCHSKIM AUF DER WIESE

Die Kinder setzen sich mit geschlossenen Augen hin und achten auf die Düfte, die
sie umgeben. Je mehr sich die Kinder konzentrieren, um so mehr Gerüche werden
sie wahrnehmen.
Der Spielleiter pflückt einzelne Pflanzen und läßt die Kinder mit geschlossenen Augen daran riechen. Anschließend versucht jeder, seine Pflanze auf der Wiese wiederzufinden.

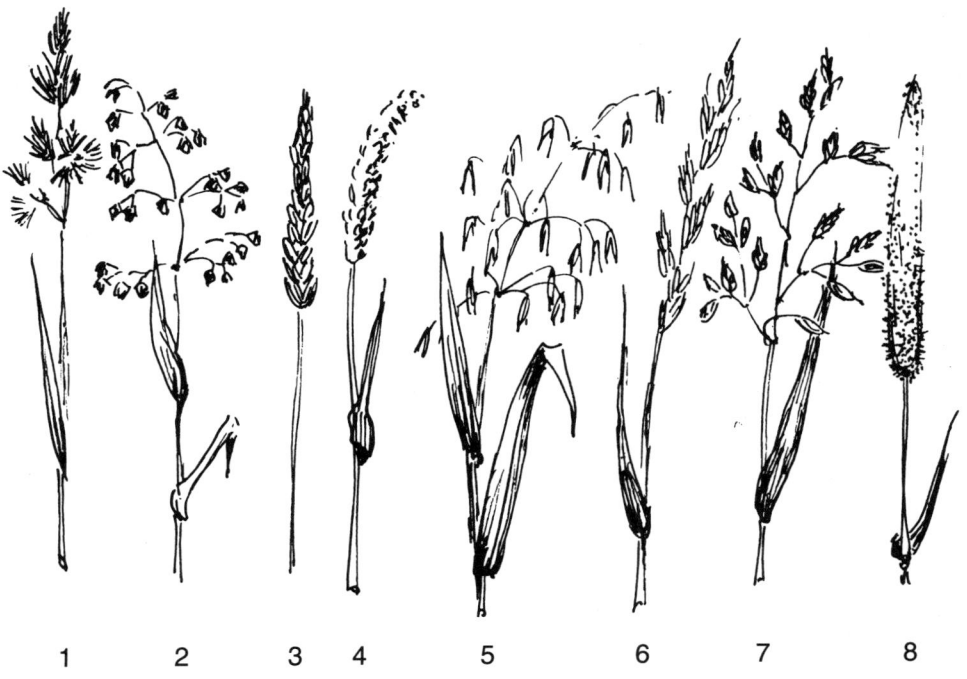

1   2   3   4   5   6   7   8

1 Knäuelgras	2 Zittergras	3 Wiesenkammgras
4 Wiesenfuchsschwanz	5 Flughafer	6 Waldzwenke
7 Wiesenschwengel	8 Wiesenlieschgras	

WIESENMEMORY

Die Kinder sammeln verschiedene Gräser, Blumen, Blätter – jeweils doppelt. Die Pflanzen werden auf einem Tisch verteilt und mit einem großen Tuch bedeckt. Dann greifen die Kinder unter das Tuch und versuchen, die zusammengehörenden Pflanzen zu ertasten. Wenn alle glauben, ein Paar in den Händen zu halten, wird das Tuch entfernt und überprüft, ob die Aufgabe richtig gelöst wurde.

GRASHALM-WETTKAMPF

Je zwei Spieler treten gegeneinander an. Jeder sucht sich einen möglichst reißfesten Grashalm. Der eine Spieler formt aus seinem Halm eine Schlinge und hält deren Enden mit Daumen und Zeigefinger fest. Der andere Spieler schiebt seinen Halm durch diese Schlinge und hält die Enden genauso wie der andere Spieler fest. Der Spielleiter gibt das Startzeichen. Beide Spieler ziehen so heftig wie möglich an ihrem Grashalm. Wessen Ring zerreißt, ist Verlierer.

HOLUNDER-PUSTEROHR

Einen dickeren, festen Stengel vom Holunder auswählen, ca. 15 cm zuschneiden und das Mark innen sorgfältig herauskratzen – fertig ist das Pusterohr. Zum Durchblasen eignen sich die noch grünen Beeren vom Holunderstrauch.

FELD- UND WIESENMUSIK

Seit alters her kennen Kinder die verschiedensten Tricks, wie man aus Gräsern, Blättern oder Blumenstengeln Klänge und Laute hervorzaubern kann. Auch heute noch haben Kinder ihre Freude an diesen manchmal seltsamen Tönen.

So wird's gemacht
- Einen breiten Grashalm zwischen beiden Daumen fest einpressen. In die winzige Öffnung, die zwischen den beiden Daumen entsteht, hineinblasen: ein krächzender Laut ist zu hören.
- Ein Buchenblatt mit beiden Händen fest gegen den Mund drücken und dagegenblasen. Es entsteht ein krächzender Ton.
- Ein großes, frisches Buchenblatt fest gegen die Lippen pressen. Einmal kurz und schnalzend Luft einziehen – das Buchenblatt zerplatzt, und es gibt einen kurzen Knall wie aus einer Pistole.

– Ein ca. 5–6 cm langes Stück Löwenzahnstengel an einem Ende flachdrücken. Das flachgedrückte Ende in den Mund stecken und kräftig hineinblasen. Wegen der manchmal sehr merkwürdigen Laute, die dieses Naturmusikinstrument erzeugt, wurde es früher von den Kindern wenig schmeichelhaft auch „Furzer" genannt.

WIESENKONZERT

An einem warmen Sommertag lassen sich am Rande einer Blumenwiese vielerlei Geräusche wahrnehmen.
In kleinen Gruppen oder allein hocken oder legen sich die Kinder hin, schließen die Augen und achten auf alle Geräusche in der Umgebung. Nach etwa 5 Minuten versammeln sich die Kinder und berichten über ihre Eindrücke: Windgeräusche, Blätterrauschen, Summen einer Biene oder Fliege, Vogelgezwitscher, aber auch Motorgeräusche von einem Auto oder Flugzeug, Hundebellen u. a.

Feld- und Wiesenschmuck

Auf Spaziergängen durch Feld und Flur werden gesammelt:
Gräser und Kräuter; Ähren von Weizen, Roggen, Gerste und Hafer; Früchte wie z.B. Kastanien, Eicheln, Bucheckern, Hagebutten, kleine Zapfen.

Weiter wird benötigt:
Nadel, Faden, Schnur, Klebeband, Büroklammern, Küchenmesser, Schere.

So wird's gemacht
– Gräser, Blüten, Blätter oder Früchte so anordnen, wie sie später aufgereiht werden sollen.
– Die einzelnen Teile mit der Nadel durchstechen.
– Faden mit der Nadel durchziehen, am Schluß verknoten. Ausreichend lange Fadenenden zum Schleifebinden lassen.

SCHMINKEN UND VERKLEIDEN

Die Natur bietet eine Fülle von Möglichkeiten, sich zu schmücken und zu verkleiden. Mit dem Saft von Holunder, Blaubeeren und Himbeeren können Gesicht, Hände und Arme bemalt werden (Vorsicht bei schöner Kleidung!). Große Blätter, z. B. die Pestwurz, Ahornblätter, Farn, Kastanienblätter und Eichenlaub eignen sich für Kopfbedeckungen, Halskrausen und zum Umhängen. Löwenzahnmilch oder Eiweiß sind natürliche Kleber, um kleine Blüten und Blätter im Gesicht oder am Körper zu befestigen.

Was ist zu beachten?

Selbstverständlich wird nichts wahllos aus- oder abgerissen und dann achtlos fortgeworfen. Blumen und Gräser werden sorgsam gepflückt, indem der Stengel eine Handbreit über dem Boden mit dem Küchenmesser abgeschnitten oder mit der Hand abgeknickt wird. So kann die Pflanze nachwachsen. Blätter und Früchte werden mit der Hand vom Stengel abgezupft.

AHORNKRONE

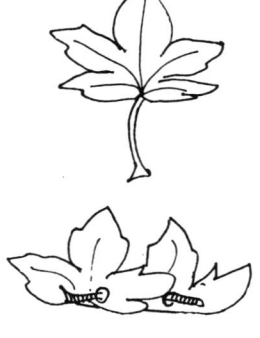

- Mehrere etwa gleichgroße Ahornblätter sammeln.
- Stengel abbrechen, aufheben.
- Bei jedem Blatt das untere Drittel nach oben falten.
- In der Mitte ein Loch durchstechen.
- Zwei Blätter miteinander verbinden, indem der Stengel des Blattes durch die beiden Löcher gesteckt wird.
- Mit dem dritten und allen weiteren Blättern ebenso verfahren.
- Größe der Krone am Kopfumfang messen; das letzte Blatt mit dem ersten verbinden, Krone zur Rundung schließen.

Die Krone sieht auch noch in getrocknetem Zustand schön aus, wenn die Zacken kraus werden und sich zu wölben beginnen.

HALSKRAUSE AUS FARN

- Mehrere Farnblätter sammeln.
- Einzelne Blätter mit einem Faden umschlingen, verknoten, den nächsten anfügen; weiter so verfahren, bis die Länge des Halsumfangs erreicht ist.

– Halskrause im Nacken zur Schleife binden.

Röcke oder Kopfbedeckungen lassen sich aus Farn in der gleichen Weise herstellen. Farn sieht auch in getrocknetem Zustand lustig aus, wenn die Blätter sich zu den verschiedensten Kringeln formen.

GÄNSEBLÜMCHENKETTE

Material
Gänseblümchen, Stengel vom Löwenzahn,
Schere oder Küchenmesser.

So wird's gemacht
– Löwenzahnstengel in ca. 1,5 – 2 cm lange
  Stücke schneiden.
– Stengel des Gänseblümchens durch das Stück Löwenzahnstengel stecken und
  so umbiegen, daß eine Schlaufe entsteht.
– In diese Schlaufe die Blüte des nächsten Gänseblümchens einführen; es folgt
  wieder ein Stück Löwenzahnstengel usw.

BLÜTENKRÄNZCHEN

Geeignet sind Gänseblümchen, Löwenzahn.

So wird's gemacht
– Zwei Blüten mit den Stengeln kreuzweise übereinanderlegen.
– Zweite Blüte um den Stengel der ersten legen und nach vorn über den Stengel
  der zweiten Blüte führen.
– Bei allen weiteren Blüten ebenso verfahren.

Blüten zum Kranz binden:
die letzten vier Blüten durch die ersten vier Stengelschlaufen ziehen; überstehende Stengel abschneiden.

BLÄTTER-RAUPE

Material
Ahornblätter, Hagebutten, Gräser, Bindfaden, dicke Stopfnadel, Zeitungspapier, Kleister, Schere, Zahnstocher.

So wird's gemacht
Zuerst den Kopf herstellen:
- Zeitungspapier zusammengeknüllt zu einer ovalen Kugel formen.
- Kugel mit Bindfaden umwickeln, dabei an einem Ende der ovalen Form einen ca. 1 m langen Bindfaden hängen lassen.
- Einige Blätter mit Kleister bestreichen und den Kopf rundum damit bekleben.
- Für die Augen und die Nasenspitze Hagebutten verwenden. Als Verbindungsstück dienen Zahnstocher, die an den entsprechenden Stellen des Kopfes in die Zeitungspapierkugel hineingesteckt werden.
- Für die Fühler zwei Gräser verwenden. Am oberen Kopf zwei Löcher mit der Stopfnadel bohren, Gräser in Kleister tauchen und in die Löcher hineinstecken.

Körper der Raupe:
- Stopfnadel auf den Bindfaden fädeln und nun ein Blatt nach dem anderen mit der Nadel aufziehen. Bei diesem Vorgang muß keine besondere Anordnung der Blätter beachtet werden, die Stiele der Ahornblätter stehen nach allen Seiten ab und geben der Raupe später das typische Aussehen.
- Zum Ende hin immer kleinere Blätter verwenden. Den Abschluß bilden zwei Hagebutten, um die der Bindfaden geknotet wird.

KÖRBCHEN AUS GRÄSERN

Ohne viel Aufwand entsteht das Körbchen aus Gräsern. Mit Kleinigkeiten wie z. B. Beeren oder Wiesenblumen gefüllt, sieht es besonders hübsch aus.

Material
Gräser (besonders geeignet sind die Halme von Spitz- oder Breitwegerich), dünner Baumwollfaden, Schere.

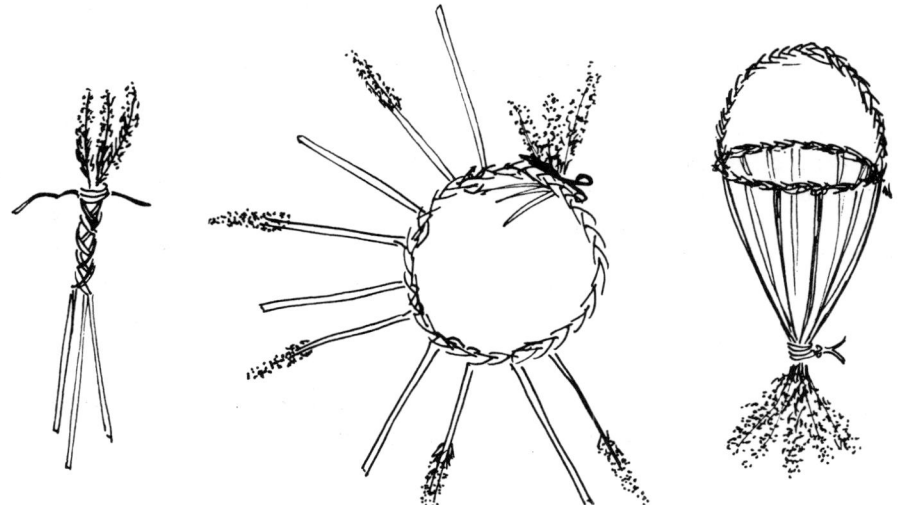

So wird's gemacht
- Drei Halme zusammenfassen, unter den Blütenständen mit dem Faden abbinden, zu einem Zopf flechten und zu einem Kreis formen.
- Kreisenden zusammenbinden, überstehende Halme auf gleiche Länge zuschneiden.
- In gleichmäßigen Abständen (ca. 1,5–2 cm) Grashalme einflechten.
- Alle eingeflochtenen Halme unten zusammenbinden. Wird das überstehende Ende so stehengelassen, dann bilden die Blütenstände zusammen mit den Halmenden einen dicken Schweif. Werden die Enden auf gleiche Länge zugeschnitten, entsteht ein gleichmäßiger Abschluß.

– Für den Henkel des Körbchens einen weiteren Zopf flechten, zuschneiden und beidseitig mit Fäden an dem Körbchen befestigen.

GRÄSERPUPPE

Material
Eine Handvoll Gräser, Blätter, Blüten, Schere oder Küchenmesser.

So wird's gemacht
– Gräser schneiden und in zwei Grasbüschel teilen: ein dickeres, längeres für den Körper und ein dünneres, kurzes für die Arme.
– Langes Grasbüschel in der Mitte umknicken.
– Kurze Gräser zusammengefaßt durch das umgeknickte Teil schieben; die beiden Arme sind rechts und links gleich lang.
– Mit einem Grashalm kreuzweise die Arme mit dem Körper verbinden, auf dem Rücken verknoten.

– Enden der Arme mit einem Grashalm umwickeln, verknoten und die überstehenden Gräser auf gleiche Länge abschneiden.
– Für die Beine zwei Stränge des Körpers abteilen, mit einem Grashalm die unteren Enden fest umwickeln, verknoten; Füße auf gleiche Länge zuschneiden.
– Gräserpuppe anziehen: Kleider, Hals- und Kopfschmuck aus Blättern, Blüten anbringen, mit Grashalmen, Kiefernnadeln oder winzigen Stöckchen befestigen. Für Augen und Mund entsprechend kleine Teile wählen.

PFERDCHEN AUS STROH

Im Spätsommer, wenn die Bauern mit der Getreideernte beginnen, bleibt genug Stroh auf den Feldern, das zum Sammeln und Basteln anregt.

Material
Strohhalme mit und ohne Knoten, Naturbast oder dünner Bindfaden, Schere, Eimer mit heißem Wasser, altes Handtuch, evt. Filz, Leder, Tonpapier, Kleber, Nadel und Faden zum Ausgestalten von Ohren, Mähne und Schwanz.

So wird's gemacht
Vorbereitung des Materials:
– Strohhalme in verschiedenen Längen zuschneiden.
– Strohhalme und Bast in heißem Wasser kurz einweichen.
– Etwa eine Handvoll Stroh zum Verarbeiten aus dem Wasser nehmen, mit dem Handtuch abtrocknen.

Tierkörper:
- Zwei Strohhalme oben mit einem Bastfaden umwickeln, die überstehenden Enden bilden die Ohren. Die unteren Enden, die möglichst an der gleichen Stelle einen Knoten aufweisen sollten, bilden die Vorderbeine.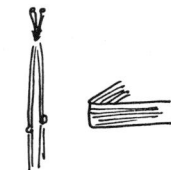
- Für den Kopf 4–6 Halme zusammen abknicken, auf gleiche Länge (5–6 cm) zuschneiden und dicht unter den Ohren zwischen den beiden Strohhalmen einklemmen; außen mit einem Bastfaden kreuzweise umwickeln.
- Für den Körper einen langen Halm in der Mitte abknicken, um den Hals legen und mit einem Bastfaden kreuzweise umwickeln. Die Halmenden des Körpers an der entsprechenden Stelle abknicken, so daß die Hinterbeine entstehen.
- An der abgeknickten Stelle mehrere Bastfäden zum Schwanz zusammenfassen und mit einem zusätzlichen Faden kreuzweise umwickeln, dabei die beiden Hinterbeine mitfassen.
- Für die Mähne einzelne Bastfäden in trockenem Zustand zwischen die Strohhalme kleben, die den Hals bilden, und auf gleiche Länge zuschneiden.

SOMMERTEPPICH WEBEN

Material
Eine Rolle Bindfaden, 6 Kieselsteine, Blätter, Blumen, Gräser ...

Vorbereitung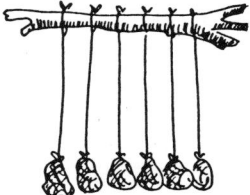
6 gleichmäßig lange Bindfäden zuschneiden, im Abstand von 8–10 cm an dem Ast eines Baumes befestigen, am unteren Ende Kieselsteine zum Beschweren anbringen

So wird's gemacht
- Die Kinder sammeln Blätter, Blumen, Gräser, Zweige ...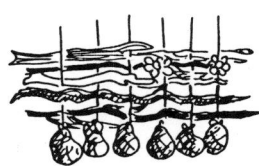
- Material nacheinander durch die Bindfäden weben, an den Seiten offen lassen.
- Zum Schluß Bindfäden oben und unten abschneiden, jeweils zwei Fäden miteinander verknoten.

Hinweis: Der Sommerteppich ist eine hübsche Raumdekoration.

(Aus: Reuys, Eva / Viehoff, Hanne: Feste kreativ gestalten. 1000 Ideen für Kindergruppen, Don Bosco Verlag, München [4]1994)

GRÄSERFLECHTWERK

Material
Fingerdicker Ast, Paketschnur, Bast, Gräser gleicher Länge, Federn, leere Schnek-
kenhäuser, Steinchen, Schere.

So wird's gemacht
– Mehrere Gräser verknoten und über den Ast legen.
– Gräser zu Zöpfen flechten. Verschiedene Materialien, wie z. B. einen Bastfaden,
  Federn, Steinchen oder ein Schneckenhaus mit einflechten.
– Zopfende mit Bast umwickeln und verknoten.
– Ast mit dem Gräserflechtwerk an einer Schnur aufhängen.

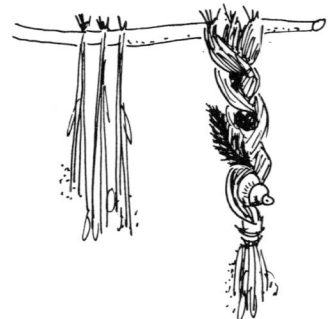

ÄHRENHERZ

Material
Zwei Roggenähren, Faden, 5–6 mm breites Bändchen, Schere, Kleber.

So wird's gemacht
– Roggenhalme dicht unter den Ähren mit dem Faden umwickeln und zusammenbinden. Fadenenden auf gleiche Länge schneiden, zusammenknoten. Es entsteht eine Schlaufe, an der man
  das Ährenherz aufhängen kann.

– Ähren nach beiden Seiten umbiegen, bis sie an
  den Halmen anstoßen. Diese Stelle mit einem
  Faden abbinden.

– Aus dem Bändchen eine kleine Schleife binden
  und diese auf die Anstoßstelle kleben.

Tiere aus Knete und Naturmaterial

Material
Knete, gefundene Gegenstände wie z. B. leere Schneckenhäuser, Steine, Federn, knorrige kleine Äste, Zapfen, Hagebutten ...

So wird's gemacht
Die Kinder lassen sich von ihren Fundstücken anregen und gestalten aus Knete Kopf, Schwanz und Füße. So wird ein Kiefernzapfen zum Igel, ein leeres Schnekkenhaus wieder mit einer „richtigen" Schnecke belebt, aus gefundenen Federn wird ein Zaubervogel.

KNETE SELBSTGEMACHT

Für 1 kg Knetmasse benötigt man
400 g Mehl, 200 g Salz, 10 g Alaunpulver (Apotheke), 1/2 l Wasser, 3 El Öl, 1 El Lebensmittelfarbe.

So wird's gemacht
– In einer Schüssel Mehl mit Salz und Alaunpulver gut vermischen.
– Wasser erhitzen und in das kochende Wasser Öl und Lebensmittelfarbe rühren.
– Wassergemisch langsam in das Gemisch aus Mehl, Salz und Alaun rühren.
– Teig gründlich mit den Händen durchkneten, bis sich alle Zutaten gut vermischt haben.

– Knete in einer gut verschlossenen Plastiktüte oder -dose aufbewahren.

Lieder

AUS DEN HELLEN BIRKEN   (T.: J. von Eichendorff /
                                                          M.: C. Bresgen)

1. Aus den hel - len   Bir- ken steigt schon die Sonn ent - ge - gen,

ruft die stil - len Fel - der wach und kün - det Got - tes   Se - gen.

2. Droben aus dem Walde tönt schon der Vögel Schalle,
   ‖: grüßt den Tag vieltausendmal und euch, ihr Menschen alle. :‖

3. Drunten in der Mühle wird schon das Mühlrad munter.
   ‖: Aus dem hohen Walde stürzt sich hell der Bach herunter. :‖

4. Überall im weiten Rund ist ein fröhlich Grüßen:
   ‖: Denn die holde Morgenstund will uns den Tag versüßen. :‖

5. Und ich selber, noch allein, will nicht länger schweigen:
   ‖: stimme in den Jubel ein, laß tausend Grüße steigen. :‖

(Voggenreiter Verlag, Bonn)

KANON   (mündlich überliefert)

Berg, Hü - gel, Tal und Fel- der, das al- les ist mein Reich, und

auch die gro - ßen Wäl -der,   der   klei - ne Bach zu - gleich.

SEID VORSICHTIG!

(T.: Rolf Krenzer
M.: Ludger Edelkötter)

1. Seid vor-sich-tig, seid vor-sich-tig, wenn ihr den Ha-sen tief im Gras ent-deckt. Seid tief im Gras ent-deckt. Be-hut-sam und ganz vor-sich-tig, daß ihr ihn nicht er-schreckt! Du klei-ner Ha-se, sprin-ge, denn das fällt dir nicht schwer. Dann sprin-gen wir, dann sprin-gen wir dir al-le hin-ter-her. Dann sprin-gen wir, dann sprin-gen wir dir al-le hin-ter-her.

2. Seid vorsichtig,
seid vorsichtig,
wenn ihr die Schnecke
auf dem Weg entdeckt.
Seid vorsichtig,
seid vorsichtig,

wenn ihr die Schnecke
auf dem Weg entdeckt.
Behutsam und ganz vorsichtig,
daß ihr sie nicht erschreckt!
Du kleine Schnecke, krieche,
denn das fällt dir nicht schwer.

Dann kriechen wir,
dann kriechen wir
dir alle hinterher.
Dann kriechen wir,
dann kriechen wir
dir alle hinterher.

Weitere Text-Möglichkeiten

Seid vorsichtig,
wenn ihr Ameisen
auf dem Weg entdeckt...
...Du Ameise, jetzt laufe...

Seid vorsichtig,
wenn ihr den kleinen
Fisch im See entdeckt...
...Du kleiner Fisch, jetzt schwimme...

Seid vorsichtig,
wenn ihr die Biene
grad vor euch entdeckt...
...Du kleine Biene, summe...

(Aus: Mit Kindern unsere Umwelt schützen. Alle Rechte beim Impulse-Musikverlag, Natorp 21, 48317 Drensteinfurt)

REGENWURMLIED

(Text: entstanden bei Ferienspielen des Stadtjugendamtes Mannheim
Melodie: Annemarie Stollenwerk)

Hört   ihr   die   Re - gen - wür - mer   hu - sten,   (öhe,   öhe)

wie   sie   durch's   dunk - le   Erd - reich   ziehn',   wie   sie   sich   win - den

und   dann   ver - schwin - den   auf   Nim - mer - nim - mer - Wie - der - sehn!

Spielanregung
Alle Kinder knien im Kreis nebeneinander; zuerst den Klatschrhythmus zum Lied üben, dazu mit den Händen auf die eigenen beiden Knie schlagen, dann auf das rechte eigene und das linke Bein des Nachbarkindes schlagen, dann auf das linke eigene und rechte Bein des Nachbarkindes schlagen; wenn die Kinder den Rhythmus verstanden haben, immer schneller singen und klatschen.

(Aus: Bausteine Kindergarten. Wiesengeschichten 2/92. Bergmoser + Höller Verlag, Aachen 1992)

TRAUMLIED

(T.: Lore Kleikamp
M.: Detlev Jöcker)

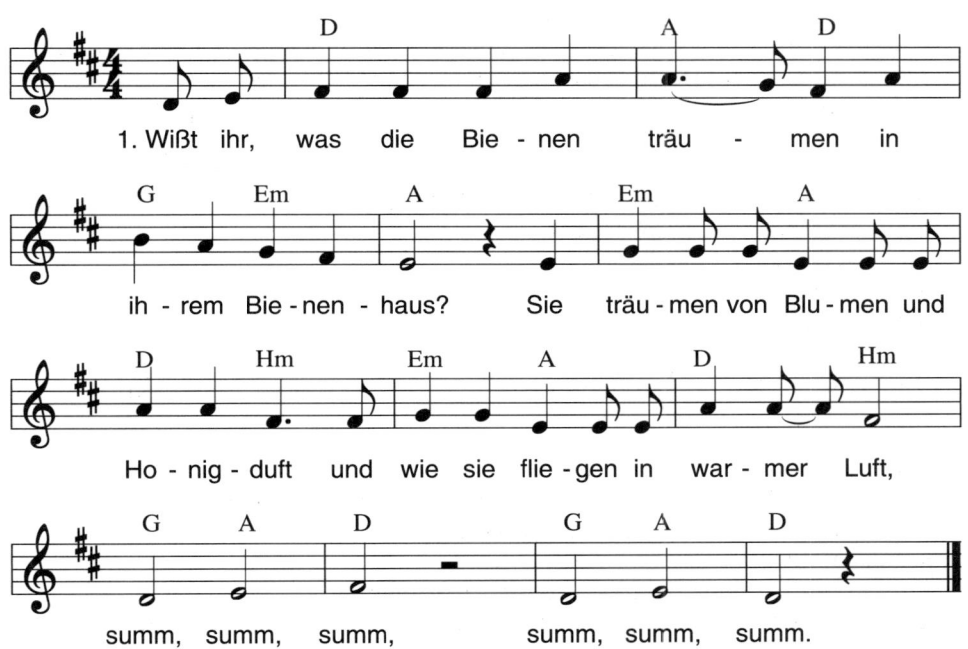

1. Wißt ihr, was die Bie - nen träu - men in ih - rem Bie - nen - haus? Sie träu - men von Blu - men und Ho - nig - duft und wie sie flie - gen in war - mer Luft, summ, summ, summ, summ, summ, summ.

2. Wißt ihr, was die Vögel träumen
   in ihrem weichen Nest?
   Sie träumen von Sommer und Sonnenschein,
   von Würmern und von Käferlein, piep, piep.

3. Wißt ihr, was die Frösche träumen
   im Mondenschein am See?
   Sie träumen, daß jeder auf dieser Welt
   sie für die besten Sänger hält, quak, quak.

4. Wißt ihr, was die Eulen träumen,
   wenn es dunkel ist?
   Sie träumen am Tage, nicht in der Nacht.
   Wenn alle schlafen, dann rufen sie sacht, uhu.

(Aus: MC und Liedheft „1,2,3 im Sauseschritt...“   Rechte: Menschenkinder Verlag, Münster)

Wildkräuterküche

GÄNSEBLÜMCHEN-FRÜHLINGSSALAT

Gänseblümchen sind schon zu Frühlingsbeginn auf Wiesen, Weiden und in Parks zu finden. Eßbar sind Blätter, Knospen und Blüten. Sie wirken anregend auf den Stoffwechsel.

Zutaten
1 kleiner Kopfsalat, 2 Handvoll Gänseblümchenblätter,
1 Handvoll Gänseblümchenknospen,
1 Bund Radieschen,
3 El Sonnenblumenöl,
Saft von 1/2 Zitrone, 1 Tl Honig,
Pfeffer, Salz,
1 hartgekochtes Ei, 1 El Schnittlauch.

Zubereitung
- Blätter verlesen und gründlich waschen; Knospen waschen und abtropfen lassen.
- Marinade aus Öl, Zitronensaft, Honig, Salz und Pfeffer herstellen und Knospen ca. 1 Stunde in der Marinade ziehen lassen.
- Kopfsalat waschen und abtropfen lassen.
- Radieschen in dünne Scheiben schneiden, Ei vierteln.
- Salat, Radieschen, Gänseblümchenblätter, Knospen und Marinade gut vermischen.
- Mit kleingeschnittenem Schnittlauch bestreuen und mit Ei garnieren.
- Mit Gänseblümchenblüten dekorieren.

BRENNESSELPFANNKUCHEN (6 kleine Pfannkuchen)

Von April bis Juni werden die jungen Triebspitzen und Blätter der Brennessel gepflückt. Bei der Blatternte sollten zum Schutz Gummihandschuhe getragen werden. Die Brennessel wirkt blutreinigend, blutbildend, leicht harntreibend und stoffwechselanregend. Ihren Standort hat sie in Gärten, an Zäunen, Hecken, Gebüschen und an Gräben.

Zutaten
2–3 Handvoll junge Brennesselblätter, 125 g Mehl, 2 Eier, 1/4 l Milch, 1 Prise Salz, Sonnenblumenöl zum Ausbacken.

Zubereitung
- Mehl in die Schüssel geben, salzen.
- Etwas Milch und Eier in Mehlgrube geben und nach und nach einrühren.
- Teig mit restlicher Milch glattrühren. Der Teig soll dicklich vom Löffel laufen.
- Brennesselblätter zerkleinern und in den Teig rühren.

– Öl in der Pfanne erhitzen und in das heiße Fett jeweils eine dünne Teiglage geben, goldgelb anbacken, wenden und bei mäßiger Hitze fertigbacken.

BAUMBLATTSALAT

Von April bis Mai können die jungen und zarten Blätter von Buche und Birke gesammelt werden. Vermischt mit einem Kopfsalat geben sie diesem eine fein-würzige Note.

Zutaten
1 kleiner Kopfsalat, 2 Handvoll ganz junge Buchenblätter, 1 Handvoll junge Birkenblätter, 1 Apfel, 3 El Sonnenblumenöl, 2 El Obstessig oder Saft von 1/2 Zitrone, 1 Tl Honig, Salz, Pfeffer, 30 g Haselnüsse.

Zubereitung
– Kopfsalat waschen und gut abtropfen lassen.
– Blätter sorgfältig waschen, entstielen und grob hacken.
– Apfel vierteln, vom Kernhaus befreien und in kleine Würfel schneiden.
– Aus dem Öl, dem Essig, dem Honig, Salz und Pfeffer eine Marinade herstellen.
– Blätter, Kopfsalat und Apfelwürfel mit der Marinade mischen.
– Salat mit grobgeraspelten Haselnüssen bestreuen.

LÖWENZAHNSALAT

Von April bis Mai kann aus den jungen Blättern des Löwenzahns ein vitaminreicher Salat zubereitet werden, der zusätzlich kräftigend, blutreinigend und anregend auf die Verdauung wirkt. Löwenzahn wächst auf Wiesen, Weiden, an Wegrändern und Äckern.

Zutaten
4 Handvoll Löwenzahnblätter, 3 El Sonnenblumenöl, 1 El Obstessig, 1 kleine Zwiebel, Salz, Pfeffer, 2 Scheiben Weizenvollkornbrot, 1 El Sonnenblumenkerne.

Zubereitung
– Löwenzahnblätter waschen und in feine Streifen schneiden.
– Öl, Essig, gewürfelte Zwiebel, Salz und Pfeffer zu einer Marinade verrühren.
– Löwenzahnblätter und Sonnenblumenkerne dazugeben, mischen und 10 Minuten ziehen lassen.
– In der Zwischenzeit Brot würfeln und in einer Pfanne goldbraun rösten.
– Brotwürfel über den Salat streuen und sofort servieren.

LÖWENZAHNSAHNE

Zutaten
2 Handvoll zarte Löwenzahnblätter, 250 g Crème fraîche oder saure Sahne, Salz, weißer Pfeffer.

Zubereitung
- Blätter waschen und abtropfen lassen.
- Blätter mit der Crème fraîche im Mixer fein pürieren.

Löwenzahnblättersahne schmeckt sehr gut zu Pellkartoffeln.

HOLUNDERBLÜTENSIRUP

Zutaten
20–30 Holunderblütendolden, 2 l Wasser, 1 kg Zucker, 4 unbehandelte Zitronen, 40 g Zitronensäure.

Zubereitung
- Blüten falls nötig von Insekten befreien und unter fließendem Wasser waschen.
- Wasser mit dem Zucker unter Rühren erhitzen, bis sich der Zucker vollständig aufgelöst hat.
- Zitronen waschen und samt der Schale in Scheiben schneiden.
- Topf vom Herd nehmen, Zitronenschalen und Blütendolden in den Sud geben.
- Topf zugedeckt für zwei Tage an einen sonnigen Platz stellen.
- Dolden und Zitronenschalen entfernen, evtl. Flüssigkeit abseihen.
- Zitronensäure dazugeben (verhindert Gärprozeß).
- Sirup in Flaschen füllen, einige Tage ruhen lassen.
- Bei Bedarf mit Mineralwasser mischen.

FLIEDERBEERSUPPE

Von September bis Oktober können die schwarzen, beerenartigen Früchte des Holunderstrauches gepflückt werden. Roh genossen sind sie giftig, gekocht aber sehr schmackhaft und gesund. Sie sind vitaminreich und haben verdauungsfördernde und blutreinigende Wirkung.

Zutaten
6 vollreife Holunderdolden, 2 Äpfel, 1/2 Vanilleschote, 1/2 l Wasser, 3 El Honig, 1 Prise Zimt.

Zubereitung
- Holunderdolden waschen, Beeren mit einer Gabel abstreifen.
- Äpfel vierteln und zusammen mit den Beeren und der aufgeschlitzten Vanilleschote ca. 20 Minuten im Wasser kochen, dann durch ein Sieb streichen.
- Suppe mit Honig süßen und mit Zimt abschmecken. Heiß servieren!

Erste Hilfe bei Verletzungen

Beim Herumtollen im Freien oder beim Umgang mit Werkzeug entstehen leicht kleinere, alltägliche Verletzungen. Diese heilen meist von selbst, wenn sie schnell und richtig behandelt werden.
Grundsätzlich gilt:
– Offene Wunden immer mit einem Desinfektionsmittel behandeln. In Apotheken gibt es jodfreie Mittel, die nicht brennen.
– Bei größeren Verletzungen oder späterer Infektion der Wunden unbedingt den Arzt aufsuchen.
– Überprüfen, ob Tetanusschutz noch ausreicht, ansonsten vom Arzt eine Auffrischungsimpfung geben lassen.

SCHNITTWUNDEN

Kleinere Schnittverletzungen reinigen sich, indem man sie eine Weile bluten läßt. Ein Pflaster stoppt die Blutung und hält die Wunde eine Weile unter einer antiseptischen Auflage, so daß die Wundränder wieder zusammenwachsen können.
Reicht dies nicht aus, z. B. bei tieferen Schnittverletzungen und stärkeren Blutungen, so sollte eine Wundauflage aufgedrückt und die Wunde quer zur Schnittrichtung verpflastert werden. Bei größeren Schnittwunden ist es ratsam, sofort zum Arzt zu gehen, der die Wunde näht.

PLATZWUNDEN

Bei Platzwunden kann der Blutverlust sehr groß sein. Um dies zu verhindern, muß so schnell wie möglich ein Druckverband angelegt werden: Die Wunde steril abdecken (mit Verbandmull, notfalls mit einem sauberen, gebügelten und fusselfreien Tuch), darüber ein Druckpolster legen und mit einer Mullbinde fest auf die Wunde binden. Arzt verständigen!

SCHÜRFWUNDEN

Diese Verletzungen sind besonders schmerzhaft. Die betroffene Stelle ist meist sehr verschmutzt und muß mit einem Desinfektionsmittel gereinigt werden. Dies geschieht, indem man auf ein Stück Mull ein Desinfektionsmittel gibt und die betroffene Stelle vorsichtig betupft. Danach kann die Schürfwunde an der frischen Luft trocknen. Das getrocknete Blut bildet einen guten Wundschutz. Ist die Wunde von einem Kleidungsstück bedeckt, so kann sie mit einem luftdurchlässigen Wundschnellverband abgedeckt werden.

STICHWUNDEN UND SPLITTER

Bei Stichwunden besteht Infektionsgefahr, da Schmutz und Bakterien eindringen können. Kleine Splitter werden vorsichtig mit einer Pinzette entfernt. Dabei ist darauf zu achten, daß das umliegende Gewebe nicht verletzt wird und die Splitter vollständig entfernt werden. Abschließend wird die Stelle desinfiziert.
Größere Fremdkörper, wie etwa ein Nagel, sollten nicht herausgezogen werden, da sie die Wunde einigermaßen verschlossen halten. Die Blutung wird gestillt, indem die Wunde mit einem sauberen Stück Stoff oder mit bloßen Händen fest zusammengedrückt wird. Der verletzte Körperteil wird hochgelagert, um die Blutung zu verringern. Sofort Arzt verständigen!

QUETSCHUNGEN UND PRELLUNGEN

Als erste Behandlung empfiehlt sich ein kalter Umschlag (Handtuch in kaltes Wasser eintauchen und auswringen), ein Eisbeutel (Plastiktüte mit zerstoßenen Eiswürfeln) oder ein Kältespray. Die verletzte Stelle sollte mindestens 1/2 Stunde gekühlt, der betreffende Körperteil hochgelagert werden. Die Kälteanwendung verhindert das Anschwellen der Stelle und wirkt lindernd und vorbeugend gegen Blutergüsse. Spezielle Salben oder Gels unterstützen die Heilung.

Literatur

Hoplitschek, Ernst: Die Wiese. Naturraum Wiese. Neu erleben, beobachten, erkennen und verstehen. M. Kraxenberger Verlagsges., München 1991.

Humphries, Chris: Wir entdecken und bestimmen Wildpflanzen. Ravensburger Buchverlag Otto Maier, Ravensburg 1990 (Ravensburger TB 495).

Kremer, Bruno P.: Naturspaziergang Wiese. Beobachten – Erleben – Verstehen. Kosmos Naturführer. Franckh-Kosmos, Stuttgart 1990.

Kreusch-Jacob, Dorothée/Lemieux, Michèle (Hrsg.): Lieder von der Natur. Wiese, Wasser, Wald und Himmel in Liedern, Gedichten und Rätseln. Ravensburger Buchverlag Otto Maier, Ravensburg 1988.

Leutscher, Alfred: Wanderung durch die Jahreszeiten. Tessloff Verlag, Nürnberg 1981.

Lucht, Irmgard: Die Wiesen-Uhr. Das Jahr der Wiese. Naturbilderbuch. Ellermann Verlag, München 1991.

Sturm, Gerhard: Leben auf Wiese und Feld. Geliebte Natur, 3. Verlag Freies Geistesleben, Stuttgart 1991.

Tordjman, Nathalie: Leben in der Hecke. Die Welt entdecken, Bd. 58. Ravensburger Buchverlag Otto Maier, Ravensburg 1990 (Ravensburger TB 8358).

Im Wald

DER WALD – LEBENSRAUM FÜR PFLANZEN UND TIERE

Große und kleine, alte und junge, sichtbare und unsichtbare Pflanzen und Tiere bilden im Wald eine große Gemeinschaft. Sie leben miteinander und voneinander.

DER WALD – ORT FÜR ENTDECKUNGEN UND ERLEBNISSE

Für Kinder ist der Wald die Heimat vieler bekannter Märchen- und Sagengestalten. Er ist geheimnisvoll und verlockt zu Abenteuern. Kinder lieben es, im Wald zu spielen, sich ein Baumhaus oder Lager zu bauen, Tiere zu beobachten und Waldbeeren zu sammeln.

DER WALD – BEDEUTUNG FÜR DEN MENSCHEN

Schon immer war der Wald Nahrungsquelle für den Menschen. Außerdem ist er Holzlieferant und damit von großem wirtschaftlichen Nutzen. Er trägt zur Reinerhaltung der Luft bei und setzt große Mengen Sauerstoff frei. Der Wald speichert unser Trinkwasser und bietet Schutz vor Unwetter, Sturm und Lawinen. Außerdem ist er für uns ein Ort der Erholung und Entspannung.

DER WALD – EIN LEBENSRAUM, DER GESCHÜTZT WERDEN MUSS

Der Waldbestand ist heute in besonderem Maße gefährdet. Es ist wichtig, den Wald nicht nur auszubeuten oder gar zu zerstören, sondern ihn für spätere Generationen zu erhalten. Jeder einzelne ist dazu aufgefordert, seinen Beitrag zu leisten. Kinder werden das schützen wollen, was sie kennen und lieben gelernt haben.

Streifzüge durch den Wald

Der Wald ist für Kinder ein Ort voller Geheimnisse und Abenteuer. Es gibt viel zu entdecken und zu erforschen: fremdklingende Geräusche, das Spiel von Licht und Schatten, rätselhafte Tierspuren, Tiere und Pflanzen, die im Wald leben.
Der Wald ist aber auch ein begehrter Platz zum Spielen. Er bietet gute Möglichkeiten, sich zu verstecken und ausgelassen zu sein. Es findet sich allerlei Naturmaterial, das zum Werken und Basteln anregt. Im Wald lauern aber auch Gefahren: Kinder können die Orientierung verlieren, sich verletzen oder von giftigen Beeren oder Pilzen kosten.

Was ist zu beachten?

Vorbereitung

- Abgehen des Waldgebietes und Informationen sammeln über Pflanzen, Tiere, Wildfütterungsstellen, Lichtungen, Wege und andere markante Punkte sowie Gefahrenquellen.
- Lageplan zeichnen, in den wesentliche Beobachtungen eingetragen werden.
- Notieren, welche Spiele und Aktivitäten möglich sind.
- Mit dem Förster Kontakt aufnehmen.

Regeln

- Auf Waldtiere Rücksicht nehmen, d. h. nicht in Dickichte einbrechen, vor allem während der Brut-, Setz- und Aufzuchtzeit von Mai bis Ende Juni.
- Im Wald übermäßigen Lärm vermeiden.
- Zäune, die junge Bäume schützen, nicht übersteigen.
- Keine Nägel in Bäume schlagen.
- Mit dem Messer weder in die Rinde schnitzen noch auf Bäume zielen.
- Feuer nur mit Genehmigung der zuständigen Behörde anzünden, dafür ausgewiesenen Feuerplatz benutzen.
- Pilze, auch giftige oder ungenießbare, nicht zertreten.
- Pilze, die gesammelt werden, behutsam herausdrehen und das Loch zudrücken.
- Pflanzen nicht mutwillig ausreißen.
- Tiere nicht mit nach Hause nehmen.
- Abfälle wieder mit nach Hause nehmen oder in bereitgestellte Behälter werfen.

Waldspaziergang

Ein Waldspaziergang kann für die Kinder Erlebnisse und kleine Abenteuer bereithalten. Der Gruppenleiter wählt mit den Kindern gemeinsam ein Spiel oder eine andere Aktivität aus, hat aber auch die eine oder andere Überraschung parat.

Ideensammlung:
– Waldbeeren sammeln ✳
– Geräusche des Waldes, wie Vogel- und Tierstimmen, Windgeräusche, das Knistern alter, dürrer Zweige mit dem Kassettenrecorder aufnehmen
– Waldspiele ✳
– Waldboden mit der Lupe beobachten
– Ameisen und ihr Verhalten beobachten (Ameisen-Tagebuch) ✳
– Picknick veranstalten
– Mit dem Förster zu einer Wildbeobachtung oder Wildfütterung gehen
– Müll aufsammeln (Waldverschönerungs-Aktion ✳)
– Das Alter von Bäumen bestimmen ✳
– Tierspuren entdecken ✳
– Naturmaterial sammeln für Spiele und Aktionen

Waldbeeren sammeln

Im Sommer und Herbst können die reifen Waldbeeren gepflückt werden. Zu den bekanntesten Beeren gehören Blau- oder Heidelbeeren, Walderdbeeren, Himbeeren und Brombeeren. Diese Früchte sind reich an Vitaminen, Mineralien, Spurenelementen und Ballaststoffen und somit ein gesundes Naschwerk. Sie haben auch ein wesentlich feineres Aroma als kultivierte Gartenfrüchte.

Welche Beeren können gesammelt werden?
Grundsätzlich sollten nur die Beeren gesammelt werden, die ganz sicher bekannt sind. Es gibt viele, die giftig sind, aber appetitlich und verlockend aussehen. Auch wenn Tiere diese Beeren fressen, darf das nicht dazu verleiten, von diesen Früchten zu kosten. Für Tiere sind Beeren eßbar, die für uns giftig sind.
Einige Früchte, wie Preiselbeeren, Sanddorn und Vogelbeeren, sind roh nicht genießbar. Sie werden erst mit Zucker gekocht schmackhaft.

Welche ist die giftigste Beere?
Unter den einheimischen Beeren ist die Tollkirsche die giftigste. Sie wächst in Kahlschlägen und lichten Laubwäldern, vor allem in Buchenwäldern. Schon 3–5 Beeren reichen aus, um ein Kind zu töten. Ihr appetitliches, kirschenähnliches Aussehen macht sie besonders gefährlich. Die etwa einen Meter hohe Staude trägt glänzendschwarze, ku-

gelförmige Beeren, die in sternförmigen grünen Kelchen sitzen. Ihre Reifezeit ist von Juli bis Oktober. Giftig sind auch die Beeren von Aronstab, Liguster, Maiglöckchen, Pfaffenhütchen, Seidenbast und Stechpalme.

Wann sind Waldbeeren reif?
Der Zeitpunkt der Reife ist vom Wetter und dem Standort der Früchte abhängig (vgl. die Zeichnungen S. 50).
Walderdbeeren: an sonnigen Standorten in lichten Wäldern
                          Juli – August
Himbeeren: am Waldrand, auf Lichtungen, Kahlschlägen, unter Gebüsch
                          Juli – September
Blaubeeren: in lichten Wäldern, auf Lichtungen
                          Juli – August
Brombeeren: in Wäldern, unter Gebüsch, auf steinigen Hängen und sandigen
                          Böden in der Heide
                          August – September
Preiselbeeren: in höheren Lagen, in Nadelwäldern und Moorgebieten, auf Lichtungen
                          August – Oktober

Was ist beim Beerensammeln zu beachten?
– Zum Sammeln der Früchte eignen sich am besten kleine Eimer, Joghurt- oder Quarkbecher. Die empfindlichen Beeren werden so nicht zerdrückt, und es kann kein Saft auslaufen.
– Die Stellen, an denen gepflückt wird, sollten frei von schädlichen Umwelteinflüssen sein. Früchte, die in der Nähe stark befahrener Straßen wachsen, sollten nicht gegessen werden.
– Gesammelt werden nur reife Früchte. Alte, verschimmelte oder von Maden befallene Früchte werden ausgesondert.
– Die Beeren sollten zuhause gründlich gewaschen und sofort verwertet werden, da sie rasch Wirkstoffe und Aroma verlieren.

Was kann aus Beeren zubereitet werden?
Aus Waldbeeren kann allerlei Leckeres zubereitet werden:
– Waldbeerenmüsli *
– Waldbeereneis *
– Rote Grütze *
– Fruchtmilch *
– Beerenobstkuchen *
– Waldbeerenmarmelade

Phantasiereise – im Wald

Von einem erlebnisreichen Ausflug in den Wald haben die Kinder viel Material mit-
gebracht: Rinden, Moos, Flechten, Baumpilze, Zapfen, Wurzelteile, Vogelfedern ...
Die vielfältigen Eindrücke und Erfahrungen können durch eine Phantasiereise ver-
tieft werden.
Allgemeine Hinweise für den Gruppenleiter: → Phantasiereise in Kap. *In Feld und
Flur,* S. 57.

Material
Naturmaterialien aus dem Wald, Feder, Korb, großes Tuch, Bodenmatten.

Musikempfehlung
Arnd Stein: Sommerabend, A-Seite. Musik zum Entspannen und Träumen (MC).
Best.-Nr. 112, Verlag für Therapeutische Medien, Iserlohn.

Verlauf
Die Kinder sitzen in bequemer Haltung auf den im Kreis angeordneten Matten. Das
gesammelte Naturmaterial liegt in einem Korb, der mit einem Tuch abgedeckt
wurde.
Nacheinander greifen die Kinder in den Korb, ertasten und raten, was sich darin befindet. Der jeweils erratene Gegenstand wird aus dem Korb genommen und näher
untersucht. Von Interesse sind Gestalt, Farbe, Geruch, Oberflächenbeschaffenheit.
Im Anschluß an das Spiel legen sich die Kinder hin und werden vom Gruppenleiter
angeregt, die Augen zu schließen. Nach einleitenden Atemübungen und Ruheformeln beginnt er die Geschichte:

„Es ist ein heißer Sommertag –
Du bist in einem Wald –
hier ist es angenehm kühl –
Du atmest die würzige Waldluft –
Du schlenderst einen Weg entlang –
spürst die feuchte Erde unter Deinen Füßen –
ab und zu weichst Du einer Pfütze aus –
sie stammt noch vom letzten Regen –
Du verläßt den Weg und wanderst in den Wald hinein –
zwischen zwei Bäumen siehst Du ein Spinnennetz –
Tautropfen hängen daran, sie funkeln wie Edelsteine –
Du gehst weiter und kommst zu einer Lichtung –
sie ist hell, das Licht blendet Dich –
langsam gewöhnt sich Dein Auge an das Sonnenlicht –
Du siehst kleine Fichten, Baumstämme, Pilze –
Du hörst das Zwitschern der Vögel –
irgendwo hämmert ein Specht –

Du bist ein wenig müde, setzt Dich hin –
Du fühlst dich wohl –
Dein Atem ist ruhig –
Du bist ganz entspannt."

Der Gruppenleiter berührt die Kinder mit einer Feder und gibt ihnen damit das Si-
gnal, die Augen zu öffnen und sich langsam hinzusetzen.
Aus den Naturmaterialien läßt sich ein Tast- oder Kimspiel ✳ entwickeln, woran die
Kinder auch an den folgenden Tagen noch ihre Freude haben werden.

Ameisen-Tagebuch

Das Führen eines solchen Tagebuches regt die Kinder zum genauen Beobachten
an und weckt ihr Interesse für das Volk der Ameisen. Sie erfahren viel Wissenswertes und werden staunen, wie perfekt so ein Ameisenstaat organisiert ist. In ihm leben bis zu 1 Million Tiere. Die meisten davon sind Arbeiterinnen. Sie sammeln das
Futter, bauen das Nest und verteidigen es gegen Feinde. Eine ihrer Hauptaufgaben
ist die Pflege der Königin. Sie kann bis zu 20 Jahre alt werden und legt ständig Eier,
damit der Bestand des Ameisenstaates gesichert ist.
Die Kinder machen sich über einen selbst bestimmten Zeitraum Aufzeichnungen zu
ihren Beobachtungen. Sie sind so motiviert, Fragen nachzugehen. Diese können
sie einem sachkundigen Erwachsenen stellen, oder sie versuchen, die Antwort in
bereitgestellten Sachbüchern zu finden.

Material
Skizzenblock, Stifte, Lupe, Heft, das als Tagebuch dient, Sachbücher zur Thematik.

Verlauf
Einige Kinder gehen mit Schreibmaterial und Lupe ausgerüstet in den Wald und suchen einen Ameisenhaufen auf.
Sie stellen sich selbst die Beobachtungsaufgaben oder werden vom Gruppenleiter
dazu angeregt. Der Forscherdrang der Kinder darf aber nicht soweit gehen, daß das
Ameisennest mutwillig zerstört wird. Rote Waldameisen stehen unter Naturschutz,
da sie unzählige Waldschädlinge vertilgen und den Wald von toten Tieren säubern.

Beobachtungsaufgaben
– Suche eine „Ameisenstraße" und verfolge, wo sie hinführt!
  Ameisenwege führen zu einer Nahrungsquelle oder zu einem Nachbarvolk; die
  „Straßen" führen z.B. zu einem Baum mit Raupen oder zu Blattläusen.

– Schau Dir eine Ameise genau an. Welche Einzelteile des Körpers kannst Du erkennen? Nimm Deine Lupe zur Hilfe!

Der Ameisenkörper besteht aus drei Teilen: Kopf, Brust und Hinterleib.
Kopf: Facettenaugen, Mundwerkzeuge und Fühler
Brust: 6 Beine
Hinterleib: Verdauungsorgane, Giftdrüsen

– Beobachte, was die Ameisen mit sich führen!
  Ameisen schleppen Baumaterial wie Ästchen, Blatteile, Tannennadeln und Nahrung wie Käfer oder Raupen mit sich. Das Gewicht, das die Ameisen schleppen,
  ist zehn- bis zwanzigmal so hoch wie ihr Eigengewicht.

– Finde heraus, was die Ameisen am liebsten fressen! Lege mitgebrachte Nah-
  rungsreste auf die „Straße".
  Ameisen fressen Blätter, Insekten, Früchte, Honigtau von Blattläusen ...

– Lege ein Blatt mit Blattläusen auf die „Ameisenstraße" und beobachte mit der
  Lupe, wie sich die Ameisen verhalten!
  Blattläuse sind bei Ameisen sehr beliebt, da ihre Ausscheidungen viel Zucker,
  den „Honigtau", enthalten. Ameisen „melken" die Blattläuse, indem sie mit ihren
  Fühlern die Läuse streicheln und beklopfen.

– Drehe ein Blatt, über das die „Ameisenstraße" führt, in eine andere Richtung und
  beobachte, was geschieht!
  Ameisen markieren ihren Weg mit einem Duftstoff. Wird das Blatt gedreht, so folgen die Ameisen diesem Duft und wandern in die falsche Richtung.

– Öffne an einer Stelle ganz vorsichtig den Ameisenhaufen und beobachte, was
  passiert!
  Unzählige Ameisen beschäftigen sich damit, den Schaden zu beseitigen. Die
  Aufgabenverteilung ist perfekt geregelt, jede Ameise geht einer bestimmten Arbeit nach. Arbeiterinnen bringen „Puppen" in Sicherheit, andere schleppen Baumaterial herbei. Soldaten sichern den Platz, und einige Ameisen verschließen mit
  ihren Körpern das Loch, um einen Wärmeverlust zu vermeiden.

– Erzeuge mit einem Stück Pappe Wind über dem Ameisenhaufen und beobachte,
  was geschieht!
  Ameisen nehmen sofort eine Kampfstellung ein. Sie erheben den Hinterleib, um
  Ameisensäure zu verspritzen.

– Wie verhalten sich Ameisen, die sich unterwegs begegnen?
  Ameisen betasten und beriechen sich gegenseitig mit ihren Fühlern. Sie versprü-
  hen Duftstoffe, um den anderen Ameisen etwas mitzuteilen. Dabei verständigen
  sie sich über Nahrungsquellen, drohende Gefahren, notwendige Hilfe. Am Geruch erkennen sie auch die Zugehörigkeit zu ihrem Nest, fremde Ameisen werden bekämpft.

– Worüber könnten sich Ameisen unterhalten? Besonders lustig ist es für die Kinder, zu überlegen, was Ameisen sich mitteilen könnten. Bestimmt haben sie Spaß daran, die Unterhaltung in einem selbstgefertigten Bild, das Ameisen mit Sprechblasen zeigt, festzuhalten.

Zu Hause übertragen die Kinder ihre Notizen und Skizzen in das Tagebuch und ergänzen diese mit Wissen aus Sachbüchern. Die Aufzeichnungen können noch mit Datum und Zeitdauer der Beobachtung versehen werden.

Ameisen würfeln

Material
Knetmasse, Streichhölzer, Würfel.

Spielregeln
Die Kinder würfeln reihum. Wer zuerst eine 6 würfelt, darf beginnen und aus Knete einen Kopf formen. Auch die restlichen Körperteile werden aus Knete gestaltet. Mit einer 5 wird die Brust, mit einer 4 der Hinterleib geformt. Als Fühler dienen abgebrochene Streichhölzer. Der rechte Fühler wird mit einer 3, der linke Fühler mit einer 2 erwürfelt. Für jedes der sechs Beine muß eine 1 gewürfelt werden. Für die Beingelenke wird ein Streichholz an zwei Stellen geknickt. Sieger ist, wer seine Ameise als Erster zusammengesetzt hat.

Tierspuren entdecken

Huf- und Pfotenabdrücke sind am besten im Winter zu erkennen, wenn frischer Schnee gefallen ist. Aber auch im Sommer, nach längerem Regen, finden sich Spuren im weichen Boden. Die Spuren von Rehen, Hirschen und Wildschweinen heißen in der Jägersprache „Fährten". Die Fußabdrücke kleinerer Tiere wie Hase, Fuchs oder Marder werden als „Spuren" bezeichnet.

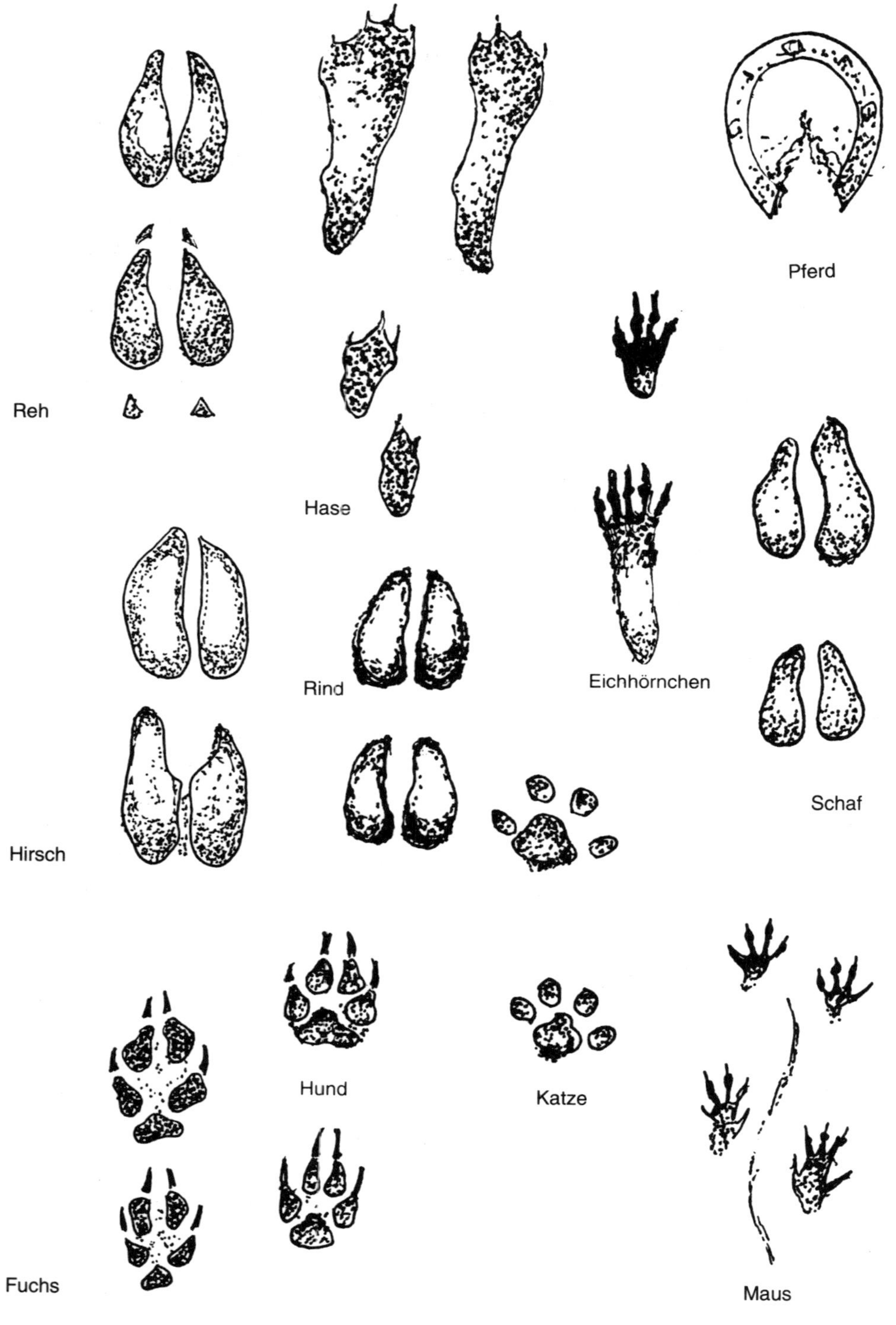

Pferd

Reh

Hase

Eichhörnchen

Schaf

Rind

Hirsch

Fuchs

Hund

Katze

Maus

Die Tiere bewegen sich auf einem Netz von Pfaden. Benutzen Hirsche und Rehe diese Wege, so spricht der Jäger auch vom „Wechsel". Es ist immer wieder spannend, Tierspuren zu entdecken und zu verfolgen. So ziehen viele Tiere zu einer Futterstelle oder Tränke. Es läßt sich auch feststellen, ob ein Tier aufgescheucht wurde und die Flucht ergriff, oder ob es an einer bestimmten Stelle Rast gemacht oder gefressen hat.

SPURENGIESSEN

Von einer gut erkennbaren Spur kann ein Gipsabdruck gemacht werden. Der Gips wird am besten an Ort und Stelle angerührt, da er schnell hart wird.

Material
Feste Pappschachtel ohne Boden oder Holzrahmen, Gips, 1 Flasche Wasser, Holzstab zum Umrühren, Gefäß zum Gipsrühren.

So wird's gemacht
- Spur vorsichtig von Blättern und Steinen befreien.
- „Schachtelrahmen" um die Spur herum in die Erde drücken.
- Gips in das Wasser streuen und zu einem Brei anrühren. Dieser darf nicht zu fest sein, da er alle Unebenheiten ausfüllen soll.
- Gipsbrei ca. 2 cm hoch in den „Rahmen" gießen.
- Rahmen entfernen, wenn der Gips hart geworden ist, und Abdruck vorsichtig abheben.
- Am nächsten Tag den Abdruck mit einer weichen Bürste unter fließendem Wasser reinigen.
- Unregelmäßigkeiten und scharfe Kanten mit Schleifpapier beseitigen.
- Abdruck eventuell mit Wasserfarbe bemalen.

Alter von Bäumen bestimmen

Bei einem Waldspaziergang ist es interessant, das ungefähre Alter von Bäumen zu errechnen. Dies geht besonders gut bei einem gefällten Baum, da die Anzahl der Jahresringe etwas über das Alter des Baumes aussagt. Auf der Schnittfläche sind helle und dunkle, breite und schmale Ringe zu erkennen. Die einen wachsen im Frühjahr, die anderen im Sommer. Ein heller und ein dunkler Ring bilden zusammen einen Jahresring. In den ersten zwei bis vier Jahren bildet der Baum jedoch keine Ringe aus. Aber nicht nur das Alter, sondern auch die Lebensgeschichte des Baumes ist von der Gestalt der Ringe abzulesen. Trockenperioden, Schädlingsbefall, Blitzeinschlag und andere Katastrophen stören die Regelmäßigkeit der Ringe. Der Umfang eines Baumstammes zeigt ebenfalls das ungefähre Lebensalter an. Der jährliche Zuwachs bei Bäumen mit voll entwickelter Krone beträgt durchschnittlich 2,5 cm. Ein freistehender Baum mit einem Umfang von 2,5 m wäre also demgemäß 100 Jahre alt. Da im Wald die Bäume weniger Licht bekommen, wachsen sie entsprechend langsamer. Hier braucht ein Baum die doppelte Zeit, um diesen Umfang zu erreichen. Der Umfang eines Baumes wird etwa 1,5 m über dem Boden gemessen. Dafür eignet sich ein Maßband oder eine Schnur, die später abgemessen wird.

Waldverschönerungs-Aktion

Material
Müllsäcke, Einmal- oder Gummihandschuhe.

Die Kinder ziehen mit Müllsäcken und Handschuhen ausgestattet los. Eingesammelt wird alles, was nicht in den Wald gehört. Der Abfall kann anschließend sortiert und den entsprechenden Containern zugeführt werden. Vielleicht bereitet es der Gruppe Spaß, zuvor noch aus dem Abfall ein abschreckendes Gebilde zu bauen. Als Belohnung für die getane Arbeit erwartet die Kinder ein Imbiß, welchen die Zuhausegebliebenen vorbereitet haben.

Waldspiele

BAUM ERTASTEN

Material
Augenbinden (Kopftücher, Schals).

Die Kinder bilden Paare. Einem der beiden Spieler werden die Augen verbunden. Er wird zu einem Baum geführt. Nun bekommt er die Aufgabe, Rinde, Baumstamm, Blattform und Baumfrucht genau zu erforschen. Damit der Spieler die Orientierung verliert, wird er auf Umwegen wieder zum Ausgangspunkt zurückgeführt. Von hier aus versucht er nun, „seinen" Baum diesmal mit offenen Augen wiederzufinden. Gelingt dies, wechseln die Partner.
Hinweis: Das Spiel setzt gegenseitiges Vertrauen der beiden Partner voraus.

KLEINE WELT – GANZ GROSS

Material
Lupen

Die Kinder legen sich auf den Waldboden und betrachten ein kleines Stück des Waldbodens mit der Lupe. Sie werden erstaunt feststellen, daß aus winzigen Pflanzen Bäume, aus Ameisen Dinosaurier werden. Sie entdecken Spinnen, Pilze und Schnecken, die so winzig sind, daß sie ohne Vergrößerungsglas nicht gesehen werden können.

WALD-SUCHSPIEL

Material
Wanderkarte oder Skizze, die das Suchgebiet eingrenzt; Suchliste mit den Aufgaben, Papier, Schreibzeug, Tüten.

Die Kinder bilden kleine Gruppen. Jedes Team bekommt eine Suchliste, Papier, Schreibzeug und eine Tüte. Nun geht es darum, alle Aufgaben in einer vorgeschriebenen Zeit zu lösen.

Zum Beispiel:
Sammle
– eine Feder
– ein Eichenblatt und eine Eichel
– ein Buchenblatt und eine Buchecker
– ein Stück Rinde   – ein angeknabbertes Blatt
– einen Tannenzapfen   – etwas Hartes
– eine Wurzel   – etwas Weiches
– ein Schneckenhaus   – einen Dorn
– einen Knochen   – ein Insekt
– drei verschiedene Samen   – ein Stück Eierschale ...
– einen besonders schönen Stein
Wieder am Ausgangspunkt angekommen, zeigt jede der Gruppen ihre mitgebrachten Schätze. Für jede richtige Lösung der Aufgaben gibt es einen Punkt.

WALD-KIM

Material
Verschiedene Waldfrüchte, Blätter, Moos, Steine, kleine Äste etc., Augenbinde, großes Tuch.

Vor den Mitspielern werden etwa 10 Dinge ausgebreitet. Ein Spieler prägt sich alle Gegenstände sehr gut ein und schließt dann die Augen. Ein anderer deckt mit einem Tuch alle Utensilien zu. Nun öffnet der Spieler wieder die Augen und zählt möglichst alle Dinge aus dem Gedächtnis auf.

Weitere Spielvarianten:
– Zwei Dinge miteinander vertauschen. Es wird überlegt, welche vertauscht wurden.
– Gegenstände mit geschlossenen Augen ertasten und raten.
– Einen Gegenstand hinzufügen oder wegnehmen und erraten lassen, um welchen es sich handelt.

BÄUME: BLÄTTER UND SAMEN

Ahorn

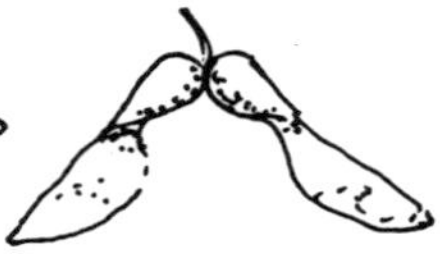

Kastanie

Buche

Birke

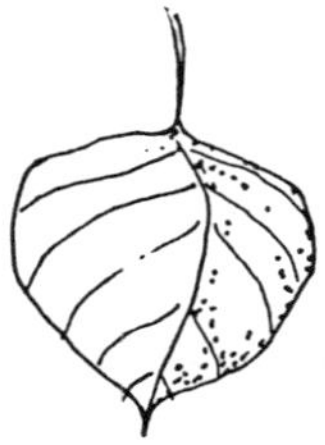

Linde

Pappel

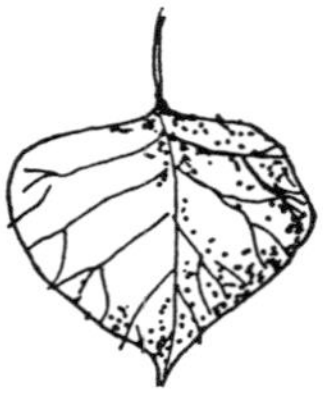

Eiche

Eberesche

Vogelbeere

MEMORY

Material
Nüsse, Fichtenzapfen, Schneckenhäuser, Steine, Rindenstücke etc., Joghurtbecher.

Die Kinder suchen nach Dingen, die auf dem Waldboden liegen. Von allen Gegenständen sollte ein Paar gefunden werden. Diese werden auf einem flachen Stück Boden durcheinander ausgebreitet, und jeder Gegenstand wird mit einem Joghurtbecher zugedeckt. Die Kinder decken nun reihum auf und spielen nach den bekannten Memory-Spielregeln.

SPÜRNASEN

Material
2 x 50 m Schnur, Trillerpfeife, evtl. Stoppuhr.

Es werden zwei Gruppen von je 4 – 5 Teilnehmern gebildet. Jede dieser Gruppen steckt sich mit der Schnur ihr Revier ab (ca. 10 x 10 m). Nun versucht jede Gruppe, sich in einem Zeitraum von 10 Minuten ihr Gebiet gut einzuprägen. Im Anschluß daran geht jede Gruppe zum Revier der anderen und verändert dort fünf Dinge, wie z.B. einen Stein hineinlegen, Zapfen an einen anderen Ort legen, einen Ast wegnehmen ... Auf ein Signal des Gruppenleiters hin begeben sich die Gruppen wieder auf ihr eigenes Gebiet und versuchen, innerhalb von 2 Minuten die Veränderungen festzustellen.

GESCHICHTENWERKSTATT

Material
Fundstücke aus dem Wald.

Vorbereitung
Die Kinder sammeln auf einem Waldspaziergang Dinge, die ihnen besonders gut gefallen, wie einen Stein, ein Moospolster, ein Schneckenhaus o.ä. und nehmen diese mit nach Hause.

Durchführung
Ein Kind beginnt eine Geschichte zu erzählen und baut den mitgebrachten Gegenstand mit ein. Irgendwann hört es auf, und ein anderes Kind erzählt die Geschichte weiter und bringt „seinen" Gegenstand mit ein.
Die Geschichte könnte so beginnen: „Es war einmal eine alte, sehr arme Frau, und da sie kein Brennholz hatte, ging sie in den Wald zum Holzsammeln (Ast oder Rinde). Als sie eine Weile gesammelt hatte, wurde sie müde und legte sich auf ein Moospolster (Moos). Doch plötzlich spürte sie an ihrem Kopf etwas Hartes (Stein)...

Baumhäuser

Waldhütte

Kinder lieben es, im Wald ein Haus, eine Hütte oder ein Zelt aus den verschiedensten Materialien zu bauen. Dieses kann dann, je nach weiteren Spielideen, ein Indianerzelt, ein Baumhaus, ein Adlerhorst oder eine Räuberhöhle sein. Bevor mit dem Bauen einer Hütte im Wald begonnen wird, sollte abgeklärt werden, welcher Standort geeignet ist, welches Material aus dem Wald verwendet werden darf, und ob die Hütte nach der Freizeit für nachfolgende Gruppen stehen bleiben darf oder wieder abgebaut werden soll.

Material
4 dickere Äste, ca. 1,20 m lang, Zweige, Moos, große Blätter.

Werkzeug
Hammer, Messer, Seil, Schnur.

Durchführung
– Die 4 dickeren Äste an einer Seite anspitzen und im Abstand von 2 m fest in den Waldboden schlagen, so daß ein Quadrat entsteht.
– In die Zwischenräume dünnere Äste und Zweige etwa im Abstand von 20 – 30 cm stecken.
– Zweige mit oder ohne Laub durch die Äste und Zweige flechten, miteinander verschränken.
– An einer Seite eine Öffnung als Eingang lassen.
– Das Dach als Einzelstück in derselben Technik anfertigen, in den Maßen muß es etwas größer sein als die Grundfläche des Hauses.

– Dach über die Seitenwände legen, mit einer Schnur befestigen.
– Haus mit Moos, Blättern, Steinen o.ä. ausschmücken.

Indianerzelt

Material
7 Bohnenstangen oder entsprechend lange Äste; alte Bettlaken, die mit Stoffarben
bunt bemalt sein können; kleinere Äste, Zweige, Moos, Steine.

Werkzeug
Hammer, Messer, Schnur, Klebeband, Wäscheklammern, Heftklammern und Heft-
zange.

Durchführung
– Bohnenstangen kreisförmig in den Boden stecken, mit dem Hammer so tief ein-
  schlagen, daß sie standfest sind.
– Bohnenstangen oben wie ein Wigwam zusammenbinden.
– Bettlaken um die Bohnenstangen legen, am oberen Rand in Falten legen; Falten
  mit Heftklammern befestigen.
– Bettlaken mit Wäscheklammern, Klebeband und Schnur an den Bohnenstangen
  befestigen. Ein Eingang bleibt frei, oder ein Teil eines Bettlakens wird so umge-
  schlagen, daß es wie eine Tür geöffnet und geschlossen werden kann.
– Laken am Boden mit Steinen beschweren.
– Zelt innen mit Moos, Zweigen etc. auspolstern und schmücken.

Variation

Zwischen die einzelnen Stangen können auch zusätzlich kleinere Äste und
Zweige gesteckt und Naturmaterial
durchgeflochten werden, so wie beim
Baumhaus beschrieben.

GRÜNES BOHNENZELT

Ein grünes Bohnenzelt entsteht,
wenn im Frühjahr dicht neben die
Bohnenstangen 3 – 4 Feuerbohnen in
die Erde gesteckt werden. In Ferien-
lagern, die den ganzen Sommer lang
immer wieder neue Gruppen aufneh-

men, können die ersten etwa ab Mitte Mai mit dem Anlegen des Zeltes beginnen; die Gruppen, die im Juli und August da sind, können das schnelle Wachsen der Bohnen und roten Blüten beobachten und sich im Innern des Bohnenzeltes aufhalten.

Waldküche

Aus den Früchten des Waldes lassen sich viele leckere Speisen zubereiten. Hier ein paar Anregungen.

WALDBEERENMÜSLI

Zutaten (für 1 Person)
100 g Waldbeeren, 1 Tl Honig, 2 El Haferflocken, 1 Tasse Milch.

Zubereitung
Beeren zerkleinern, Honig und Haferflocken dazugeben, Milch darübergießen.

WALDBEERENEIS

Zutaten
1/2 l süße Sahne, 100 g Puderzucker, 100 g (zerdrückte) Waldbeeren.

Geräte und Material
Schüssel, elektrisches Handrührgerät, kleine Schüsseln oder Becher, z. B. leere Joghurtbecher.

Zubereitung
Die gut gekühlte Sahne steif schlagen und die Zutaten untermischen. Die Masse portionsweise in Schüsseln oder Becher abfüllen und in das Tiefkühlfach stellen.

Hinweis: Das Eis schmeckt am besten, wenn es nicht so fest gefroren ist.

ROTE GRÜTZE

Zutaten (für 5 Portionen)
700 g Früchte (Erd-, Him-, Brom-, Heidelbeeren), 3/4 l Fruchtsaft (Kirsch- oder Johannisbeersaft), 5 El Speisestärke, 100 g Zucker.

Zubereitung
- Stärke in 1/2 Tasse des Saftes anrühren.
- Beeren waschen und etwa ein Drittel davon beiseite legen.

- In den Saft Zucker und restliche Früchte geben und aufkochen lassen.
- Angerührte Stärke unterrühren, bis eine dickliche Masse entsteht. Die zurückbehaltenen Früchte unterziehen.
- Die Masse in kalt ausgespülte Schalen füllen und kaltstellen.
- Mit Sahne oder Vanillesoße servieren.

Hinweis: Reichen die gesammelten Waldfrüchte nicht aus, können sie mit Johannisbeeren, Erdbeeren oder entsteinten Kirschen aus dem Glas ergänzt werden.

FRUCHTMILCH

kann aus Milch, Buttermilch oder auch Joghurt hergestellt werden. Alle Zutaten sollten möglichst eisgekühlt verwendet werden.

Zutaten (pro Person) ·
125 g frische Früchte nach Wahl, ca. 1 El Zucker, 1/2 El Zitronensaft, 1/4 l Milch oder Joghurt.

Geräte und Material
Mixer, Meßbecher, Zitronenpresse, Becherglas, Strohhalm.

Zubereitung
Früchte waschen und im Mixer auf Stufe 1 fein zerkleinern, mit Zucker und Zitronensaft schaumig schlagen; sehr gut gekühlte Milch zugeben, kurz durchschlagen auf Stufe II und in ein vorgekühltes Glas geben.

Hinweis: Milchmischgetränke nach Fertigstellung sofort reichen, da es bei längerem Stehen zur Gerinnung und zum grobflockigen Absetzen kommt.

BEERENOBSTKUCHEN

Zutaten
3 große Eier, 3 El Wasser, 150 g Zucker, 1 P. Vanillezucker, 150 g Mehl, 1/2 Tl Backpulver.

Zum Bestreichen: etwas Schlagrahm oder Aprikosenmarmelade
Belag: 3/4 – 1 kg Früchte
Zum Überziehen: 1/4 l Schlagrahm, 1 El Puderzucker
Für Springform: Butter und Mehl

Geräte
Elektrisches Rührgerät oder Schneebesen, Rührschüssel, Springform, Spritztüte, Mehlsieb.

Zubereitung
- Eier trennen, Eiweiß und kaltes Wasser zu sehr steifem Schnee schlagen.
- Zucker unter Schlagen nach und nach einrieseln lassen.
- Eigelb unterziehen auf niedriger Schaltstufe, Gerät ausschalten.
- Mehl und Backpulver darübersieben und (ohne Rührgerät) unterheben.
- Teig in vorbereitete Springform geben und in vorgeheiztem Backofen bei ca. 180° etwa 20 – 25 Minuten backen.
- Biskuitboden in der Form kurz abkühlen lassen, aus der Form nehmen und völlig erkalten lassen.
- Kuchenboden mit Schlagrahm oder Aprikosenmarmelade dünn bestreichen und mit gewaschenen und gut abgetropften Früchten belegen.
- Mit leicht gesüßtem Schlagrahm spritzen und sofort kalt stellen.

Kiefernadel-Badezusatz

Zutaten
500 g kleingeschnittene Kiefernzweige, 3 l Wasser.

Material
Gartenschere oder Messer, großer Topf, Flaschen zum Abfüllen, Trichter, Sieb.

Zubereitung
Die kleingeschnittenen Kiefernzweige in einen großen Topf geben, mit 3 l kaltem Wasser aufgießen, und eine Stunde ziehen lassen. Das Wasser langsam erhitzen und 1 – 2 Minuten aufkochen. Die Flüssigkeit abseihen und mit einem Trichter in Flaschen füllen. Den Badezusatz nach Bedarf dem Badewasser zugeben.

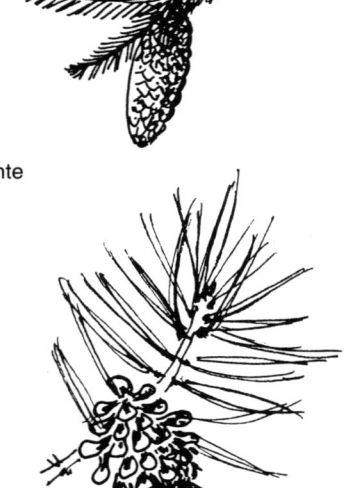

Fichte

Kiefer

Lärche

Weißtanne

Gefahren

TOLLWUT

Wildlebende Tiere, aber auch Haustiere wie Hunde und Katzen können an Tollwut erkranken. Tollwutviren werden durch den Speichel erkrankter Tiere auf vorhandene Wunden oder durch Bisse übertragen.
Die Übertragung der Tollwut auf den Menschen ist lebensbedrohlich!

Erste Hilfe
— Wunde sofort mit heißem Seifenwasser auswaschen, da Tollwutviren hitze- und seifenempfindlich sind.
— Wunde mit Wunddesinfektionsmittel betupfen.
— Keimfreien Verband anlegen.
— Sofort Arzt oder Krankenhaus aufsuchen, da eventuell Tollwutimpfung notwendig ist. Sie verhindert den Ausbruch der lebensgefährlichen Krankheit.
— Nach Möglichkeit das Tier, das die Bißverletzung verursacht hat, auf Tollwut untersuchen lassen.

Vorbeugende Maßnahmen
— In einem tollwutgefährdeten Gebiet kein Tier und auch keinen Tierkadaver berühren. Ebenso sollte man sich von keinem Tier ablecken lassen.
— Tollwutkranke Tiere verhalten sich meist ungewöhnlich: Sie streunen herum, sind sehr zutraulich oder auch bösartig und beißen zu. Besondere Vorsicht ist daher auch bei auffallend zutraulichen Tieren geboten.
— Jedes tollwutverdächtige lebende, sterbende oder tote Tier unter genauer Ortsangabe dem nächsten Polizeiposten oder Tierarzt melden.

FUCHSBANDWURM

Viele Waldbeeren und Pilze sind mit den Eiern des Fuchsbandwurms verunreinigt. Werden diese verzehrt, kann eine lebensbedrohliche Erkrankung augelöst werden!

Vorbeugende Maßnahmen
— Waldfrüchte und Pilze vor dem Verzehr waschen.
— Nach jedem Aufenthalt im Wald Hände waschen, da möglicherweise mit Kot beschmutzte Erde oder Pflanzen berührt wurden.

ZECKENBISS

Zecken (Holzbock) sind blutsaugende Parasiten. Sie sind winzig und unscheinbar, können aber bei Blutaufnahme stark anschwellen.

Verbreitungsgebiete der Zecken:
Zecken lieben mildfeuchtes Klima. Von Mai bis Oktober befinden sie sich in Gebüsch, Unterholz, hohem Gras, Wäldern, Gärten, Parks und Flußauen.

Zeckenbisse können gefährlich sein, weil durch sie Hirnhautentzündung und Lyme-Borreliose übertragen werden.

Erste Hilfe
- In der Haut befindliche Zecke mit einer Pinzette (Zeckenzange) oder den Fingernägeln lockern und dann mit einem leichten Ruck herausziehen. Bleibt ein Teil der Zecke in der Haut zurück, sollte er vom Arzt entfernt werden.
- Ungeimpfte sollen nach einem Zeckenbiß sofort den Arzt aufsuchen.
- Bei später auftretenden Entzündungen oder Rötungen ist ebenfalls ärztliche Hilfe angesagt.

Vorbeugende Maßnahmen
Betreuer und Kinder schützen sich, wenn sie
- sich bei Aufenthalt in einem Risikogebiet vorher impfen lassen,
- bei der Kleidung darauf achten, daß Kopf, Arme und Beine bedeckt sind,
- helle Kleidung tragen, da dunkle Farben Insekten anlocken können,
- unbedeckte Haut mit Insektenschutzmittel einreiben,
- Unterholz meiden,
- nach einem Aufenthalt im Freien kontrollieren, ob sich eine Zecke festgebissen hat.

Literatur

Fischer-Nagel, Heiderose und Andreas: Der Ameisenstaat, Kinderbuchverlag Luzern, Luzern 1992.

Harris, E.H.: Wir entdecken und bestimmen Bäume. Ravensburger Buchverlag Otto Maier, Ravensburg 1990 (Ravensburger TB 496).

Kremer, Bruno P.: Naturspaziergang Wald. Beobachten – Erleben – Verstehen. Kosmos-Naturführer. Franckh-Kosmos, Stuttgart 1990.

Leutscher, Alfred: Wir entdecken und bestimmen Tierspuren. Ravensburger Buchverlag Otto Maier, Ravensburg 1992 (Ravensburger TB 541).

Lucht, Irmgard: Die Wald-Uhr. Das Jahr des Waldes mit seinen Pflanzen und Tieren. Ellermann Verlag, München 1992.

Müller, Thomas/Henle, Christine: Heil- und Giftpflanzen-Uhr. Von Pflanzen und ihren Wirkstoffen im Jahreslauf. Ellermann Verlag, München 1991.

Schmidbauer, Hildegard/Hederer, Josef: Erlebnisraum Wald. Praktische Umwelterziehung in Kindergarten und Grundschule. Don Bosco Verlag, München 1990.

Sturm, Gerhard: Leben im Wald. Verlag Freies Geistesleben, Stuttgart 1989.

Vogler, Thomas: Mein Wald. Erlebnisraum Wald. Sehen, erleben, verstehen, fotografieren. Das Aktivbuch. M. Kraxenberger Verlagsges., München 1990.

Wir entdecken und bestimmen das Leben im Wald. Hrsg. v. Jacquemier, Sue. Ravensburger Buchverlag Otto Maier, Ravensburg 1991 (Ravensburger TB 624).

Am Wasser

WASSER – GRUNDLAGE DES LEBENS

Ohne Wasser ist Leben nicht möglich. Menschen, Tiere und Pflanzen bestehen zum größten Teil aus Wasser; zur Erhaltung ihres Lebens müssen sie täglich Wasser in ausreichender Menge zu sich nehmen.

WASSER – IN BÄCHEN, FLÜSSEN, SEEN UND TEICHEN

Viele Wasseradern durchziehen die Landschaften: Quellen entspringen in den Bergen, kleine Bäche münden in große Flüsse, diese wiederum in Ströme, die ins offene Meer fließen.
Natürliche Seen haben sich besonders in den Alpen und der nordeuropäischen Tiefebene gebildet. Sowohl in fließenden als auch in stehenden Gewässern, an Ufern und in Feuchtgebieten entwickelten sich vielfältige Lebensgemeinschaften von Pflanzen und Tieren.

WASSER – NUTZEN FÜR DEN MENSCHEN

Wasser ist für uns Menschen in vielerlei Hinsicht unentbehrlich: zur Trinkwasserversorgung von Mensch und Tier, zur Bewässerung der Felder, zur Energiegewinnung, als Transportweg für die Schiffahrt und in der Industrie. Künstliche Wasseradern, Kanäle und angelegte Seen erweitern die Nutzungsmöglichkeiten der natürlichen Wasservorkommen.
Sportliche Betätigung im und am Wasser dient der Erfrischung und Erholung.

WASSER – ELEMENT ZUM SPIELEN, ENTDECKEN UND ERFORSCHEN

Wasser übt auf Kinder große Faszination aus: Es weckt den Wunsch in ihnen, das geheimnisvolle Leben unter Wasser auszukundschaften; im spielerischen Umgang mit dem Element Wasser erfahren sie Wissenswertes. An heißen Sommertagen vergnügen sie sich bei Spiel und Sport am Wasser. Schwimmbäder und Freizeiteinrichtungen mit Wasserspielanlagen verschaffen das ganze Jahr über Gelegenheit zum Wassersport.

WASSER – BELASTET DURCH SCHADSTOFFE

Für Kinder stehen Spiel und Spaß im Umgang mit Wasser im Vordergrund. Dennoch wird ihnen nicht verborgen bleiben, daß Wasser zunehmend durch schädliche Umwelteinflüsse belastet wird: Sie beobachten die Einleitung von Abfällen und Giftstoffen; sie erleben, daß in stark verunreinigten Gewässern manchmal das Baden untersagt wird; sie wissen, daß das Wasser aus einem Bach nicht direkt als Trinkwasser benutzt werden soll.

Auch wenn die ökologischen Zusammenhänge rund um das Element Wasser sehr komplex sind, so können Kinder im spielerischen Umgang damit ihr Umweltbewußtsein schärfen und Wasser als schützenswertes Gut erfahren.

Exkursionen am Wasser

Wasser übt auf Kinder eine fast magische Anziehungskraft aus. Es weckt spontan in ihnen den Wunsch, es zu beobachten und zu erforschen. Die Geheimnisse des Lebens unter Wasser sind dabei genauso interessant wie der Umgang mit dem Element Wasser beim Buddeln, beim Damm- und Kanalbauen oder beim Schiffchen fahren lassen. Planschen, Spiele und Schwimmen machen Spaß und regen an, das eigene Können zu erproben und seine Kräfte mit anderen zu messen.

Die Freude am Element Wasser läßt Kinder schnell vergessen, daß manchmal auch Regeln eingehalten werden müssen. Bach, Fluß, Teich und See sind Lebensräume für Pflanzen und Tiere, die ohne Wasser nicht überleben können. Unbekannte Gewässer können Gefahren bergen. Ein Bach oder Teich kann Eigentum eines Bauern oder einer Gemeinde sein.

Was ist zu beachten?

- Wer die Geheimnisse am Wasser erforschen will, muß vor allem viel Geduld haben. Tiere am Wasser sind besonders scheu. Wenn wir sie sehen wollen, müssen wir behutsam sein und uns Zeit lassen.
- Rücksicht auf die Natur nehmen! Pflanzen dürfen in wenigen Exemplaren gepflückt werden. Gefangene Tiere werden in einem Glas mit Wasser gelassen und später wieder am Fundort ausgesetzt.
- Nur an gut zugänglichen Stellen ins Wasser gehen! Das Wasser sollte hier höchstens knöchel- bis knietief sein. Sumpfige und pflanzendurchwachsene Stellen meiden!
- Verletzungsgefahren im Wasser vermeiden: Spitze Steine, Glasscherben, verrostete Blechteile sind oft kaum zu sehen. Ist der Bach- oder Teichgrund nicht klar zu erkennen, sollte man mit Gummistiefeln ins Wasser gehen.
- Baden und Planschen ist nur an den dafür freigegebenen Stellen möglich!
- Wilde Spiele, Wasserschlachten und Tobeaktionen sollten nur an den Stellen durchgeführt werden, an denen das Baden erlaubt ist – doch ohne andere Badegäste zu stören.
- Geschützte Gebiete, auch Vogelbrutstätten, dürfen nicht betreten werden.

Baden

Wenn Kindergruppen in Begleitung Erwachsener zum Baden gehen, sind besondere Regeln zu beachten. Bei Kinderfreizeiten werden vom Veranstalter Dienstanweisungen an die Mitarbeiter herausgegeben, die u. a. über Gruppenstärke, Zahl und Qualifikation der Begleiter und Erfordernisse der Aufsicht informieren.

– Eine schriftliche Schwimm- oder Badeerlaubnis der Erziehungsberechtigten muß vorliegen!
– Sofortige Rettungsmaßnahmen müssen möglich sein! Der Bademeister ist über die Ankunft der Gruppe zu informieren. Mit Kindern nur am bewachten Badestrand oder im öffentlichen Schwimmbad baden! Es ist von Vorteil, wenn einer der Betreuer das Rettungsschwimmerabzeichen hat.
– Schwimmer von Nichtschwimmern trennen! Ein Betreuer beaufsichtigt bis zu acht Schwimmer vom Beckenrand. Bei starkem Badebetrieb ist ein zweiter Betreuer zur Aufsicht im Wasser. Ein weiterer Helfer überwacht bis zu zehn Kinder im Nichtschwimmerbecken. Die Kindergruppe muß wiederholt auf ihre Vollständigkeit überprüft werden. Hilfreich sind Badekappen, die nur diese Gruppe trägt.
– Luftmatratzen und aufblasbares Wasserspielzeug auf ordnungsgemäßen Zustand überprüfen! Nichtschwimmer benutzen diese nur im Nichtschwimmerbereich. Die Kinder halten sich in Rufweite zum Betreuer auf, der sie besonders im Auge behält.

BADEREGELN

Schwimmen ist gesund, Schwimmen macht Spaß. Damit aus dem Spaß nicht bitterer Ernst wird, sollte der Gruppenleiter die Kinder mit den wichtigsten Baderegeln vertraut machen.

– Niemals mit vollem oder ganz leerem Magen baden!
– Kühle dich ab, bevor du ins Wasser gehst, und verlasse das Wasser sofort, wenn du frierst.
– Als Nichtschwimmer nur bis zur Brust ins Wasser gehen.
– Nur springen, wenn das Wasser unter dir tief genug und frei ist.
– Unbekannte Ufer bergen Gefahren.
– Meide sumpfige und pflanzendurchwachsene Gewässer.
– Schiffahrtswege, Buhnen, Schleusen, Brückenpfeiler und Wehre sind keine Schwimm- und Badezonen!
– Bei Gewitter ist Baden lebensgefährlich!
– Überschätze im freien Gewässer nicht Kraft und Können!
– Luftmatratze, Autoschläuche und Gummitiere sind im Wasser gefährliches Spielzeug.
– Schwimmen und Baden im Meer ist mit besonderen Gefahren verbunden.
– Nimm Rücksicht auf andere Badende, besonders auf Kinder.
– Verunreinige das Wasser nicht und verhalte dich hygienisch.
– Ziehe nach dem Baden das Badezeug aus und trockne dich ab.

- Meide zu intensive Sonnenbäder.
- Rufe nie um Hilfe, wenn du nicht wirklich in Gefahr bist, aber hilf anderen, wenn Hilfe not tut!

Erkundungen an Bach und Teich

Exkursionen an Bach und Teich erfordern eine sorgfältige Planung, damit Kindern und Erwachsenen Enttäuschungen erspart bleiben.

Welches Gewässer ist geeignet?

Bei der Auswahl eines Baches oder Teiches ist zu überlegen, daß es sowohl Möglichkeiten zum Beobachten und Erforschen geben sollte, als auch Stellen zum Ausruhen, Spielen und Schwimmen.
Der Gruppenleiter sucht geeignete Stellen:
- Die Quelle eines Baches, der Oberlauf, der weitere Bachverlauf
- ein Teich, eine Stelle an einem See
- ein Feuchtgebiet
- Stellen mit gut zugänglichem Ufer
- Stellen mit knietiefem Wasser
- Stellen, an denen es etwas zu beobachten und zu sammeln gibt

Ungeeignet für Teich- bzw. Bachexkursionen sind:
- Brutplätze der Vögel
- Uferzonen, an denen seltene oder geschützte Pflanzen und Tiere vorkommen
- unzugängliche, gefährliche Uferstellen
- abgesperrte, eingezäunte Gebiete
- zu tiefes, zu stark strömendes Wasser
- Einleitungen, die das Gewässer verunreinigen

Was nehmen wir mit?

Checkliste für die Ausrüstung: → *In Feld und Flur,* S. 45/46.
Zusätzlich Fangnetze, evtl. Badekleidung, Ersatzkleidung, Handtücher, Picknick.

Was regt die Kinder zum Beobachten und Erforschen an?

- Der Verlauf des Baches:
  Wo entspringt er? Durch welche Gebiete fließt er? Fließt er an Siedlungen, an einem Dorf vorbei? Gibt es Einleitungen anderer Gewässer? Überqueren Wege
  oder Straßen den Bach? Wie sehen die Brücken aus? Ist der Bach an einer Stelle
  ausgebaut, kanalisiert?
- Die Lage eines Teiches:
  Wo liegt er? Liegt er im Wald, in einem Moorgebiet oder im Park? Ist es ein natürli-
  ches oder künstlich angelegtes Gewässer? Gibt es Zuflüsse oder Einleitungen
  anderer Gewässer? Welche Schutzzonen, Badegebiete, Beobachtungsplätze
  gibt es?
- Das Ufer:
  Welche natürlichen Befestigungsformen haben sich entwickelt? Welche Pflan-
  zen wachsen am Ufer? Welche Bäume und Büsche gibt es am Ufer? Welche Be-
  deutung haben die Wurzeln dieser Bäume? Wie ist das Ufer geformt?
- Das Wasser:
  Ist das Wasser klar und sauber? Wie schnell fließt es? Kann man das Fließen des
  Wassers auch hören? In welche Richtung fließt das Wasser? Ist das Wasser
  warm oder kalt? Was können wir alles im Wasser entdecken: Steine, Schlamm,
  Sand, Tiere und Pflanzen? Wir beobachten mit der Wasserlupe das Leben und
  Treiben im Wasser. Was kann man alles am Grund des Baches oder Teiches ent-
  decken?

Bachkarte

Skizze

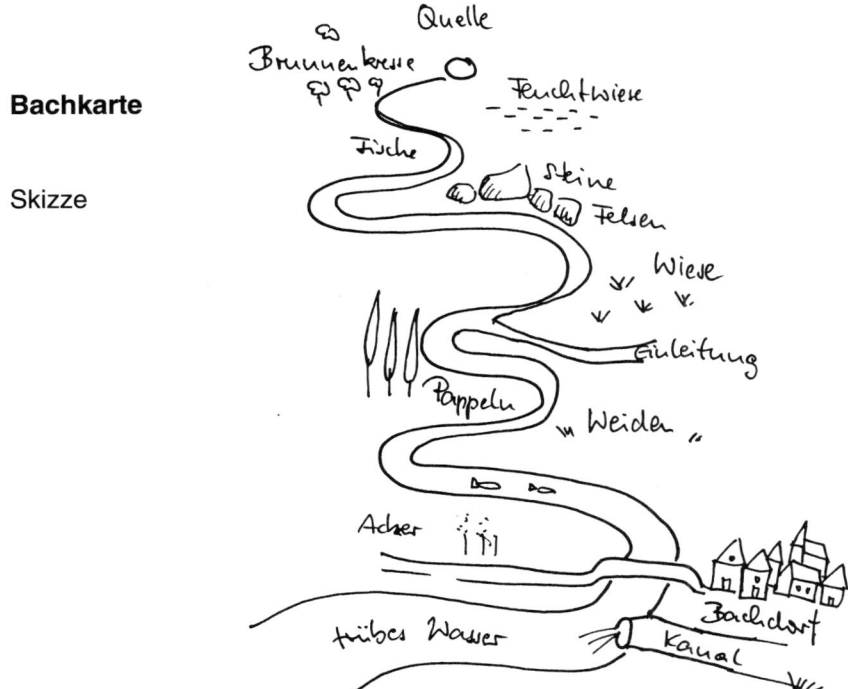

Die Kinder haben viel Zeit damit zugebracht, „ihren" Bach zu entdecken: Sie kennen seinen Verlauf und die Besonderheiten. Nun kann der Gruppenleiter anregen, eine Bachkarte zu zeichnen, in die alles Wichtige eingetragen wird.

Material
Ein 3 m langes Stück Papier von der Papierrolle, dicke Filzstifte, Pinsel, Wasserfarben; topografische Karte des Gebietes, durch das der Bach verläuft.

So wird's gemacht
Der Gruppenleiter macht mit den Kindern noch einmal einen Spaziergang am Bach entlang. An bestimmten Stellen wird eine Pause eingelegt. Die Kinder haben Zeit zum Beobachten. Sie notieren sich alles Wichtige und fertigen eine vorläufige Skizze vom Verlauf des Baches mit seinen Besonderheiten an.
Nach dieser Vorbereitung wird nun die große Bachkarte angelegt:
- Der Verlauf des Baches von der Quelle bis zur Mündung in ein anderes Gewässer.
- Wichtige Orientierungspunkte: Häuser, Zuflüsse anderer Bäche, Brücken, Kanalisation ...
- Interessante Uferabschnitte mit ihren Besonderheiten: seltene Pflanzen, interessante Steine, Abbrüche, Unterspülungen, Befestigungen ...
- Pflanzen und Tiere am und im Wasser.
- Fließgeschwindigkeit des Wasser.
- Einleitungen, Wasserverschmutzung.
Als Hilfsmittel kann die topografische Karte hinzugenommen werden, oder die Kinder vergleichen am Schluß ihr Werk mit den Einträgen der Karte.

Fließgeschwindigkeit messen

Material
Stoppuhr, Schreibzeug, Notizblock, Maßband, Stock, Schnur, Korken.

So wird's gemacht
- Schnur an dem Stock festbinden; am Ende der Schnur den Korken anbringen. Die Länge der Schnur muß vom Stock bis zum Korken genau 1 m messen!
- Stock ins Wasser stellen, Stoppuhr zur Hand nehmen und auf das Zeigen *los!* den Korken ins Wasser fallen lassen.
- Gemessen wird die Zeit, in der der Korken so weit vom Stock abgetrieben wird, bis die Schnur straff gespannt ist.
- Die Fließgeschwindigkeit in m/sec kann nun schriftlich festgehalten werden.

Unterwasserlupe

Material
Konservendose, Dosenöffner, Klarsichtfolie, Gummiring, Schere.

So wird's gemacht
- An der Konservendose den Boden und den Deckel mit dem Dosenöffner ganz entfernen. Darauf achten, daß keine spitzen Blechteile überstehen bleiben.
- Ein Stück Klarsichtfolie zuschneiden und über eine der Dosenöffnungen stülpen. Folie mit dem Gummiring befestigen; überstehende Folie rundum auf gleiche Länge zuschneiden.
- Lupe senkrecht ins Wasser halten und hindurchschauen. Durch den Wasserdruck wölbt sich die Folie etwas nach innen und vergrößert jetzt die Dinge, die man sich unter Wasser anschauen will.

Bachgeister

Bei diesem Spiel steht das Abenteuer im Mittelpunkt. Die Kinder machen Jagd auf Bachgeister, die seit langer Zeit ihr Unwesen treiben.

Material
Kieselsteine, Wachsmalkreiden, Laternen (Fackeln, Taschenlampen), Eimer oder Säcke, Stöcke.
Für die Botschaft: Weißes Papier, wasserfeste Filzschreiber, Teebeutel, Öl, Fettpinsel, Küchenkrepp, alte Zeitung als Unterlage.

Vorbereitungen
Für die „Geisterjagd":
Am Bach werden einige runde, glatte Kieselsteine gesammelt und getrocknet. Auf diese werden mit Wachsmalkreiden Gesichter gemalt: lustige, traurige, wütende, grimmige, nachdenkliche, schlafende ... Unbeobachtet von den Kindern werden die Kieselsteine (Bachgeister) an verschiedenen Stellen im und am Bach versteckt.

Für die „Botschaft":
Untenstehende Botschaft wird mit wasserfesten Filzstiften geschrieben. Dem Papier wird ein möglichst altes Aussehen verliehen:
- Papier mit gebrauchtem Teebeutel einstreichen.
- Nach dem Trocknen das Papier knüllen und wieder glattstreichen.
- Papier mit Öl bepinseln und das überschüssige Öl mit Küchenkrepp abtupfen.

Spiel

Der Gruppenleiter berichtet den Kindern von einer Geschichte, die er im Dorf angeblich gehört hat:

„Als ich gestern im Dorf war, traf ich einen Mann, der mir eine merkwürdige Geschichte erzählte. Seit Jahrhunderten treiben seltsame Gestalten ihr Unwesen. In manchen Nächten ertönt ein unheimliches Ächzen, Stöhnen und Kreischen aus dem nahen Bach. Viele Dorfbewohner fürchten sich, schließen Türen und Fensterläden und verkriechen sich in ihre Betten. Einige ganz Mutige haben sich jedoch aufgemacht, die Unholde zu fangen. Noch vor Sonnenaufgang zogen sie los mit Laternen, Säcken, Stöcken und Eimern. Im Schein ihrer Laternen suchten sie das Bachbett ab. Mit ihren Stöcken stießen sie ins Wasser und drehten Steine um. Sie konnten aber weder etwas entdecken noch etwas hören. Enttäuscht kehrten sie ins Dorf zurück. Im Laufe der Zeit haben noch viele versucht, dem unheimlichen Treiben ein Ende zu setzen. Keinem ist es jedoch je gelungen.

Im Dorf wird weiter erzählt, daß allein der Dorfälteste Tag und Stunde wußte, wo diesem Spuk ein Ende bereitet werden kann. Doch bevor er es anderen erzählen konnte, verstarb er. Jeder glaubte, er hätte sein Geheimnis mit ins Grab genommen. Nun ist aber etwas Unglaubliches passiert! Beim Durchstöbern einer alten Truhe aus dem Nachlaß dieses Mannes entdeckte man ein schon vergilbtes Schreiben."

(Der Gruppenleiter zeigt die Botschaft und läßt sie die Kinder lesen.)

„Vor langer Zeit, so wird erzählt, wurden Bachgeister dem Gebot untreu, den Gebieter des Baches nicht in seiner Ruhe zu stören. Sie vertrieben ihn aus seinem Bett. Zur Strafe verhängte er einen Zauber über sie. Im Morgengrauen einer jeden Vollmondnacht werden sie für eine kurze Zeit zu Stein. Nur dann sind sie für das menschliche Auge sichtbar und können gefangen werden. Das nächste Mal ist dies in einer Vollmondnacht in der 29. Woche des Jahres 19.. (Daten entsprechend verändern). Noch ehe die ersten Hähne krähen, zwischen fünf und sechs Uhr, trifft die Bachgeister erneut der Zauber. Der Spuk ist aber erst vorüber, wenn sie alle entdeckt und aus dem Wasser geholt sind."

„Stellt euch vor, heute ist Vollmond! Nun seht einmal im Kalender nach, welche Woche wir haben!"

Es bedarf wohl keiner großen Überredungskunst des Gruppenleiters, die Kinder zur Jagd auf die Bachgeister anzuspornen.

Am frühen Morgen, noch vor Sonnenaufgang, ziehen die Kinder mit Eimern, Säcken, Stöcken und Laternen (Fackeln, Taschenlampen) los. Sicher glaubt der eine oder andere, das Stöhnen der Bachgeister zu hören. Groß ist die Freude, wenn die ersten entdeckt werden. Wenn alle Bachgeister eingesammelt sind, winkt an diesem Tag ein besonders reichhaltiges Frühstück für die „Geisterjäger".

Vielleicht regen die unterschiedlichen Gesichter der Bachgeister die Kinder dazu an, Geschichten zu erfinden und zu erzählen, was diese im Laufe der Jahrhunderte erlebt haben.

Phantasiereise – am Bach

Für Kinder ist ein Bach ein ausgesprochen attraktiver Erlebnis- und Spielraum. Sie können im Wasser waten, nach Tieren und Pflanzen suchen, Fische oder Vögel beobachten, schöne Steine entdecken, Schiffchen basteln und schwimmen lassen und anderes mehr. Eine Phantasiereise kann diese Erlebnisse vertiefen und die Kinder zum Träumen einladen.
Allgemeine Hinweise für den Gruppenleiter: → Phantasiereise in Kap. *In Feld und Flur*, S. 57.

Material
Glasschale, Wasser, blaue Lebensmittelfarbe, „Blühende Papierblume" ✳, Bodenmatten.

Musikempfehlung
„Aquarium" aus: „Karneval der Tiere" von Camille Saint-Saens.
„Waldlichtung im Sommer", aus der Serie *Nature Sounds III*, ISBN 3-478-06020-6

Verlauf
Die Kinder sitzen in bequemer Haltung auf den im Kreis angeordneten Bodenmatten. Der Gruppenleiter stellt eine mit gefärbtem Wasser gefüllte Glasschale in die Mitte. Auf das Wasser setzt er die „Papierblume", die sich langsam öffnet.
Anschließend legen sich die Kinder hin und werden vom Gruppenleiter angeregt, die Augen zu schließen. Nach einleitenden Atemübungen und Ruheformeln beginnt der Gruppenleiter mit der Geschichte:

„Es ist ein heißer Sommertag –
aus einem Felsen sprudelt eine Quelle –
Du schöpfst das Wasser mit Deinen Händen –
erfrischt Dein Gesicht – spürst die Kühle auf Deiner Haut –
Du trinkst in vollen Zügen –
das Wasser schmeckt frisch und köstlich –
Du willst wissen, wohin das Wasser fließt –
schlenderst am Bach entlang – verfolgst seinen Lauf –
in engen und weiten Bögen schlängelt er sich durch die Landschaft –
Erlen und Weiden säumen sein Ufer –
Du ziehst Deine Schuhe aus –
läßt Deine nackten Beine im Wasser baumeln –
Du fühlst die Steine unter Deinen Füßen –
sie sind hart, glatt und rund –
Du schaust Dich um –
viele Steine liegen im Bachbett –
große und kleine, Steine in den verschiedensten Farben –
sie haben rötliche, braune und grüne Flecken –
manche sind mit Moos bewachsen –

ganz nah schwimmt ein Fisch vorbei –
Du kannst ihn deutlich erkennen –
ein großes Blatt treibt auf dem Wasser –
ganz langsam zieht es an Dir vorbei –
Du schaust ihm nach, bis es immer kleiner wird –
in der Ferne verschwindet –
Du spürst die Ruhe, die Dich umgibt –
die Ruhe ist in Dir –
Dein Atem geht ruhig und gleichmäßig -
Du bist ganz ruhig und entspannt."

Gestalten einer Collage „Bachsteine"

Material
Papierrolle, wasserabweisendes Tapetenpapier, Kleber, Wasser, Tinte, Schwamm.

So wird's gemacht
„Steine" aus Tapetenpapier reißen und auf das Papier kleben. Wasser mit Tinte ein-
färben und mit dem Schwamm über das mit „Steinen" beklebte Papier streichen.

Wasserzauberei

BLÜHENDE PAPIERBLUMEN

Wie von Zauberhand berührt, öffnen sich Seerosen aus Papier, sobald sie aufs
Wasser gesetzt werden. Je nach Saugfähigkeit des gewählten Papiers erblühen die
Seerosen schneller oder langsamer.

Material
Schreibpapier DIN A4, Schere, Buntstifte, Schüssel mit gefärbtem Wasser.

So wird's gemacht
– Aus dem Papier ein gleichmäßiges Viereck schneiden
   (Quadrat).

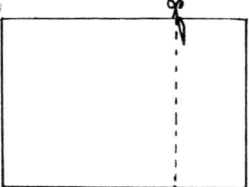

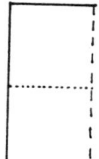

– Viereck zum „Buch" falten (halbieren).

– „Buch" zum „Taschentuch" falten (in der anderen Richtung halbieren).

– „Taschentuch" zum „Kopftuch" falten, dabei die offenen Kanten aufeinanderlegen (diagonal falten).

– Untere Ecke nach oben zur gegenüberliegenden Kantenmitte schlagen. Die überstehenden, schraffierten Flächen abschneiden.

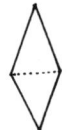

– Papier aufklappen. Es entsteht ein Seerosenstern.

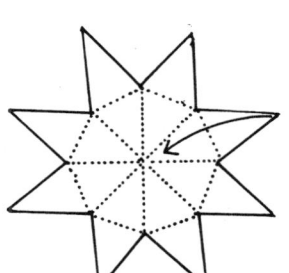

– Mit Buntstiften die Innenseite der Blüte bemalen.

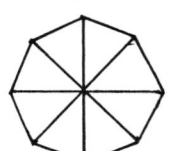

– Alle Zacken zur Mitte umknicken und mit dem Daumennagel an den Bugkanten entlangstreifen.

– Seerose ins Wasser setzen.

Hinweis: Besonders schön sieht es aus, wenn in einer großen Schale ein ganzer Blütenteich angelegt wird.

EIN GLAS WASSER STEHT KOPF

Kaum zu glauben, aber wahr! Ein Stück Papier kann ein Glas Wasser, das auf dem Kopf steht, am Auslaufen hindern.

Material
Wasserglas, Wasser, Postkarte.

Glas mit Wasser randvoll füllen. Postkarte darauflegen, mit der flachen Hand festhalten und Glas umdrehen. Die Karte bleibt am Glas kleben, auch wenn die Hand weggenommen wird. Das Wasser läuft nicht aus dem Glas. Ganz Mutige können die allgemeine Spannung erhöhen, indem sie das umgedrehte Glas vorsichtig weiterreichen.

SCHWIMMENDES METALL

Nachdem die Kinder erfolglos versucht haben, Büroklammern schwimmen zu lassen, verblüfft der Spielleiter mit der Behauptung, daß es ihm gelingen würde.

Material
Schale Wasser, Büroklammern, grobfasriges Löschpapier.

Löschpapier auf die Wasserfläche legen und Büroklammern gleichmäßig auf dem Blatt verteilen. Nachdem sich das Papier mit Wasser vollgesogen hat, sinkt es. Die Büroklammern schwimmen auf dem Wasser.

WASSERKRINGEL

Dieses Spiel faszinierte schon Kinder früherer Zeiten, die wenig Spielmaterial zur Verfügung hatten und sich mit einfachsten Dingen vergnügen mußten.

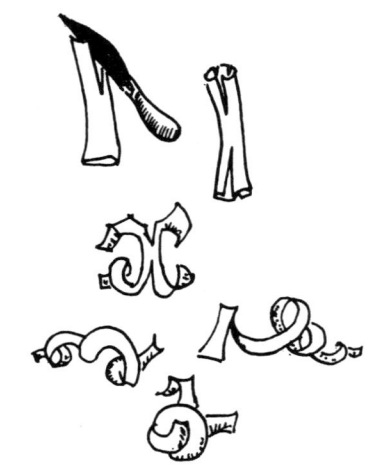

Material
Löwenzahnstengel, scharfes Küchenmesser.

So wird's gemacht
– Den Löwenzahnstengel in unterschiedlich lange Stücke schneiden.
– An beiden Enden der Stücke mehrmals mit dem Küchenmesser tief einschneiden.

– Löwenzahnstengel auf die Wasseroberfläche setzen.

Mal sehen, was nun passiert:

Es entstehen die seltsamsten und lustigsten Figuren – Kreise, Kringel, Spiralen und bizarr gedrehte Formen. Immer wieder verändern sich die Wasserkringel und entwickeln ein kurioses Eigenleben.

Wasserleitung

Mit einfachsten Mitteln lassen sich große und kleine Wasserleitungen bauen. Kinder haben ihr Vergnügen daran, den Kreislauf des Wassers zu beobachten und selbst in Gang zu setzen.

Material

Mehrere Löwenzahnstengel, große Joghurtbecher oder leere Konservendosen, kleiner Handbohrer, Gefäß zum Einfüllen und zum Auffangen des Wassers.

So wird's gemacht

– Mehrere Löwenzahnstengel ineinander stecken: Immer das dünnere Ende in das dickere des nächstfolgenden Stengels einfügen.
– Mit dem Handbohrer ein Loch in den unteren Teil des Joghurtbechers bohren.
– Den letzten Löwenzahnstengel in das Loch des Joghurtbechers stecken.
– Nun kann's losgehen: In den Joghurtbecher Wasser einfüllen und am unteren Ende der Wasserleitung wieder auffangen.

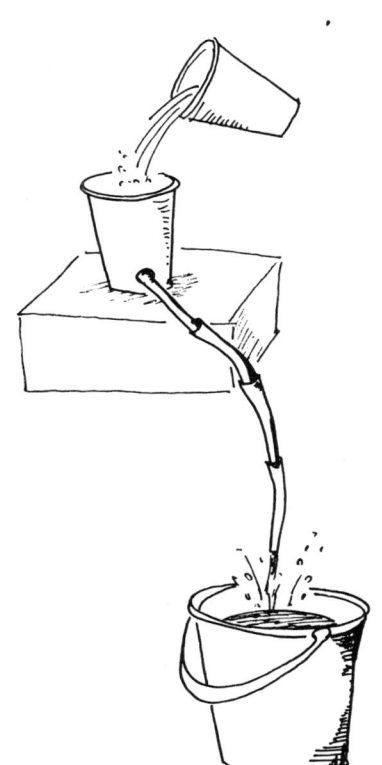

Nach dem Prinzip dieser einfachen Wasserleitung lassen sich hochkomplizierte Gebilde anfertigen: Mehrere Joghurtbecher werden als Zwischenstationen angebracht; es gibt vielleicht ein Auf und Ab im Gefälle; die Joghurtbecher werden mit Moos oder Steinen umgeben, so daß nur noch die „Wasserrohre" sichtbar sind; die Wasserleitung führt vielleicht in einen künstlich angelegten See, der wiederum einen Abfluß zum nahen Bach erhält.

Wasserrad

Schon in früheren Jahrhunderten machte sich der Mensch die Kraft des Wassers zur Unterstützung seiner Arbeit zunutze. Mit einfachsten Mitteln können Kinder sich ihr Wasserrad selbst bauen und daran diese Form der Energiegewinnung beobachten.

Material
Astholz, Astgabeln, flache und feste Rindenstücke, Baumschere, Baumsäge, Feinsäge, Schnitzmesser oder scharfes Küchenmesser, feste Gummibänder (auch Ringe von Einmachgläsern).

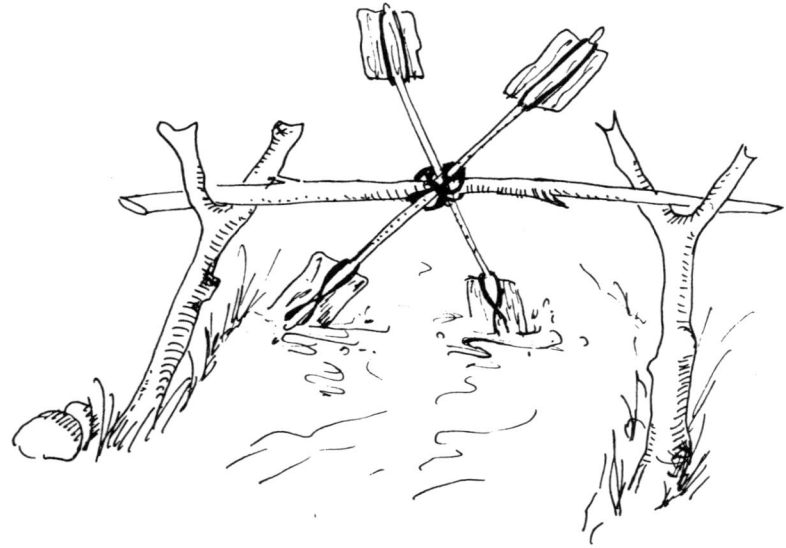

So wird's gemacht
– Zwei Astgabeln in gleicher Länge zuschneiden.
– In der Mitte eines weiteren Astes die Schaufel anbringen:
– Zwei Hölzer gleicher Länge und Stärke über Kreuz mit einem starken Gummiband befestigen.
– Vier Rindenstücke in gleichem Format zuschneiden. Jedes Rindenstück mit einem Gummiband an einem Holzende befestigen.
– Die Astgabeln an beiden Ufern des Baches fest in den Boden stecken.
– Den dritten Ast mit dem Wasserrad in die Astgabeln legen.

Wasserdämme bauen

Schon bald nachdem die Kinder „ihren" Bach entdeckt und in Besitz genommen haben, werden sie ohne große Aufforderung daran gehen, den Bach zu stauen, Umleitungen zu bauen oder einen künstlichen See anzulegen.

So wird's gemacht
Etliche große Steine zu einer Mauer aufschichten. Zwischenräume mit kleineren Kieseln, Astholz, Zweigen und Grasbüscheln so abdichten, daß der Damm mehr und mehr Stabilität bekommt. Kinder werden immer wieder fasziniert beobachten, ob ihr Werk der Kraft des Wassers standhält, oder ob sie sich erneut daran machen müssen, Risse und Einbrüche wieder zu befestigen.
In Verbindung mit einer Wasserleitung ✳ und einem Wasserrad ✳ können wahre technische „Meisterwerke" entstehen, die geradezu ideale Voraussetzungen zum Experimentieren bieten. Selbstverständlich gilt auch bei dieser Aktion die Regel: behutsam mit der Natur umgehen, nichts bedenkenlos ausreißen, sondern nach Material suchen, das sich reichlich im Umfeld eines Baches finden läßt.

Spiele am Ufer

TASTKIM MIT STEINEN

Material
Kieselsteine von unterschiedlicher Form und Oberflächenstruktur, Korb.

Jeder Mitspieler erhält einen Stein, den er sich einprägt, indem er ihn genau betrachtet und betastet. Der Spielleiter sammelt die Steine ein und fordert alle auf, die Augen zu schließen. Stein für Stein geht nun von Hand zu Hand. Glaubt ein Mitspieler, seinen Stein wiederzuerkennen, öffnet er die Augen und überzeugt sich davon, ob es der richtige Stein ist. Wenn ja, legt er diesen vor sich hin. Falls er sich geirrt hat, schließt er erneut die Augen und gibt den Stein weiter. Das Spiel endet, wenn alle ihren Stein erkannt haben.

Hinweis: Je weniger sich die Steine in Form und Struktur unterscheiden, desto anspruchsvoller wird das Spiel.

STEINKLOPFSPIEL

Material
Kieselsteine.

Erstes Spiel:
Jeder Mitspieler erhält zwei Steine. Der Spielleiter beginnt, indem er beide Steine aufeinanderklopft nach einem selbstgewählten Rhythmus. Die Gruppe übernimmt den Rhythmus. Nun kommt ein anderer Mitspieler mit seinem Rhythmusvorschlag an die Reihe. Das Spiel endet, wenn jeder Spieler die Möglichkeit hatte, sich einzubringen, oder wenn das Interesse nachläßt.
Zweites Spiel:
Die Spieler erhalten je zwei Steine. Sie werden vom Spielleiter aufgefordert, die Augen zu schließen. Nun geht dieser von Spieler zu Spieler und gibt durch Berührung das Signal, mit dem Steinklopfspiel zu beginnen. Wenn alle ihre Steine rhythmisch aufeinanderklopfen, gibt der Spielleiter durch Berührung jedem einzelnen das Signal zum Aufhören. Erst wenn der letzte Spieler berührt wird, endet das Spiel.

STEINTURM-SCHIESSEN

Material
Flache Steine.

Geeignete Steine zum Turmbauen finden sich vor allem an Flußufern. Entsprechend der Anzahl der Mitspieler werden nebeneinander Steintürmchen, bestehend aus sechs Steinen, aufgebaut. Aus einigen Metern Entfernung wird nun mit Steinen auf die Türmchen geschossen und versucht, diese zum Einsturz zu bringen.

RÜCKENMALEN

Falls beim Sonnenbaden Langeweile aufkommt, kann folgendes Spiel rasche Abhilfe schaffen.
Auf den Rücken eines Mitspielers wird mit dem Zeigefinger in Blockschrift ein Wort geschrieben oder ein Bild gemalt. Das Wort oder das Bild muß nun erraten werden. Noch spannender wird das Spiel, wenn sich mehrere daran beteiligen. Der erste schreibt z. B. ein Wort auf einen Rücken. Danach schreibt der- oder diejenige das, was verstanden wurde, auf den Rücken des nächsten Spielers und so weiter. Wer zuletzt an der Reihe ist, sagt, was er erraten hat. Meist stimmt dies nicht mit dem ursprünglichen Wort überein und sorgt so für großes Gelächter.
Hinweis: Das Spiel funktioniert auch, wenn die Mitspieler Bluse oder Pullover tragen.

Spiele mit Wasser

An einem heißen Sommertag sind Spiele mit Wasser besonders beliebt, da sie für die erwünschte Abkühlung sorgen. Es versteht sich von selbst, daß möglichst in Badebekleidung gespielt wird.

WASSERSTAFFEL

Material
Pro Spieler: leerer Joghurtbecher.
Pro Gruppe: Eimer mit Wasser.

Die Spieler bilden zwei gleichstarke Gruppen und stellen sich in Reihen auf. Auf ein Startzeichen hin füllen die ersten Spieler jeder Reihe ihren Joghurtbecher mit Wasser auf und schütten den Inhalt sofort dem zweiten Spieler ihrer Reihe in den Becher und so weiter. Wenn das Wasser im Becher des letzten Gruppenmitglieds gelandet ist, geht das Spiel zurück bis zum ersten Spieler. Dieser schreit sofort „Halt".
Bei der Gesamtwertung wird jedoch nicht nur die Schnelligkeit beurteilt. Es gibt ebensoviele Punkte für die Gruppe, die das wenigste Wasser verschüttet hat.

WASSERBOMBEN

Viel Spaß macht es den Kindern, sich an heißen Tagen mit Wasserbomben zu bewerfen. Sie sind schnell gemacht: Luftballons mit Wasser füllen, zuknoten, und los geht's! Da sie irgendwann einmal platzen und dem Nächststehenden zu einer feuchten Abkühlung verhelfen, ist es ratsam, Badekleidung zu tragen. Eine lustige Rangelei entsteht, wenn möglichst viele Wasserbomben auf einer Wiese verteilt werden und diese mit den Füßen zertreten werden müssen.

Wasserbombenjagd im Schwimmbad:
Zwei Gruppen wetteifern miteinander. Die Wasserbomben werden im Schwimmbecken verteilt. Auf ein Startsignal hin springen die ersten jeder Gruppe ins Wasser und versuchen, so viele Wasserbomben schwimmend zum Beckenrand zu transportieren, wie sie können. Erst wenn sie vollständig herausgeklettert sind, ist der nächste in der Gruppe dran. Punkte können sowohl für Schnelligkeit als auch für die größte Anzahl der erjagten Wasserbomben gegeben werden; so hat sogar jede Gruppe die Chance, zu gewinnen.
Hinweis: Nur mit geübten Schwimmern können Spiele dieser Art im ganzen Becken durchgeführt werden, ansonsten nur im Nichtschwimmerbecken.

FLUTSCHBALL

Das Herstellen eines Flutschballs erfordert etwas Geduld und Fingerspitzengefühl. Doch es lohnt sich! Beim Zuwerfen glaubt man, ihn schon gefangen zu haben, und doch flutscht er immer wieder aus den Händen.

So wird's gemacht
- Einen kleinen Luftballon vorsichtig in einen größeren stecken. Der Verschluß des kleineren muß noch aus dem Verschluß des größeren herausschauen.
- Verschluß des kleineren Ballons über eine Wasserleitung stülpen, mit Wasser füllen und zuknoten.
- Kleinen Ballon in den großen plumpsen lassen.
- Größeren Luftballon aufblasen und ebenfalls verknoten.

Spiele im Wasser

KORKENSAMMLER

Material
Ca. 50 Flaschenkorken oder Korkenscheiben, wenn nicht genügend Korken aufzutreiben sind, Würfel, Behälter (Badehaube).

Die Kinder sitzen in der Nähe des Wassers im Kreis. Im Wasser schwimmen die Flaschenkorken. Der Reihe nach würfelt jeder Spieler. Wer eine „6" würfelt, stürzt sich ins Wasser und sammelt möglichst viele Korken in einem Behälter ein. Die anderen würfeln jedoch weiter. Würfelt ein Spieler eine Sechs, so ruft er „Halt!" Der Korkensammler muß sofort seine Arbeit stoppen und mit den bereits gesammelten Korken ans Land schwimmen. Das Spiel endet, wenn alle Korken gefischt sind. Nun wird gezählt, wer die meisten Korken hat.

WETTPADDELN

Material
2 Schwimmreifen, Trillerpfeife.

Jeweils zwei Spieler treten gegeneinander an. Sie setzen sich auf ihre Schwimmreifen und paddeln auf einer vorher festgelegten Strecke zum Ziel. Wer zuerst ankommt, ist Sieger. In einem zweiten Durchgang können sich dann die Sieger messen.

PUSTEBALL

Material
Tischtennisbälle.

Die Spieler stehen nebeneinander im brusthohen Wasser. Jeder erhält einen Tischtennisball, den er auf ein Startzeichen hin vor sich auf das Wasser legt. Schwimmend wird nun versucht, den Ball mit der eigenen Puste bis zum gegenüberliegenden Beckenrand zu treiben.

LUFTBALLONMATRATZE

Material
Alter Bettbezug, ca. 30 – 40 Luftballons, Ballonpumpe.

Nicht nur auf dem Wasser, sondern auch auf der Wiese oder im Haus ist die Luftballonmatratze ein großer Hit und bei den Kindern heiß begehrt.

So wird's gemacht
Die Luftballons aufblasen, in den Bettbezug stopfen und diesen schließen. Im Was-
ser bietet die Luftballonmatratze gleich mehreren Kindern Platz zum Faulenzen und
Dösen. Allerdings sollten selbst gute Schwimmer damit in Ufernähe bleiben, da die
Ballons platzen können.

Luftballons platzen nicht so schnell, wenn man sie so aufbläst:
Zuerst die Ballons so prall wie möglich mit Luft füllen. Dann wieder soviel Luft her-
ausströmen lassen, daß sie weich und elastisch werden; erst dann zuknoten.

Der schnellste Schwimmer der Welt

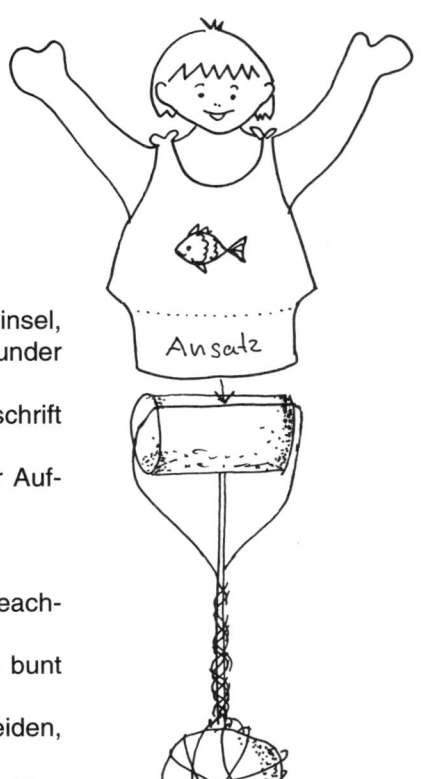

Bereits das Basteln der Schwimmfiguren
macht viel Spaß. Viele bunte Schwimmer im
Wasser kämpfen darum, wer am schnellsten
im Ziel ist, das im Bach aufgestellt wird.

Material
Plakatkarton, Schere, Messer, Plakafarben, Pinsel,
Korken, Zahnstocher, Blumendraht, kleiner runder
Stein, Klarlack.
Für das Ziel: Zwei Stöckchen, Band mit der Aufschrift
„Ziel".
Für den Start: Zwei Stöckchen, Band mit der Auf-
schrift „Start".

So wird's gemacht
– Figur auf Plakatkarton zeichnen; Ansatz beach-
  ten!
– Figur ausschneiden und auf beiden Seiten bunt
  bemalen.
– Längs in den Korken einen Schlitz einschneiden,
  Ansatz der Figur in den Schlitz stecken.
– Zahnstocher in die Mitte unter der Figur in den Kor-
  ken stecken.

- Blumendraht ebenfalls durch den Schlitz ziehen und von beiden Seiten um den Zahnstocher wickeln. Am unteren Ende des Zahnstochers den Stein mitfassen und mehrmals mit Blumendraht umwickeln.
- Figur mit Klarlack übermalen.

Der Stein dient zum Beschweren der Figur. Sein Gewicht muß alles in der richtigen Balance halten. Es muß also der „richtige" Stein gefunden werden (ausprobieren).

Schwimmwettkampf
Das Zielband wird an einer geeigneten Stelle im Bach festgesteckt. Ca. 20 – 30 m oberhalb das Startband anbringen. Nun kann's auf Kommando losgehen! Mehrere Schwimmer werden gleichzeitig in das Wasser gesetzt und von der Bachströmung weitergetrieben. Wer ist als erster am Ziel?

Luftballonboot

Material
Styropor, 20 – 30 cm langer durchsichtiger Plastikschlauch, Klebeband, Kleber, 1 Luftballon, Knete, Holzstäbchen, Papier, scharfes Messer.

So wird's gemacht
- Styropor so zuschneiden, daß die Grundform eines Bootes entsteht. Rest von Styropor für die Ausgestaltung der Segel verwenden.
- Den Plastikschlauch mit Klebeband auf dem Boot befestigen.
- Am hinteren Ende den Luftballon über den Schlauch ziehen, evtl. mit Klebeband umwickeln und befestigen.
- Aus Holzstäbchen und Papier ein Segel herstellen, in die Styroporreste stecken und diese mit Kleber auf dem Boot befestigen.
- Luftballon durch den Schlauch aufblasen und den Schlauch mit Knete verschließen.
- Nach dem Aufsetzen des Bootes auf das Wasser die Knete aus dem Schlauch entfernen. Durch die herausströmende Luft bewegt sich das Boot wie mit einem kleinen Motor angetrieben auf dem Wasser.

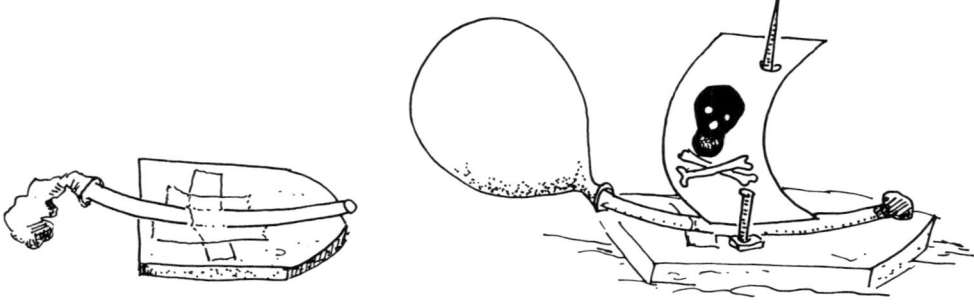

Schiffe aus Ytong

Ytong, ein Gasbetonstein, ist weich, porös und leicht und eignet sich deshalb gut zum Basteln von schwimmenden Gegenständen. Vielleicht gibt es in der Nähe ein Baugeschäft, in dem die Kinder Bruchstücke von Ytong erhalten oder in dem aus den großen Steinen kleinere Formate zugeschnitten werden.

Material
Ytong, Fuchsschwanz, Feinsäge, Raspel, Feile, Schleifpapier, Schnitzmesser, Kompaktkleber.

So wird's gemacht
– Grundform eines Schiffes aussägen, Kanten glatt schleifen.
– Kabinen, Schornsteine und weiteres Zubehör aussägen, glatt schleifen und mit Kompaktkleber am Schiffsrumpf befestigen.

Was ist zu beachten?
– Das Bearbeiten von Ytong erzeugt viel Dreck und Staub!
– Ytong kann zwar gut mit Holzwerkzeug bearbeitet werden, es wird dabei jedoch schnell stumpf. Deshalb altes Werkzeug wählen!

Badeunfälle

Alljährlich ertrinken Menschen, weil sie wichtige Sicherheitsregeln außer acht gelassen haben. Ermüdung, Wadenkrämpfe oder auch starke Strömungen sind häufige Schwierigkeiten, denen Badende ausgesetzt sind. Oft werden sie zum Verhängnis.
Ertrinkende reagieren oft mit Panik und klammern sich an alles Erreichbar, so auch an den Retter.

VERHALTEN BEI BADEUNFÄLLEN

– Hilferuf weitergeben!
– Rettung mit Bootshilfe oder Rettungsring mit Leine dem Ertrinkenden zuwerfen.
– Anschwimmen mit tragfähigen Hilfsmitteln wie Luftmatratze, Rettungsring, Rettungsschwimmbrett.
– Bei drohender Umklammerung rechtzeitig abtauchen.
– Bei bereits erfolgter Umklammerung rücksichtslos befreien.

Der Besuch eines Rettungsschwimmkurses kann dem Gruppenleiter mehr Sicherheit vermitteln.

Insektenstiche

An schwülen Sommertagen werden Badende von Insekten geplagt. In unseren Breiten sind die Stiche meist harmlos – im Gegensatz zu tropischen und subtropischen Ländern.

MÜCKEN- UND SCHNAKENSTICHE

Sie verursachen mehr oder weniger starken Juckreiz und verleiten zum Kratzen. Dies kann zu Infektionen führen.

Erste Hilfe
– Mückenstiche, die stark jucken, mit einem antiallergischen Gel oder mit Salbe behandeln.
– Feuchte Umschläge, feuchte Heilerde oder Quarkauflagen helfen ebenso bei Mückenstichen.

Vorbeugende Maßnahmen
– Unbedeckte Haut mit Insektenschutzmittel einreiben. Einige Tropfen ätherischen Öls (Wacholder-, Eukalyptus-, Thymian- oder Nelkenöl) auf der Haut oder Kleidung haben ebenfalls eine insektenabwehrende Wirkung.

BIENEN- UND WESPENSTICHE

Angelockt werden Bienen und Wespen durch den Duft von Obstkuchen, Limonaden, Honig oder Eis. Der Stich ist schmerzhaft und führt zu einer Schwellung, die nach einigen Stunden wieder abklingt.

Gefahren
Starke Schwellungen durch Einstich im Mund-Rachen-Raum bedeuten akute Erstickungsgefahr.
Beim Allergiker können Allgemeinreaktionen bis zum Kollaps hervorgerufen werden.

Erste Hilfe
– Stachel aus der Stichwunde mit Pinzette entfernen.
– Einstichstelle mit frischer Zwiebelscheibe oder Essig einreiben.
– Bei einem Stich in den Mund kann mit Kochsalzlösung gespült werden. Ebenso kann eine Zwiebelscheibe im Mund oder das Lutschen von Eis einen abschwellenden Effekt haben. Notarzt verständigen!
– Bei allergischen Reaktionen sofort Arzt oder Krankenhaus aufsuchen.

Vorbeugende Maßnahmen
Bienen und Wespen kriechen häufig in offene Dosen, Flaschen oder Gläser mit Limonade oder Obstsaft und bevorzugen Süßes.
- Beim Trinken oder Essen im Freien auf Bienen oder Wespen achten.
- Getränke und Kuchen nicht offen herumstehen lassen.
- Mit dem Strohhalm trinken.
- Angebrochene Saft- oder Limonadeflaschen wieder verschließen.
- Hektische Bewegungen vermeiden, die Insekten eher langsam wegschieben.
- Der Geruch einer mit Nelken gespickten Zitronenscheibe hält die Insekten im Umkreis von einigen Metern ab.

Literatur

Blauscheck, Ralf: Naturspaziergang am Wasser. Beobachten – Erleben – Verstehen. Kosmos-Naturführer. Franckh-Kosmos, Stuttgart 1990.

Duflos, Solange/Grailles, Jean-Louis: Der Teich lebt. Streifzüge durch Sumpf, Moor, Schilf und Ried. Verlag Herder, Freiburg 1987.

Engelhardt, Wolfgang: Was lebt in Tümpel, Bach und Weiher? Pflanzen und Tiere unserer Gewässer in Farbe. Eine Einführung in die Lehre vom Leben der Binnengewässer. Kosmos-Naturführer. Franckh-Kosmos, Stuttgart 1989.

Hess, Reinhard: Mein Bach. Erlebensraum Bach. Sehen, erleben, verstehen, fotografieren. Das Aktivbuch. M. Kraxenberger Verlagsges., München 1990.

Sturm, Gerhard: Leben am Wasser. Verlag Freies Geistesleben, Stuttgart 1989.

Wootton, Anthony: Wir entdecken und bestimmen das Leben am Wasser. Ravensburger Buchverlag Otto Maier, Ravensburg 1992.

Strand und Meer

STRAND, WATT UND MEER – EIN EINZIGARTIGER LEBENSRAUM

Wo Land und Meer zusammentreffen, ist in Jahrmillionen ein Lebensraum entstanden, der einzigartig in der Welt ist. Geprägt vom Rhythmus der Gezeiten, von Wind und Wetter, hat sich das Leben hier behauptet und an die rauhen Bedingungen anpassen müssen.

STRAND, WATT UND MEER –
LANDSCHAFT ZUR ERHOLUNG UND ENTSPANNUNG

Die ungeheure Weite des Meeres, das Auf und Ab der Wellen und die von Wind und Wolken erzeugten wechselnden Stimmungen schaffen ideale Voraussetzungen zur Erholung und Entspannung. Kinder lassen sich von der Weite dieser Landschaft anregen und begeistern. In vollen Zügen atmen sie die frische jodhaltige Seeluft. Sie genießen es, barfuß auf dem nassen Wattboden zu laufen, im Meer zu baden und in die Wellen zu springen.

STRAND, WATT UND MEER –
TERRAIN ZUM ENTDECKEN UND ERFORSCHEN

Abseits der von Badegästen überfüllten Strände können Kinder den Geheimnissen von Strand und Meer auf die Spur kommen: beim Erkunden der Dünen, der Felsen und des Wattenmeeres; beim Beobachten von unbekannten Lebewesen, Vögeln, Meerestieren, seltsamen Pflanzen; beim Suchen und Sammeln von Muscheln, Steinen oder Treibgut; beim Betrachten der Spuren und Muster, die Wind und Wellen in den Sand malen.

STRAND, WATT UND MEER – EINE SCHÜTZENSWERTE LANDSCHAFT

Das empfindliche Ökosystem an der Küste ist bedroht. Giftige Abwässer und ölverseuchte Strände hinterlassen ihre sichtbaren und folgenschweren Spuren. Der Nationalpark Wattenmeer ist ein Schritt zum Schutz dieser Landschaft. Im Erleben des Artenreichtums von Flora und Fauna und der landschaftlichen Vielfalt von Strand, Watt und Meer können Kinder grundlegende Erkenntnisse und Erfahrungen sammeln, die sie auch zum Schützen der Landschaft motivieren werden.

Aktionen am Strand

Kinder, die sich am Meer aufhalten, sind begeistert von den großartigen Eindrücken. Viele erleben diese Landschaft zum ersten Mal: die grenzenlose Weite, Wasser bis zum Horizont, den ständigen Wechsel von Ebbe und Flut, Dünen und Felsen mit einer unbekannten Pflanzen- und Tierwelt. Dies weckt die natürliche Neugierde der Kinder, es drängt sie zum Erforschen und Experimentieren im Spiel.

Die Auswirkungen der Naturgewalten werden von Gästen, die sich nur kurze Zeit am Meer aufhalten, häufig unterschätzt. Unachtsamkeit und Unkenntnis können hier lebensgefährlich sein. Zum eigenen Schutz, aber auch zur Erhaltung der Natur, sind bei einem Aufenthalt an der See wichtige Regeln einzuhalten.

Was ist zu beachten?

Zur Anpassung an das Seeklima:

- Nach der Ankunft am Ferienort ausreichend Zeit für die Umstellung an das Seeklima lassen! Größere, anstrengende Aktionen in den ersten Tagen vermeiden!
- Stärkere UV-Stahlung der Sonne beachten! Selbst an bewölkten Tagen ist diese stärker als im Binnenland. Deshalb empfiehlt sich Sonnenschutz und schützende Kleidung.
- Das Wetter an der See ändert sich oft sehr schnell, ohne daß dies sofort von den Badegästen bemerkt wird. Hinweise der Einheimischen sollten ernst genommen werden; sie kennen ihre Landschaft besser. Signale und Aufforderungen der Wasserwacht sind unbedingt zu befolgen!

Bei Wanderungen und Aktionen am Strand:

- Das Betreten der Dünen und Heidegebiete ist nur auf den angelegten Wegen erlaubt. Hinweistafeln der Gemeinden beachten!
- Bei Wanderungen am Strand ist es ratsam, sich Orientierungspunkte für den Rückweg zu merken.
- Wattwanderungen sollten unter sachkundiger Führung erfolgen. Ist dies in einem bestimmten Gebiet angeordnet, ist diese Regel auf jeden Fall zu befolgen.
- Auch Wanderungen über Klippen und Felsen sollten von einem kundigen Führer begleitet werden. Erdrutsche aus der letzten Zeit, Unterspülungen und Strömungen sind in ihrer Gefährlichkeit nicht so schnell zu erkennen. Auch hier gilt selbstverständlich: Hinweise beachten!
- Für die Dauer des Aufenthaltes am Meer sollte der Gruppenleiter die Zeiten des Hoch- und Niedrigwassers kennen. Einen Gezeitenkalender gibt es in jedem Informationsbüro; er sollte bei jeder Aktion am Strand zur Ausrüstung gehören.

Beim Baden:

- Es empfiehlt sich, bei Ebbe den Strandabschnitt zu erkunden, an dem gebadet werden darf. Hindernisse, z. B. Buhnen, Felsen und Pfeiler, die bei Flut nicht sichtbar sind, können so wahrgenommen werden. Sie sind beim Baden, ebenso wie Schiffahrtswege, zu meiden!

- Das Baden im Meer ist nur an den dafür gekennzeichneten Stellen und zu be-
stimmtem Zeiten erlaubt. Warnhinweise wie rote Bälle, Bojen oder Fahnen beachten! Über ihre Bedeutung geben Hinweisschilder oder Merkblätter der örtlichen Gemeinden Auskunft.
- Veranstalter von Kinder- und Jugendfreizeiten können weitere Regeln zum Baden verbindlich vorschreiben. Sie dienen den Kindern zum Schutz und den Erwachsenen zur Erfüllung der Aufsichtspflicht.
- Nie aus Spaß um Hilfe rufen! Andere meinen dann bei jedem Notruf, es handle
sich wieder um einen Scherz.
- Allgemeine Baderegeln → Kap. *Am Wasser,* S. 105.

Bei Such- und Sammelaktionen:

- Pflanzen und Tiere, die unter Naturschutz stehen, dürfen nicht gesammelt werden. Hinweise geben die örtlichen Gemeinden.
- Quallen, Seeigel, Krebse, Muscheln und Fische (wie das Petermännchen) können Hautreaktionen oder Verletzungen hervorrufen.
- Keine Gegenstände, Abfälle oder Spielmaterial am Strand zurücklassen, sondern wieder mit nach Hause nehmen!

Petermännchen

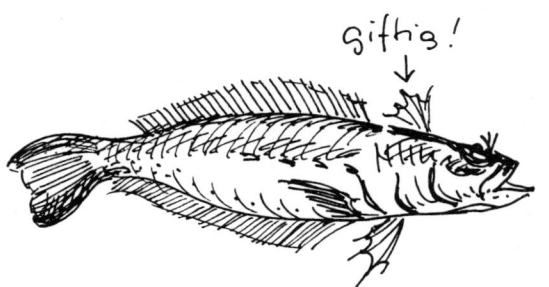

Kinderfragen

Kinder, die ihre Freizeit am Meer verbringen, stellen im allgemeinen viele Fragen an
den Erwachsenen. Ständige neue Eindrücke und Erlebnisse steigern die Wißbegier
der Kinder.

Wie groß ist das Meer?

Das Meer bedeckt fast drei Viertel der Erdoberfläche. Auch wenn das Meer zwischen den Kontinenten unterschiedliche Namen hat, so ist es doch *ein* großes Welt-
meer, das überall mit seinen „Teilen" verbunden ist. Einige Verbindungen sind so
schmal wie die Straße von Gibraltar, die das Mittelmeer mit dem Atlantischen Ozean
vereint.

Wie tief ist das Meer?

Das Meer ist unterschiedlich tief. Es kann mehrere tausend Meter tief sein. Die tiefste Stelle (Marianengraben) mißt 11.033 m, das ist 2000 m mehr als der Mount Everest hoch ist.

Warum ist das Meer salzig?

Wasser, Wind und Eis haben das Salz aus dem Gestein der Gebirge gelöst. In den Flüssen wurde es zum Meer befördert. Durch die Sonnenwärme verdunstete immer wieder Wasser. Die Salze blieben zurück, und der Salzgehalt stieg immer weiter an. Die Ozeane enthalten so viel Salz, daß man das gesamte Festland mit einer 150 m dicken Salzschicht bedecken könnte!

Wie entstehen Wellen?

Wellen sind manchmal sanft und niedrig, dann wieder hoch und mächtig. Die meisten Wellen werden vom Wind verursacht. Meereswellen sind im allgemeinen nicht höher als 3 m. Bei Sturm können sie sich jedoch mächtig auftürmen. Die größte Welle wurde 1933 im Pazifik beobachtet und war 34 m hoch.
Riesenwellen können auch durch Erdbeben oder Vulkanausbrüche verursacht werden.

Warum gibt es Ebbe und Flut?

An den meisten Küsten gibt es Ebbe und Flut. Etwas mehr als sechs Stunden lang steigt das Wasser: Die Flut kommt. Dann zieht sich das Wasser über einen ebenso langen Zeitraum wieder zurück: Die Ebbe tritt ein. Ebbe und Flut werden auch als „Gezeiten" bezeichnet. Der höchste Wasserstand wird „Hochwasser", der tiefste „Niedrigwasser" genannt. Die Gezeiten entstehen durch die Anziehungskraft des Mondes und (in geringerem Maße) der Sonne auf das Wasser der Meere.

Warum können Fische im Wasser leben?

Fische holen sich den Sauerstoff, den sie zum Leben brauchen, aus dem Wasser. Dafür benutzen sie die Kiemen, die rechts und links hinter dem Maul liegen. Beim Einatmen gelangt Wasser in das Maul, und beim Ausatmen wird es durch die Kiemen wieder hinausgedrückt. Dabei gelangt Sauerstoff aus dem Wasser ins Blut.

Ist der Meeresboden flach?

Unter Wasser gibt es wie auch auf dem Festland Gebirge, Vulkane, tiefe Schluchten und weite Täler.

Gibt es Schätze auf dem Meeresboden?

Im Laufe der Jahrhunderte sind zahlreiche Schiffe versunken. Einige von ihnen waren mit kostbaren Frachten beladen: Porzellan, Gold, Silber und Edelsteine. Viele Taucher haben Schätze geborgen, die heute auch in Museen zu besichtigen sind. Das Meer birgt jedoch vor allem natürliche Schätze: Erdöl und Erdgas.

Schlafen Fische auch?

Da Fische keine Augenlider haben, können sie ihre Augen nicht schließen. Sie ruhen sich aber regelmäßig aus, indem sie sich zum Beispiel auf die Seite legen, sich gegen einen Felsen lehnen oder in einer Felsspalte verkriechen. Manche Fische vergraben ihren Kopf im weichen Grund.

Warum brennen Quallen auf der Haut?

Quallen besitzen Fangarme, mit denen sie ihre Beute ergreifen. Um vorbeikommende Tiere zu lähmen, verspritzen sie Gift. Die meisten Quallen sind für den Menschen harmlos, alle jedoch nicht. Kommt ein Badender beispielsweise mit einer „Feuerqualle" in Berührung, so kann das Gift ihn zwar nicht lähmen, brennt aber höllisch auf der Haut. Es ist also Vorsicht vor Quallen geboten.

Woher kommt der viele Sand?

Der Sand an den Stränden ist von sehr unterschiedlicher Herkunft. Flüsse führen Unmengen verwittertes Gestein ins Meer, das sich als Sand an den Küsten ablagert. Wellen unterhöhlen Steilküsten und zermahlen herabgestürzte Felsbrocken langsam zu Sand. Die fortwährende Brandung zerreibt Muschelschalen und in tropischen Meeren Korallen zu Mehl. Je nach Herkunft variiert die Farbe des Sandes von fast weiß über gelblich, bräunlich bis schwarz. Während in den Tropen der Sand überwiegend aus weißen Korallenteilchen besteht, ist er auf Vulkaninseln häufig schwarz, da er aus dem Lavagestein der Inseln entstanden ist.

Wie entstehen Sanddünen?

Der Wind wirbelt Sandkörnchen auf und weht sie über das Land. Wenn er auf ein Hindernis trifft, zum Beispiel einen Grasbüschel, lagert sich der Sand ab. Im Laufe der Zeit wächst daraus eine Düne. Manche Dünen wandern und werden deshalb „Wanderdünen" genannt. Starker, beständiger Wind bläst den Sand von der Windseite der Düne auf die windabgewandte Seite. Wanderdünen können alles, was ihnen im Wege steht, unter sich begraben, sogar Gebäude und ganze Wälder.

Seemanns-ABC

Für alle, die die Sprache der Seeleute beherrschen wollen.

Achtern:	hinten, Achterdeck
Anker:	das eiserne Schwergewicht, mit dem man das Schiff an die Kette legt
Baake:	festes Seezeichen
Backbord:	linke Seite des Schiffes
Blanker Hans:	die Nordsee
Bö:	Windstoß
Boje:	schwimmendes Fahrwasserzeichen
Brandung:	schäumende, sich überschlagende Wellen am Strand
Brise:	frischer Wind
Bug:	Vorderkante des Schiffes
Buhne:	Strandbefestigung, mildert Wellenschlag und dient dem Küstenschutz
Bullauge:	rundes Schiffsfenster
Dümpeln:	auf dem ruhigen Wasser schaukeln
Dünung:	langgezogene Wellenbewegung des Meeres
Ebbe:	fallender Wasserstand bis zum Niedrigwasser
Entern:	klettern
Festmachen:	im Hafen anlegen
Flut:	steigender Wasserstand bis zum Hochwasser
Gangway:	Laufsteg zum Betreten des Schiffes
Granat:	Krabben
Heck:	hinterer Teil des Schiffes
Hissen:	hochziehen
Kapitän:	Kommandant des Schiffes
Kappen:	durchschneiden
Knoten:	Geschwindigkeitsmaß: Meilen pro Stunde; 1 Seemeile = 1852 m
Koje:	Schiffsbett
Kombüse:	Schiffsküche
Kurs:	Fahrtrichtung
Lee:	die dem Wind abgekehrte Seite
Luv:	die dem Wind zugekehrte Seite
Logbuch:	Schiffstagebuch
Logis:	Mannschaftsraum
Lotse:	steuert Schiffe durch ein Fahrwasser, das er genau kennt
Nippflut:	schwache Flut im ersten und letzten Mondviertel
Peilen:	Richtung auf ein Gestirn, Seezeichen oder eine Landmarke mit dem Kompaß feststellen

Poller:	Klotz zum Festmachen der Taue und Trossen
Priele:	Wasserläufe im Wattenmeer
Reede:	offener Ankerplatz im Hafen
Reederei:	Schiffahrtsgesellschaft
Reeling:	Schiffsgeländer
Ruder:	Steuerrad
Schlingern:	Bewegungen des Schiffes von vorne nach hinten und umgekehrt
Seemannsgarn:	Lügengeschichten, die man gerne selbst erlebt hätte
Seezeichen:	Wasserstraßenmarkierung
Sog:	starke, gefährliche Wasserströmung
S O S:	gefunkter, internationaler Hilferuf
Springflut:	besonders hohe Flut in der Voll- und Neumondzeit
Sturmflut:	gefährliche Flut mit gewaltigem Seegang
Tide:	Ebbe und Flut
Trosse:	starkes Tau
Watt:	Gebiet, wo sich bei Ebbe das Meer zurückzieht
Zurren:	festbinden

Geschichte

KÄPT'N FEDDERSENS SEEMANNSGARN

Eine Geschichte zum Aufpassen und Mitdenken

Den ganzen Tag ist es heiß gewesen. Maike und Jens haben stundenlang am Strand nach irgendetwas Aufregendem gesucht. Aber heute gab es nichts als Holzstücke und Styroporteile, die mit Teer verschmiert waren. Die konnte man kaum anfassen, und etwas Spannendes ließ sich daraus auch nicht machen. Früher hatten sie schon mal eine große, fremdartige Muschel gefunden, in der konnte man das Meer rauschen hören; eine knorrige Wurzel, die aussah wie ein Ungeheuer; oder einmal sogar eine Flaschenpost von einem Jungen aus Dänemark. Maike und Jens hatten ihm geschrieben, und es kam ein langer Brief mit einem Foto zurück. Aber heute war nichts los. Das Meer lag träge da und schien sich kaum zu bewegen. Gelangweilt schlenderten die Kinder durch die Dünen. Sie wußten nicht so recht, was sie mit diesem Tag noch anfangen sollten. Von weitem sahen sie Käpt'n Feddersens Häuschen. „Ich weiß, was wir machen können!" rief Jens. „Wir fragen Käpt'n Feddersen, ob er uns wieder eine Geschichte erzählt!" Maike fand die Idee gut. Und so rannten sie los. Käpt'n Feddersen saß auf der weißen Bank vor seinem kleinen Haus. Die Hände tief in die Hosentaschen vergraben, die Pfeife im Mundwinkel – so saß er da und schaute unentwegt auf's Meer. Spökenkieker nannten ihn die Leute. Denn wenn Käpt'n Feddersen lange genug auf's Meer geschaut hatte, dann sah er am Horizont sein altes Schiff auftauchen, seine geliebte Maria Martha. In seinem

Wohnzimmerregal stand ein Buddelschiff; „Maria Martha" war mit schönen roten Buchstaben darauf geschrieben. „Ach, Maria Martha, das waren noch Zeiten, als wir zusammen über alle Meere der Welt schipperten!" Und in seinen Träumen wurde das Miniaturschiff in der Flasche immer größer und größer. Schon sah er sich in der Kajüte stehen, das Steuer fest in der Hand, und alle Abenteuer und Erinnerungen wurden wieder lebendig.

Sein ganzes Leben hatte Käpt'n Feddersen auf See verbracht. Selbst das Licht der Welt hatte er auf dem Meer erblickt. „Der Junge wird Seemann", sagte seine Mutter. Kaum war er den Windeln entwachsen, nahm ihn sein Vater mit zur See. Und so war es geblieben, sein Leben lang. Auf allen Meeren der Welt war Käpt'n Feddersen zuhause, jeden Hafen kannte er wie seine eigene Westentasche. Allen, die ihn sehen wollten, zeigte er gern seinen alten Reisepaß. In dem stand:

Name: Ole Hinrich Feddersen
Geburtsort: geboren auf der Überfahrt von Tromsö nach Bergen
Geburtsdatum: 13. Oktober 19...

Das Geburtsjahr und alle weiteren Einträge waren im Laufe der Jahre von Wind und Wetter vergilbt und unleserlich geworden. Die bunten Stempel von allen Ländern dieser Erde konnte man kaum noch entziffern.

„Onkel Feddersen, erzählst Du uns eine Geschichte?" baten Maike und Jens. „Tja", antwortete Käpt'n Feddersen, aus seinen Träumen langsam aufwachend, „dann man tau!" Manchmal zwinkerte er beim Erzählen mit den Augen. Dann wußten die Kinder: Jetzt spinnt Käpt'n Feddersen wieder sein Seemansgarn! Jetzt müssen sie aufpassen, denn wenn Käpt'n Feddersen mit den Augen zwinkert, dann flunkert er ein bißchen.

Der Käpt'n begann mit seiner ersten Geschichte:

„Im Indischen Ozean schipperten wir auf Madagaskar zu. Wir hatten das ganze Schiff voller Kanister mit irgendeinem Zeugs geladen. Es war so heiß, daß man Spiegeleier auf den Blechkanistern braten konnte. Mann, war das eine Hitze!" Käpt'n Feddersen wischte sich die Stirn, gerade so, als würde ihm die Hitze jener Reise noch heute zu schaffen machen. Und er zwinkerte mit den Augen, bevor er fortfuhr: „Wir sehnten uns nach einer kühlen Erfrischung. Aber selbst das Wasser auf der Maria Martha war so warm, daß es keine Abkühlung brachte. Träge lungerten wir auf dem Deck herum, kaum zu einer Bewegung fähig in dieser Gluthitze. Ich traute meinen Augen nicht, als ich aufs Meer schaute und geradewegs einen riesengroßen Wal auf unser Schiff zuschwimmen sah! Der war wohl mindestens 150 m lang! Er spritzte seine Fontäne wie einen riesigen Springbrunnen direkt auf unser Schiff, so daß alle Mann auf einmal eine kühle Dusche abbekamen. Das war ein Spaß an diesem heißen Tag!" „Na", riefen Maike und Jens wie aus einem Munde, „Onkel Feddersen, hast du da nicht etwas übertrieben?"

„Onkel Feddersen, bitte, erzähl uns doch noch einmal die Geschichte von der Taufe!" sagte Maike. „Ach, du meinst die von der Äquatortaufe?" meinte Käpt'n Feddersen. „Ja, die." Und obwohl die Kinder sie schon oft gehört hatten, begann Käpt'n Feddersen:

„Wir fuhren durch die Magellanstraße nach Feuerland, da verläuft der Äquator." Käpt'n Feddersen zwinkerte ein bißchen mit den Augen. „Unter uns Seemännern ist

es Brauch, beim Überqueren des Äquators die Äquatortaufe zu bekommen. Alle, die das erste Mal den Äquator überqueren, werden getauft. Sie müssen eine Probe bestehen und einen Guß mit Meereswasser über sich ergehen lassen. Erst dann dürfen sie ihr Leben lang von Nord nach Süd fahren. Wir hatten einen Schiffsjungen an Bord, Moses. Er war noch ein rechtes Greenhorn. Er wurde dazu erkoren, die Prozedur über sich ergehen zu lassen. Wenn der geahnt hätte, was da auf ihn zukommen würde! Die Glocke schlug acht Glas, da hörte man von der Luvseite her ein Gepolter und Getöse. Kaum hatten wir richtig gemerkt, was los war, da stieg aus den Meereswellen Neptun persönlich mit seinem Dreizack zu uns aufs Schiff!" Hatten Maike und Jens nun richtig aufgepaßt? Zwinkerte Käpt'n Feddersen an dieser Stelle oder nicht? Er aber erzählte weiter: „Neptun kam also zu uns herauf, im Gefolge verwegen aussehende Gestalten. Und nun ging's los. Der arme Moses! Er zitterte am ganzen Körper vor Aufregung. Neptun persönlich stellte ihn auf die Probe: Moses mußte in Windeseile das Deck schrubben, die Rettungsboote herunterlassen und wieder heraufziehen, ein Shanty singen und wichtige Begriffe aus dem Seemannsleben erklären. Unser Moses kam ganz schön ins Schwitzen! Doch das war noch längst nicht alles. Moses wußte nicht, wie ihm geschah, als er von hinten festgehalten und am ganzen Körper mit Schmierseife, Dreck und Mehl eingerieben wurde! Alle Versuche, sich zu wehren, halfen ihm nichts. Schon wurde er kopfüber in ein Faß mit Wasser befördert, Salzwasser natürlich. War das ein Prusten, Schnaufen und Wellenschlagen! Irgendwann befreite sich Moses aus seiner mißlichen Lage und stand da wie ein begossener Pudel. Dann endlich fiel das erlösende Wort, Neptun bestätigte ihm, daß er nun alle Proben bestanden und die Äquatortaufe erhalten habe. Fortan könne er gereinigt und geläutert alle Meere der Welt besegeln. So laut und polternd, wie er gekommen war, verschwand Neptun mit seinem Gefolge wieder."

Diese Geschichte war so spannend für die Kinder, daß sie nicht richtig aufgepaßt hatten, ob Käpt'n Feddersen gezwinkert hatte oder nicht. Und doch stimmt etwas nicht in der Geschichte, was?

Käpt'n Feddersen zwinkerte mit den Augen, bevor er seine dritte Geschichte zu erzählen begann:

„Wir fuhren vor der Küste von Bolivien, als wir in den schlimmsten Sturm gerieten, der seit Menschengedenken in dieser Gegend tobte. Mindestens Windstärke 20 war das!" Käpt'n Feddersen zwinkerte heftig, so als wolle die Erinnerung an den Sturm jener Tage ihn heute noch durchschütteln. „Alle Meßgeräte waren zum Schluß ausgefallen. Es war wie ein Wunder, daß wir mit heiler Haut davonkamen und meine Maria Martha keinen größeren Schaden davontrug. Aber ich will der Reihe nach erzählen.

Es war im Dezember, zwischen Weihnachten und Neujahr. Dort in Bolivien ist in dieser Zeit Sommer. Den ganzen Abend hatten wir gefeiert, und spät sind wir ins Bett gegangen. Mitternacht war längst vorüber, als es so richtig losging. Ein Heulen und Pfeifen war in der Luft, das ließ uns nichts Gutes ahnen. Ehe wir richtig begriffen hatten, was draußen geschah, flogen uns schon alle möglichen Gegenstände um die Ohren und von Bord. Einer nach dem andern kam aus seiner Koje, zog sich das Ölzeug und den Südwester über und wartete auf seinen Einsatz. Ich stand in der Kajüte und wollte den Sturm draußen beobachten. Riesige Wellenbrecher überrollten das Schiff mit großem Getöse. Ich wurde an die Kompaßsäule gedrückt. Platt wie eine Flunder stand ich da, am ganzen Leibe zitternd, und versuchte, das Gleichgewicht zu halten. Wellenberge stürmten auf uns zu, richteten sich steil auf und hoben das Schiff achtern in die Höhe, während es mit dem Bug in das Wellental fiel. Ich glaubte, unser letztes Stündlein hätte geschlagen und meine Maria Martha würde das Wetter nicht überstehen. Mich fest an die Kompaßsäule drückend, gab ich meine Kommandos. Jeder wußte, was er zu tun hatte, und arbeitete unter Einsatz seiner ganzen Kraft. Immer wieder rutschte einer der Matrosen auf dem glitschigen Deck aus und sauste wie auf einer Rutschbahn quer über das Schiff von Luv nach Lee. Doch über Bord geworfen wurde niemand, Gott sei Dank!

Das dauerte so einige Stunden, bis der Morgen graute. Alle Mann waren total erschöpft und bis auf die Haut durchnäßt, als der Sturm langsam abflaute. Die aufgehende Sonne spiegelte sich im Meer so wie alle Tage. Und nur die nassen Sachen, die die Mannschaft zum Trocknen ausgelegt hatte, erinnerten noch einen Tag lang an die Abenteuer im Sturm der vergangenen Nacht."

Was stimmt in der Geschichte nicht? Käpt'n Feddersen hat insgesamt viermal mit den Augen gezwinkert.

Auflösung

Erste Geschichte:
In der Nähe von Madagaskar gibt es keine Wale. Wale sind zwar die größten Meerestiere, aber 150 m lang werden sie nun doch nicht. Da sie Säugetiere sind, müssen sie zum Atmen immer wieder an die Wasseroberfläche. Dabei stoßen sie die verbrauchte Luft aus, die sich mit vielen feinen Wassertröpfchen verbindet. Dies ist dann als Fontäne weithin sichtbar, jedoch als Dusche kaum geeignet, da sich die Wale selten so nah an der Küste oder einem Schiff aufhalten.

Zweite Geschichte:
Der Äquator verläuft nicht in der Nähe von Feuerland, sondern weiter nördlich. Bis heute ist es Sitte für alle, die das erste Mal den Äquator überqueren, die Äquatortaufe zu empfangen. Dabei wird auf Schiffen manchmal ein richtiges Spektakel veranstaltet, indem ein Seemann sich als Neptun verkleidet, welcher die „Taufe" vornimmt.

Dritte Geschichte:
Bolivien ist ein Binnenland und verfügt nicht über Küstenbereiche; Windstärke 20 gibt es nicht.

Phantasiereise – am Meer

Zu den großartigsten Naturschauspielen zählt ein Sonnenuntergang am Meer. Eine Phantasiereise läßt diese eindrucksvollen Bilder nochmals lebendig werden.
Allgemeine Hinweise für den Gruppenleiter: → Phantasiereise in Kap. *In Feld und Flur*, S. 57.

Material
5 – 6 Dias „Sonnenuntergang am Meer", Diaprojektor, Meeresschneckenhäuser.

Musikempfehlung
Arnd Stein, Meeresrauschen (MC). Best.-Nr. 391, Verlag für Therapeutische Medien, Iserlohn.
Deuter, Land of Enchantment. Waves and Dolphins (MC). Kuckuck Schallplatten/ E.R.P., Musikverlag München.

Verlauf
Die Kinder betrachten verschiedene Dias, welche die Stimmung eines Sonnenuntergangs am Meer wiedergeben. Jedes Bild wird einige Minuten an die Wand projiziert. Ausgewählte Musik untermalt die Bildbetrachtung.
Anschließend legen sich die Kinder hin und werden vom Gruppenleiter angeregt, die Augen zu schließen. Nach einleitenden Atemübungen und Ruheformeln beginnt er mit der Geschichte:

„Ein schöner Tag geht zu Ende –
Du läufst barfuß am Strand entlang –
hinterläßt Deine Spuren im feuchten Sand –
sanfte Wellen spülen an den Strand –
ab und zu weichst Du einer Welle aus –
Du hörst das ruhige, gleichmäßige Rauschen der Brandung –
eine leichte Brise weht Dir ins Gesicht –
Du spürst auf der Haut eine angenehme Kühle –
Du atmest die frische, klare Luft –
schmeckst das Salz auf Deinen Lippen –
Du schaust aufs Meer hinaus –
dorthin, wo sich Himmel und Meer treffen –
glutrot taucht die Sonne am Horizont unter –
das Meer leuchtet golden im Abendlicht –
der Himmel verfärbt sich von rosa zu dunkelrot –
Du genießt die unendliche Weite –
Du fühlst Dich glücklich und frei –
Ruhe ist in Dir –
Dein Atem ist ruhig und gleichmäßig –
Du bist ganz ruhig und entspannt."

Der Gruppenleiter berührt die Kinder ganz sachte und gibt ihnen damit das Zeichen, langsam die Augen zu öffnen und sich hinzusetzen. Er verteilt dann die (leeren) Schneckenhäuser und ermuntert die Kinder, diese an das Ohr zu halten und der „Meeresbrandung" zu lauschen.

GESTALTEN EINES „SONNENUNTERGANG-BILDES"

Material

Wasservermalbare Kreiden oder Stifte, saugfähiges Papier, breite Pinsel und Schwämme, Wasserbecher, Malunterlagen, Malkittel.

So wird's gemacht

Die Kinder malen in die Mitte des Blattes eine große Sonne in Rot- und Gelbtönen. Himmel und Meer werden in Blautönen gehalten, mit denen sich das Licht der Sonne mischt. Abschließend wird das Bild mit einem feuchten Schwamm oder Pinsel übermalt, um den erwünschten Effekt zu erzielen.
Die Gruppe kann dazu angeregt werden, aus den Einzelbildern ein großes Bild zu gestalten.

Aquarium-Erkundungsspiel

An der See wechseln schöne, sonnige Strandtage mit naßkalter Witterung. An trüben Tagen vertreibt der Besuch eines Meeres-Aquariums die Langeweile. Besonders kurzweilig wird der Ausflug, wenn die Kinder das Aquarium spielerisch erkunden können.

Vorbereitungen für den Gruppenleiter
- Gruppe anmelden, günstigen Zeitpunkt vereinbaren.
- Öffnungszeiten und Eintrittspreise für Gruppen erfragen.
- Vor dem mit der Gruppe geplanten Besuch das Aquarium aufsuchen, Fragen und Aufgaben überlegen.
- Aus Sachbüchern zusätzliches Wissen aneignen, um Fragen der Kinder beantworten zu können.
- Für jeden Teilnehmer oder jede Kleingruppe Aufgabenblatt verfassen. Aus Sachbüchern Abbildungen einzelner Meerestiere oder -pflanzen, die auch im Aquarium zu finden sind, auf das Aufgabenblatt übertragen.

Verlauf
Die Fragen und Aufgaben werden entweder einzeln oder gemeinsam von jeder Kleingruppe gelöst. Nach einer vorher vereinbarten Zeit sammeln sich die Kinder am verabredeten Treffpunkt und händigen ihre mit Namen versehenen Aufgabenblätter dem Gruppenleiter aus. Diese werden dann im Haus ausgewertet. Als Belohnung für die richtige Lösung der Aufgaben erhalten die Kinder eine kleine „Kostbarkeit" aus dem Meer: eine schöne Muschelschale, ein vergoldetes Schneckenhaus, Schokolade-Muscheln ✳ ...
Da sich die Fragen immer am betreffenden Aquarium orientieren, können hier nur einige Beispiele für Aufgaben gegeben werden:

1. Worin unterscheidet sich die Scholle von anderen Fischen?
   (Sie legt sich auf die Seite, beide Augen auf einer Körperseite.)
2. Wie kommte der Nagelrochen zu seinem Namen?
   (Dornen, die wie Nägel aussehen, bilden auf Rücken und Schwanz eine engstehende Reihe.)
3. Wie lang wird ein Nagelrochen (Länge in cm)?
   (Ein Männchen wird ca. 125 cm lang.)
4. Im Aquarium findest Du diesen Fisch! Wie heißt er?

(Kabeljau, Dorsch)

5. Im Aquarium findest Du dieses Lebewesen! Wie heißt es? (Seenelke)

6. Handelt es sich hierbei um eine Pflanze oder um ein Tier? (Tier)

7. Im Aquarium findest Du diese Pflanze! Wie heißt sie? (Meersalat)

8. Welche Farbe haben die Flecken des kleingefleckten Katzenhais? (Schwarz auf grau-gelbem Grund)
9. Wie lang sind die Stacheln des eßbaren Seeigels? (Die Stacheln werden bis zu 2,5 cm lang.)
10. Wie lautet der lateinische Name für „Seezunge"? (Solea Solea)
11. Wovon ernährt sich der Gemeine Seestern? (Von Muscheln, die ausgesaugt werden)
12. Im Aquarium findest Du einen giftigen Fisch! Wie heißt er? Wo befindet sich das Gift? (Es ist das Petermännchen, dessen vordere Rückenflosse hat Giftstacheln – siehe Abb. S. 129.)
13. Wo siedeln sich Seeanemonen an? (Seeanemonen leben auf Schneckenhäusern, die vom Einsiedlerkrebs bewohnt sind, und ernähren sich von den Abfällen aus der Nahrung des Krebses.)

Wattwandern

An der Nordsee haben Ebbe und Flut eine der letzten großräumigen Naturlandschaften Europas geschaffen: das Watt. Es konnte nur entstehen, weil im Küstenbereich das Meer sehr flach ist. Als vor Tausenden von Jahren die mächtigen Eiszeitgletscher abtauten, stieg der Meeresspiegel stark an. Dabei wurden riesige Flächen fruchtbaren Marschlandes überflutet. Da an der Nordseeküste der Meeresbo-

den nur ganz allmählich abfällt, bleiben bei Ebbe große Gebiete trocken. Bei Flut wird das Land vom Meer überspült. Dieser regelmäßige Wechsel von Ebbe und Flut hat eine faszinierende Lebenswelt geschaffen, in der zahlreiche Tier- und Pflanzenarten beheimatet sind. Sie steht unter Naturschutz. Zu den Wattbewohnern zählen Schnecken, Muscheln, Würmer, Krebse und Vögel, die hier auf Futtersuche gehen. Das Watt weist zudem das größte Seehundvorkommen der Nordsee auf. Für einige Fische wie Hering, Scholle oder Seezunge ist das Watt auch „Kinderstube".
Wattwandern ist ein besonderes Erlebnis. Für Kinder sind nicht nur Tierbeobachtungen reizvoll. Sie genießen auch die schier endlose Weite, die stimmungsvollen Wolkenbilder; es macht ihnen Spaß, Neues zu entdecken und zu erforschen, in den feuchten Boden Löcher zu graben oder barfuß im Schlick zu gehen. Manche Kinder scheuen jedoch den direkten Kontakt mit dem unbekannten Element. Außerdem gibt es Stellen, die zum Barfußlaufen nicht geeignet sind, nur mit entsprechenden Schuhen.
Da das Wattenmeer besondere Gefahren birgt, sollten Wattwanderungen unter sachkundiger Führung erfolgen. Der Wattführer ist erfahren und mit Funk, Signal- und Rettungsmitteln ausgestattet. Im Notfall kann er „Erste Hilfe" leisten. Unterwegs erklärt er der Gruppe alles Wissenswerte über den Meeresboden und seine Bewohner.

Was ist zu beachten?

– Wattwanderzeiten unbedingt einhalten, da bereits eine Stunde nach Niedrigwasser große Teile des Wattenmeeres von der Flut überspült werden.
– Nie allein ohne Uhr und ohne Kenntnis der Niedrigwasserzeit (Gezeitenkalender) in das offene Watt gehen.
– Aufenthalt nur in der unmittelbaren Küstenzone in Sichtweite zum Strand!
– Gekennzeichnete Wattenwege benützen oder Markierungspunkt auf dem Festland merken.
– Gewitter, Nebel, starker Wind bedeuten Lebensgefahr!
– Bei auflaufendem Wasser Priele nicht durchschwimmen. Die starke Strömung ist auch für geübte Schwimmer lebensgefährlich.
– Hinweis- und Verbotsschilder unbedingt beachten!

AUSRÜSTUNG FÜR WATTWANDERER

Bekleidung:
– T-Shirt oder Pullover, Windjacke oder Anorak mit Kapuze als Wind- und Regenschutz.
– Kopfbedeckung bei starker Sonneneinstrahlung.
– Shorts oder Bermudas, lange Hosen hochkrempeln.
– Feste Leinenschuhe oder Gummistiefel.

Sonstiges Zubehör:
– Sonnenschutzcreme, evtl. Sonnenbrille.
– Bestimmungsbuch über die Tier- und Pflanzenwelt des Watts.
– Erste-Hilfe-Tasche

Für Tierbeobachtungen:
- Spaten zum Ausgraben von Wattwürmern oder Muscheln.
- Lupen zur genauen Beobachtung von Kleinlebewesen und Pflanzen.
- Plastiktüten oder kleine Eimer zum Sammeln von Muschelschalen und anderen Raritäten.
- Fernglas zur Beobachtung von Vögeln und Seehunden auf den Seehundbänken.

Spiele am Strand

MUSCHELWERFEN

Im feuchten Sand werden zwei Linien im Abstand von ca. 3 Metern markiert: die Abwurf- und die Ziellinie. Jeder Spieler erhält drei Muscheln. Pro Runde darf nur eine Muschel geworfen werden. Die Spieler versuchen, ihre Muschel möglichst nah an die Ziellinie zu werfen. Derjenige, der seine Muschel am nächsten zur Linie plaziert, darf alle anderen Muscheln einkassieren. Muscheln, die über die Linie hinausgeworfen werden, sind verloren. Nach der 3. Runde wird der Sieger mit der höchsten Anzahl an Muscheln ermittelt.

MÖWENSCHRECK

Material
Vogelfeder.

Einer spielt den „Möwenschreck", alle anderen sind „Möwen". Einer „Möwe" wird die Feder in die Badehose gesteckt, ohne daß der „Möwenschreck" es sieht. Nun muß der „Möwenschreck" versuchen, diese „Möwe" zu fangen und ihr die Feder auszurupfen. Wenn alle „Möwen" zusammenhalten und jede so tut, als hätte sie die Feder, wird der „Möwenschreck" ganz schön in Atem gehalten. Das Spiel wird noch lustiger, wenn die Feder rechtzeitig und unbemerkt einem anderen Mitspieler an der Badehose befestigt wird.
Die „Möwe", welcher der „Möwenschreck" die Feder schließlich ausreißt, ist beim nächsten Mal der Fänger.
Hinweis: Bei einer größeren Anzahl an Mitspielern können mehrere Spieler „Möwenschreck" sein.

MUSCHELSPIEL

Material
Zwei Muscheln, ein kleiner Stein.

Mit dem Finger wird eine große Spirale in den Sand gemalt. An der Außenlinie werden gegenüberliegend zwei Kästchen gezeichnet, welche als Ausgangspunkt für

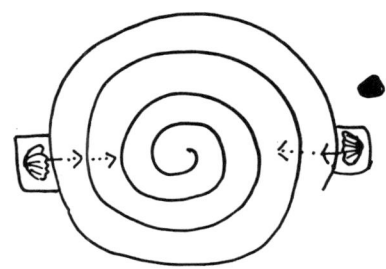

das Spiel dienen. Zwei Spieler sitzen sich gegenüber, jeder hat seine Muschel in sein Kästchen gelegt. Ein Spieler beginnt, indem er den
Stein hinter seinem Rücken in der linken oder
rechten Hand versteckt. Beim Vorstrecken der
geschlossenen Fäuste muß der zweite Spieler
erraten, in welcher Hand sich der Stein befindet. Errät er es, so darf er mit seiner Muschel
eine Runde vorrücken und seinerseits den
Stein in einer Hand verstecken. Errät er es
nicht, so darf der erste Spieler vorrücken und noch einmal den Stein verstecken, so
lange, bis der zweite Spieler richtig geraten hat. Sieger ist, wer als erster im gegenüberliegenden Kästchen ankommt.

Flaschenpost

Werden die Ferien am Meer verbracht, so sollte unbedingt eine Flaschenpost ver-
schickt werden. Dies ist am besten von Bord eines Schiffes möglich, in ausreichender Entfernung von der Küste.
Es bleibt dem Zufall überlassen, ob das Meer die Flaschenpost an ein fernes Ufer
spült. Jeder Absender hofft natürlich, daß seine „Post" gefunden und auch beantwortet wird. Vielleicht ist dies der Beginn einer Brieffreundschaft.

Material
Zettel, Stifte, Flaschen mit Schraubverschluß, wasserfestes Klebeband, Paketschnur, Luftballons.

So wird's gemacht
– Auf einen Zettel Datum, Ferienort, Name und Heimatadresse schreiben.
– In deutscher, englischer oder der Landessprache notieren:
  „Bitte schreibe mir, wo und wann du die Flasche ge-
  funden hast!" bzw. "Please let me know, when and
  where my bottle arrived".
– Papier zusammenrollen und in die Flasche stecken.
– Verschluß fest zudrehen und zur Sicherheit mit ei-
  nem wasserfesten Klebeband umwickeln.
– Luftballon aufblasen und mit der Schnur am Fla-
  schenhals befestigen.
– Flasche möglichst weit ins Meer werfen.

„Kunst" am Strand

SANDMENSCHEN

„Sandmenschen" liegen am Strand und haben eine täuschende Ähnlichkeit mit „echten" Strandurlaubern!

Material
Sand, Sandeimer, Schaufel, Schnur, strapazierfähige Bekleidung wie Jeans, Hemd oder T-Shirt, Hut oder Mütze, Schal, Handschuhe, Socken, Tennisschuhe, Trikot für das Gesicht, Sonnenbrille.
Zum Stabilisieren: Äste, Steine, Sand.

So wird's gemacht
- Hosenbeine, Hemdärmel und Hemd unten mit der Schnur zubinden.
- Kleidungsstücke mit Sand füllen.
- Für den Kopf Trikot an einem Ende zubinden und mit Sand füllen, bis sich eine kopfgroße Kugel bildet, Öffnung zubinden.
- Kleidung so anordnen, daß ein „Sand-mensch" entsteht. Arme oder Beine können auch angewinkelt werden. Äste, ein Sandun-terbau oder Steine dienen zur Stabilisierung.
- Hut oder Mütze und Sonnenbrille aufsetzen.

Lustige Variante:
Besonders verblüfft werden Strandläufer sein, wenn der „Sandmensch" seinen Kopf unterm Arm trägt:
Ein Kind wird bis zum Hals im Sand eingebud-delt. Dicht daneben liegt der „kopflose" ausge-stopfte Sandmensch, dessen Arm um den Kopf des Kindes gelegt wird. – Eine gute Idee für ein lustiges Erinnerungsfoto.

STRANDCOLLAGE

Material
Strandgut: Muscheln, Steinchen, Scherben, Tang, Schwemmholz, Federn...

Die Kinder gehen gemeinsam auf Strandgutsuche und breiten ihre „Schätze" auf feuchtem Sand aus. Nun gestalten alle gemeinsam oder jeder für sich ein Bild mit dem vorhandenen Material. Den Rahmen dafür gibt ein in den Sand geritztes Recht-eck, das mit Muschelschalen verziert werden kann.

SANDRELIEF

Kinder haben Spaß daran, mit Sand zu formen und zu bauen. Sandreliefs sind eine Alternative zu den oft gebauten Sandburgen. Bilder, die in Verbindung zum Meer stehen, bieten sich besonders an: Meernixe, Meerhexe, Neptun, Seeungeheuer, Schiff ....

Material
Gut durchfeuchteter Sand, Strandgut, Schaufel, Stöckchen, Brettchen.

So wird's gemacht
– Umriß für das Seeungeheuer o.ä. mit einem Stöckchen in den Sand malen.
– Feuchten Sand darauf aufhäufen und mit den Händen formen.
– Maul und Nasenlöcher mit Hilfe eines Stöckchens herausarbeiten.
– Haare mit Tang, Fischschwanz oder Fangarme mit Muscheln, Augen mit Stein-chen oder Scherben gestalten. Natürlich können auch andere Materialien ver-wendet werden.
– Boden rings um das Relief glätten, damit sich dieses gut von der Umgebung ab-hebt.

Strandgärtchen

An einem Strandgärtchen können die Kinder lange Freude haben; es sieht auch noch in getrockne-tem Zustand dekorativ aus und ist ein hübsches Mitbringsel vom Aufenhalt am Meer. Alles, was die Kinder gefunden und gesammelt haben, kann verwendet werden: Gräser, Zweige, kleine Ästchen z.B. vom Sanddorn, Kiefern-zapfen, Strohblumen, Flechten, Moose, Seetang, Algen, Mu-scheln, ein leeres Schnecken-haus oder Steine.

So wird's gemacht
Einen großen Blumenuntersetzer mit Sand füllen. Steine und

Moose so anordnen, daß sich eine kleine Landschaft bildet mit Höhen und Vertiefungen. Die weiteren Dinge so anbringen, daß sie in kleinen Gruppen zusammenstehen. Ein Schneckenhaus, eine Muschel oder einen besonders schönen Stein als Blickfang in den Vordergrund legen.

Kacheln aus Gips

Wenn die Flut sich zurückgezogen hat, ist der Strand ideal zur Herstellung von Gipskacheln; am besten an einer Stelle mit gut durchfeuchtetem Sand und einer nahen Wasserquelle. Der Untergrund sollte so fest sein, daß das hineingedrückte Motiv in seinen Konturen stehen bleibt. Geeignet ist alles, was beim Eindrücken in den Sand klare, reliefartige Konturen hinterläßt: eine große Muschel mit dicken Rippen, ein Seestern, ein Bild aus mehreren Miesmuscheln, der eigene Fuß oder die Hand; auch Tierspuren, wenn sie deutlich genug erkennbar sind. Mit den Fingern in den Sand gedrückte Motive, z. B. ein Fisch, ein Vogel oder eine Blume, sind ebenfalls möglich.

Material
Gips, Holzstöckchen zum Anrühren, Plastiktüte für den Transport, kleiner Eimer zum Wasserholen, Plastikschüssel, Kartonstreifen, Büroklammern, feine Bürste oder Pinsel, feines Schleifpapier.

So wird's gemacht
- Motiv mit den Fingern in den feuchten Sand drücken oder eine geeignete Form fest hineindrücken. Vorsichtiges und genaues Arbeiten ist nötig, damit nach dem Trocknen die Form gut erkennbar ist.
- Sand um das Motiv herum festklopfen und glattstreichen.
- Kartonstreifen um das Motiv legen, mit Büroklammern fixieren. Es können sowohl runde als auch eckige Formen gewählt werden.
- Gips herstellen: Etwas Wasser in die Plastikschüssel geben, eine Handvoll Gips hinzufügen und sofort ver-

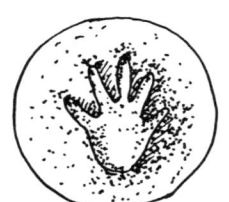

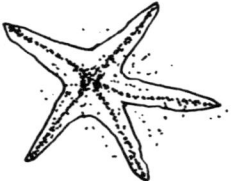

rühren. Weiter so verfahren, bis eine ausreichende Menge von dickflüssigem Gipsbrei entstanden ist.
– Gipsbrei in die vorbereitete Form gießen. Die fertige Kachel sollte etwa 2 – 4 cm dick sein.
– Gips abbinden lassen; das dauert etwa 30 Minuten.
– Kachel aus der Form nehmen und noch weiter trocknen lassen.
– Wenn die Kachel fest genug geworden ist, den Sand vorsichtig mit einer feinen Bürste oder einem Pinsel abbürsten. Es bleiben jedoch noch Reste des Sandes an der Kachel haften, die ihr das charakteristische Aussehen geben und auch später noch an den Aufenthalt am Meer erinnern.
– Nach einigen Tagen, wenn die Kachel hart geworden ist, können Ecken und Kanten mit Schleifpapier vorsichtig bearbeitet werden.

Sand marmorieren

Ein hübsches Mitbringsel von Ferientagen am Strand ist marmorierter Sand in kleinen Flaschen oder Gläsern.

Material
Wasserlösliche Holzbeize (Pulver) in verschiedenen Farben, leere Marmeladengläser, Löffel, Sand, Sandsieb, Einmalhandschuhe, Malkittel, alte Zeitungen, kleiner Kunststoff- oder Papierfilter, Miniaturflaschen und -gläser mit Verschluß.

So wird's gemacht
– Holzbeize nach Gebrauchsanweisung in Gläsern anrühren, jedoch nur die Hälfte der angegebenen Wassermenge nehmen. Malkittel und Einmalhandschuhe schützen vor der Farbe.
– Holzbeize abkühlen lassen. In der Zwischenzeit den Sand sieben, um Verunreinigungen zu entfernen.
– Sand mit Farbbeize verrühren, bis er völlig durchgefärbt ist.
– An einem windstillen und sonnigen Ort Zeitungen auslegen und den gefärbten Sand darauf verteilen.
– Sand in der Sonne trocknen lassen, nochmals durchsieben und nach Farben getrennt in Gläser füllen.
– Jeweils eine Farbe wählen und den Sand mit Hilfe eines Filters in ein Fläschchen oder Glas rieseln lassen. Durch Hin- und Herschwenken des Filters kann Sand an beliebigen Stellen angehäuft werden. Die Zwischenräume werden mit andersfarbigem Sand aufgefüllt. Unterschiedliche Sandmengen ergeben reizvolle dünnere und dickere Linien, die wellenförmig aufeinanderliegen. Glas randvoll mit Sand füllen, den Sand etwas festdrücken und Verschluß aufschrauben.

Sandkerzen

Material
Wachsgranulat, Docht, flacher Topf für das Wasserbad, leere Konservendose für das Wachs, Gefäße zum Eindrücken der Mulde wie Kompottschale, Joghurtbecher, Plastikwanne für den Sand, sauberer Sand ohne kleine Stöckchen, Steinchen, Blätter etc., Wasser, Stricknadel, Pinsel.

So wird's gemacht
- Sand in die Wanne füllen und so lange Wasser dazugießen, bis er durch und durch feucht ist.
- Mit den Händen oder einem Gefäß Mulde in den Sand eindrücken.
- Wachsgranulat im Wasserbad schmelzen.
- Docht im heißen Wachs versteifen.
- Gießfertiges Wachs in Sandform füllen, Wachs setzen lassen und weiter auffüllen.
- Kerze über Nacht im Sandbett lassen, erst am anderen Tag aus dem Sand nehmen.
- Mit einem Pinsel losen Sand von der äußeren Kruste entfernen.
- Mit heißer Stricknadel Dochtloch in der Kerzenmitte anbringen und versteiften Docht hineinstecken.

Algendias

Material
Diagläser (5 x 5 cm ohne Rahmen), mehrere Zeitungen als Unterlage, Küchenkrepp, Schere, Pinzette, Holzstäbchen, Kleber.
Zum Sammeln und Aufbewahren der Algen: Plastikbeutel, verschließbare Marmeladengläser.

So wird's gemacht

Vorbereitungen:
- Algen sammeln und im Plastikbeutel transportieren. Bis zur Weiterverarbeitung die Algen in Marmeladengläser umfüllen und im Kühlschrank aufbewahren.
- Zeitungen als Unterlage benutzen. Algen auf Küchenkrepp auslegen, wieder mit Küchenkrepp abdecken und zwischen eine Lage Zeitungen zum Trocknen geben. Als letztes Bücher oder einen schweren Stein auf einem Brett zum Beschweren auf den Stapel Zeitungen legen.
- Algen etwa 24 Stunden trocknen lassen.

Herstellen der Dias:
- Algen in kleine Teile zupfen oder schneiden.
- Mit Pinzette und Holzstäbchen auf dem Dia zurechtlegen.
- Algen mit sehr wenig Kleber auf dem Dia befestigen.

Piratenfahne

Eine Fahne ist für vieles gut zu
gebrauchen: Sie markiert Start-
und Ziellinie bei einem Spiel, hilft,
den Standort der Gruppe im Ge-
wühl der Badegäste wiederzufinden, oder kann nach der Er-
oberung einer Strandburg in deren Spitze gesteckt werden. Eine
Riesenfahne in der Größe eines
Bettuches ist eine tolle Sache;
die ganze Gruppe kann sich
beim Malen beteiligen.
Bei der Suche nach einem Motiv
sind der Phantasie der Kinder
keine Grenzen gesetzt: Sie finden ihre Ideen bei täglichen
Wanderungen und Abenteuern
am Strand oder in Geschichten
von Robinson oder Seeräubern.
Hinterläßt jedes Gruppenmit-
glied seinen Hand- oder Fußab-
druck mit seinem Namen auf der
Fahne, so wird sie zu einem besonderen Erinnerungsstück.

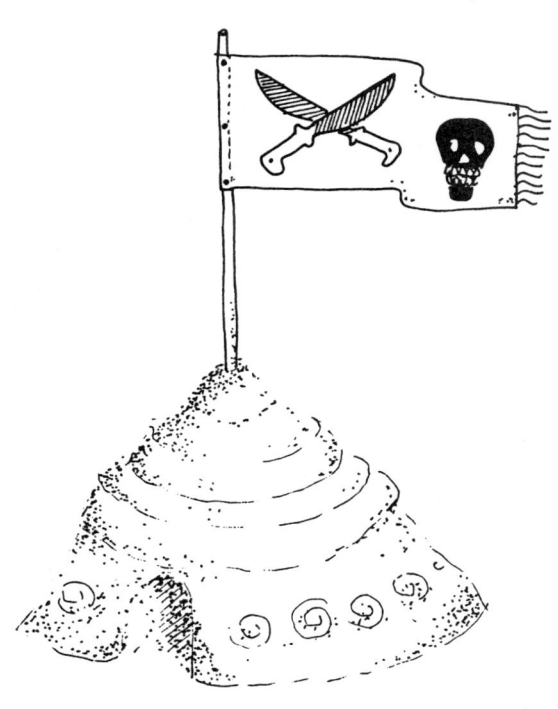

Material
Altes Bettuch oder Nessel, Textilfarben, Bleistift, Textilkleber, eine 2 m lange Stange
(z.B. Bambusstange), Heftzwecken, Zeitungen, Bügeleisen, Küchenkrepp.

So wird's gemacht
- Stoff vorbereiten: Neuen Stoff zuerst bei 90°C waschen, damit die Appretur ent-
  fernt wird. Dann auf die gewünschte Größe und Form zuschneiden.
- Zeitungen als Unterlage in der Größe der Fahne auslegen.
- Motiv mit Bleistift auf eine Seite des Stoffes auftragen.
- Motiv mit Textilfarbe ausmalen und trocknen lassen.

- Das Motiv ist auf der Rückseite meist so gut erkennbar, daß auch hier gleich ausgemalt werden kann.
- Nach dem Trocknen die Fahne bügeln (Einstellung des Bügeleisens: Baumwolle); Motiv dabei mit Küchenkrepp abdecken.
- Fahnenende um die Stange wickeln, mit Textilkleber festkleben und zusätzlich an drei Stellen mit Heftzwecken befestigen.

Badetasche

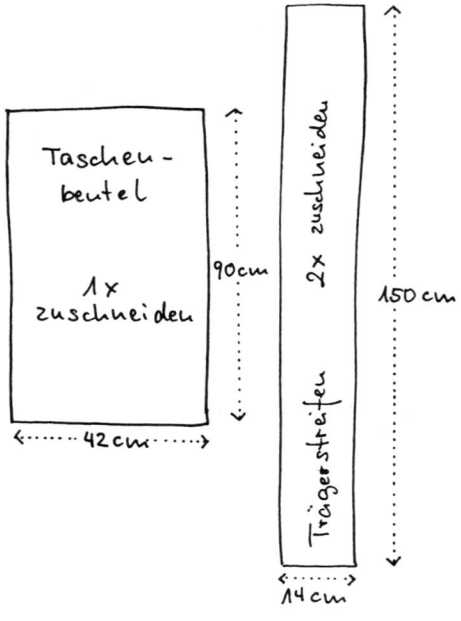

An einem verregneten Ferientag haben die Kinder vielleicht Lust, sich ihre eigene Badetasche selbst zu machen. Entsprechend dem Alter der Kinder kann dabei mit der Nähmaschine gearbeitet werden. Oder die Arbeiten werden von Hand mit Steppstich ausgeführt. Kleine und ungeübte Kinder kleben die Nähte einfach mit Textilkleber. Zum Schluß wird die Tasche bunt bemalt.

Material
Nessel, Maßband, Schere, Nähmaschine oder Nähnadeln, Nähgarn, Textilkleber, Bügeleisen, Textilfarben.

So wird's gemacht
- Nessel bei 90°C waschen, trocknen und glatt bügeln.
- Tasche zuschneiden:
  ein großes Rechteck für
  den Taschenbeutel 90 x 42 cm
  zwei lange Streifen für
  die Träger je 150 x 14 cm
  (Nahtzugaben von ca. 2 cm nicht vergessen!)
- Seitennähte schließen, Taschenbeutel wenden.
- Obere Kante 10 cm nach innen bügeln, davon 3 cm umbügeln, so daß ein 7 cm breiter Saum bleibt. Saum nähen.

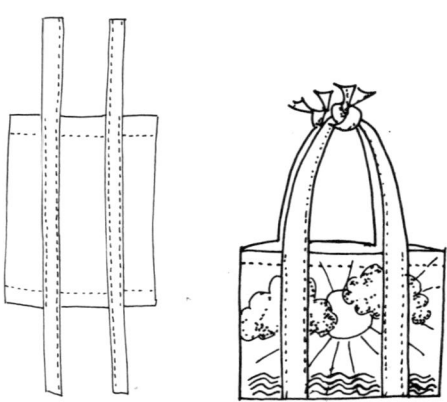

- Trägerstreifen in der Mitte längs falten und bügeln. Nahtzugaben nach innen bügeln, es entsteht jetzt ein 7 cm breiter doppelter Streifen.
- Streifen auf die Tasche nähen oder kleben, dabei die Naht der Trägerstreifen schließen. Oben bleibt jeweils ein Stück des Streifens überstehen, der am Schluß mit dem anderen verknotet wird.
- Tasche bemalen (Motivtips: → Piratenfahne S. 149).
  Ersatzweise können natürlich auch im Handel erhältliche unbedruckte Baumwolltaschen bemalt werden.

Strandschmuck

MUSCHELKETTEN

Material
Muscheln verschiedener Formen und Größen, Lederband oder Baumwollfaden, Nadel, Glasperlen, Drill- oder Handbohrer 0,5 – 1,5 mm, Holzbrett als Unterlage.

So wird's gemacht
- Vorsichtig ein kleines Loch in die Muschelschale bohren.
- Muscheln im Wechsel mit Glasperlen auf das Lederband oder den Baumwollfaden aufziehen.
- Hinter der ersten und der letzten Muschel einen Knoten in das Band machen, damit die Muscheln nicht verrutschen.
- Kette um den Hals legen und im Nacken mit einer doppelten Schleife zusammenbinden.

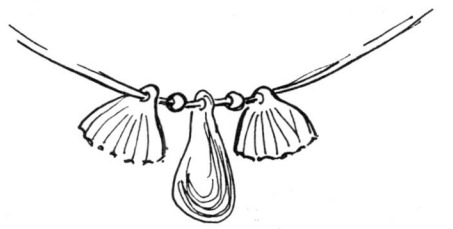

FEDERNSCHMUCK

Material
Eine große, schöne Vogelfeder, Glasperlen, Silberdraht, Zwei-Komponenten-Kleber, Lederband oder Baumwollgarn, Schere.

So wird's gemacht
- Feder auf 3 – 6 cm Länge zuschneiden.
- Feder durch eine oder mehrere Glasperlen stecken, überstehenden Federkiel abschneiden.

– Aus dem Silberdraht eine kleine Öse formen, Enden des Silberdrahtes mit einem Tropfen Kleber versehen in die Glasperlen stecken.
– Lederband oder Baumwollfaden durch die Öse ziehen.

STRANDFRISUR

Diese Frisur ist sehr zeitaufwendig, da das gesamte Haar in feine Zöpfchen geflochten und mit Glasperlen verziert wird. Die Mühe lohnt sich jedoch, da die Frisur nicht nur hübsch, sondern auch widerstandsfähig gegen Wind und Wetter ist. Vielleicht ziehen es aber einige Mädchen vor, sich nur wenige Zöpfchen ins Haar zu flechten.

Material
Verschiedenfarbige Glasperlen, Alufolie, Kamm, Haarklemmen.

So wird's gemacht
– Alufolie in 3 x 3 cm große Teile schneiden.
– Von unten nach oben arbeiten: oberes Haar abklemmen, aus den unteren Partien Zöpfchen flechten; Zopfende ganz mit Alufolie umwickeln und die Perlen über die Alufolie schieben. Das Ende der Folie umbiegen und festdrehen und die unterste Perle darüberschieben.
– Weiter so verfahren, bis das gesamte Haar in Zöpfe geflochten ist.

Souvenir-Schachtel

Sie eignen sich als Erinnerungsstück an einen schönen Urlaub am Meer oder als Mitbringsel für die, die zuhause bleiben mußten; winzige Schachteln mit Fundstücken vom Strand.

Material
Jede Menge Streichholzschachteln in verschiedenen Größen, wasserlösliche Buntstifte und Kreiden, Filzstifte, Pinsel, Kleber und alles, was in einer Streichholzschachtel Platz hat: kleine Muscheln, leere Schneckenhäuser, ein Stück Korken,
eine Strohblume, ein getrocknetes Stück Seetang, ein rostiger Nagel, Sand ...

So wird's gemacht
- Streichholzschachtel innen und außen mit Buntstiften und Kreiden bemalen.
- Pinsel mit wenig Wasser darüberstreichen, bis die Farben sich vermischen.
- Hintergrund im Innern der Schachtel gestalten: Mini-Collage aus Fotos von Ur-
  laubsprospekten; Landschaft oder Sonnenuntergang in Aquarelltechnik ...
- Dekoration im Innern der Streichholzschachtel arrangieren, Teile mit Kleber gut
  befestigen.
- Streichholzschachtel schließen und mit einer Aufschrift versehen, z. B. „Schöne
  Tage auf Norderney", „Erinnerungen an Sylt" ...

Unterwasserwelt

Die Welt unter Wasser ist für Kinder faszinierend und geheimnisvoll. Mit Taucher-
brille und Schnorchel ausgestattet, beobachten Kinder mit Ausdauer und Interesse
den Meeresgrund und das oft vielfältige Leben im Wasser. Auch ein Besuch im Mee-
res-Aquarium hinterläßt einen nachhaltigen Eindruck. Die Anregung, eine Unter-
wasserwelt im Glas zu gestalten, wird von den Kindern sicher mit Freude aufgenommen.

Material
Grüne und bunte Plastiktüten, breites Schraubglas mit Deckel, leeres Schneckenhaus, kleine Muschelschalen, Steinchen, Faden, Schere, Nadel, Sand.

So wird's gemacht
- Von der grünen Plastiktüte einzelne Streifen für den „Seetang" abschneiden und
  mit Faden unten abbinden.

- Aus der bunten Plastiktüte Fische ausschneiden, längeren Faden mit Hilfe einer Nadel durch die untere Mitte des Fisches ziehen und Fadenende unten am Seetang befestigen.
- Einige Steinchen zum Beschweren in das Schneckenhaus geben, Seetang mit Fischen hineinstecken und mit weiteren Steinchen festklemmen.
- Boden des Glases mit Sand bedecken, Schneckenhaus daraufsetzen und Muschelschalen auf dem Sand verteilen.
- Glas mit Wasser füllen und mit Deckel zuschrauben.

Piratenschiff bei Sonnenuntergang

Sehr dekorativ – dabei einfach in der Herstellung – ist ein Bild, das wie eine Gegenlichtaufnahme am Meer wirkt. Der besondere Reiz liegt in den starken farbigen Kontrasten: schwarze Umrisse eines Schiffes vor ineinander übergehenden kräftigbunten Farben.

Material
Regenbogenbuntpapier, schwarze Tusche, Pinsel, schwarzer Fotokarton, Papierschneidemesser oder Schere, Kleber.

So wird's gemacht
- Das Regenbogenbuntpapier so legen, daß die Farbschattierungen waagrecht verlaufen.
- Mit der schwarzen Tusche die Umrisse eines Piratenschiffes aufmalen.
- Fotokarton in ca. 4–6 cm breite Streifen schneiden.
- Fotokartonstreifen wie einen Rahmen um das Bild legen und festkleben.

Nixe

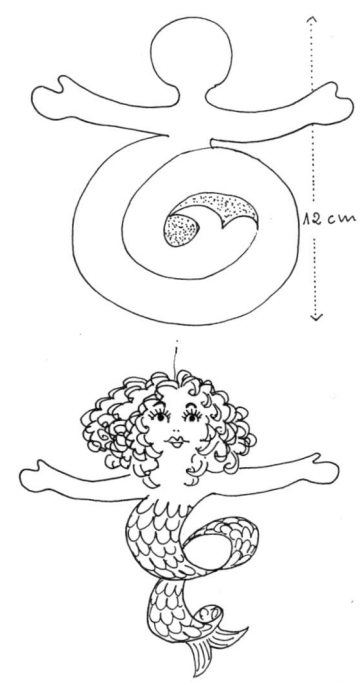

Material
Grünes und blaues Tonpapier in verschiedenen Schattierungen, irisierendes Geschenkband, 0,5 cm breit, Plakafarben Gold und Silber, Filzstift, Schere, Kleber, Nähgarn.

So wird's gemacht
– Figur der Nixe nach der Vorlage aufzeichnen und der Linie entlang ausschneiden.
– Mit Filzstift das Gesicht aufmalen.
– Mit Gold- und Silberfarben ein schuppenförmiges Muster beidseitig auf den Fischkörper malen.
– Geschenkband am Hinterkopf ankleben, dann straff über die Schere ziehen, so daß Locken entstehen.
– Am Kopf einen Faden zum Aufhängen anbringen.

Lieder

STURM BRICHT LOS

Kanon   (Text und Melodie mündlich überliefert)

Sturm bricht los, die Se - gel auf und hißt die schwar-ze

Fah - ne auf den Mast, wir ja - gen kreuz und quer!

(mündlich überliefert)

1. Die Lap-pen hoch, wir wol - len sai - len, hol

an die Schoot, o - he! Sind wohl vie - le tau - send

Mei - len zu se - geln ü - ber See. Die Lap -pen

hoch, den An -ker fort, heu -te hier und mor-gen dort! Die Lap-pen

hoch, den An-ker fort, heu -te hier und mor - gen dort.

2. Wenn einst am Lagunenrande
in Lee liegt unser Boot,
lacht uns das Glück am Strande,
am Strande, gelb und rot.
I: Die Lappen hoch, den Anker fort ... :I

3. Und nie würdest weiter du ziehen.
Ewig bleibest du dann.
Ja, wenn nicht wäre das Segeln,
der Wind und der Ozean!
I: Die Lappen hoch, den Anker fort ... :I

FISCHERLIED

(T.: Lore Kleikamp
M.: Lele Oppenheimer / Detlev Jöcker)

1. Ich schau - kel auf dem Was - ser,

Instrumentalbegleitung (Ein Instrument kann die Melodie spielen)

2. Ich werfe meine Netze ...

3. Ich schaue übers Wasser ...

4. Ich wink' zu andern Fischern ...

5. Ich zieh die Netze ein,
   erst von links und dann von rechts ...

Spielvorschlag
Die Kinder sitzen auf Stühlen oder auf dem Boden in einer langen Reihe hintereinander. Alle Bewegungen werden möglichst gleichzeitig und fließend ausgeführt
(sonst wackelt das Boot). Bei den verschiedenen Strophen geht es immer zuerst
nach links, dann nach rechts.

(Aus: MC und Liedheft: „1,2,3 im Sauseschritt" Rechte: Menschenkinder Verlag Münster)

ALLE, DIE MIT UNS
AUF KAPERFAHRT FAHREN

(Text und Melodie aus Flandern,
Textübertragung und -ergänzung Gottfried Wolters)

2. Alle, die Tod und Teufel nicht fürchten, müssen ...

3. Alle, die Weiber und Branntwein lieben ...

4. Alle, die öligen Zwieback lieben ...

5. Alle, die endlich zur Hölle mitfahren ...

(Aus: Gottfried Wolters, „Das singende Jahr", Möseler Verlag, Wolfenbüttel)

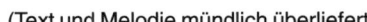

ICK HEFF MOL EN HAMBURG
EN VEERMASTER SEHN

(Text und Melodie mündlich überliefert)

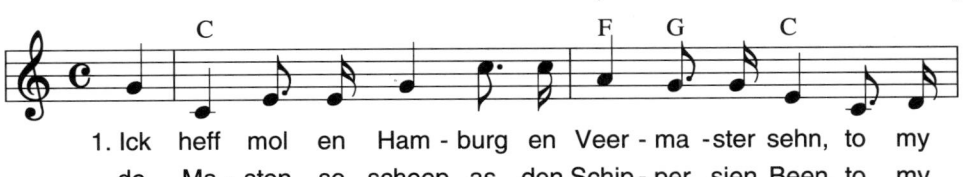

1. Ick heff mol en Hamburg en Veer-ma-ster sehn, to my
de Ma-sten so scheep as den Schip-per sien Been, to my

hoo-dah. to my hoo-dah, hoo-dah, hoo-dah ho.

Blow, boys, blow for Ca-li-for-ni-a, there is

plen-ty of gold, so I am told, on the

banks of Sa-cra-men-to. men-to.

2. Dat Deck weer von Isen, vull Schiet und vull Smeer,
   dat weer de Schietgäng eer schönstes Pläseer ...

3. Dat Logis weer vull Wanzen, de Kombüs weer vull Dreck,
   de Beschüten, de leupen von sülven all weg ...

4. Dat Soltfleesch weer gröön, und de Speck weer vull Moden,
   kööm gev dat blots an Wiehnachtsobend ...

5. Und wulln wi mol seiln, ick segg dat ja nur,
   denn lööp he dree vörut und veer wedder retur ...

6. As dat Schipp, so weer ok de Kaptain,
   de Lüd für dat Schipp weern ok blots schanghait ...

WHAT SHALL WE DO

(Text und Melodie aus England)

1. What shall we do with the drun - ken sai - lor,
what shall we do with the drun - ken sai - lor,
what shall we do with the drun - ken sai - lor
ear - ly in the mor - ning. Hoo - ray and up she ri - ses,
hoo - ray and up she ri - ses, hoo - ray and
up she ri - ses, ear - ly in the mor - ning.

2. Give him a dose of salent water, early in the morning ...

3. Give him a dash with a besoms rubber, early ...

4. Pull out the plug and wet him all over, early ...

5. Heave him by the leg in a running bowlin', early ...

6. That's what to do with a drunken sailor, early ...

WIEGENDE WELLEN AUF WOGENDER SEE

(Text und Melodie mündlich überliefert)

1. Wie - gen - de Wel - len auf wo - gen - der See,
wal - len - de Flu - ten der Ge - zei - ten,
schau - kelnd her - nie - der und wie - der zur Höh,
trägst du mein Boot im fro - hen Spiel; ein fri - scher Wind weht
uns ge-schwind in blau - e, un - be-grenz - te Wei - ten, weht
im - mer, im - mer -zu, ihr Win - de, mein Ka - nu fliegt
mit uns fort zum fer - nen Ziel.

2. Gischtende Brandung am tückischen Riff,   hei wie wir fliegen durch die Flut!
strudelnde Wasser mich umlauern,   Ein frischer Wind ...
allen Gefahren trotzet mein Schiff,

Piratenküche

PIRATEN-FISCHSTÄBCHEN

Die Fischstäbchen werden wie auf der Packung beschrieben gebraten. Gegessen wird mit den Fingern und abwechselnd in eine der würzigen Soßen getunkt.

Kräutermayonnaise:

Zutaten
2 El Mayonnaise, 1 Becher Joghurt, 1 Tl Zitronensaft, 1 Tl Senf, 1 El gemischte Kräuter (Dill, Petersilie, Schnittlauch), Salz.

Zubereitung
Mayonnaise und Joghurt gut verrühren, Zitronensaft, Senf und Kräuter daruntermischen, evtl. noch salzen.

Tomaten-Dip:

Zutaten
2 Tomaten, 6 El Mayonnaise, 3 El Ketchup, 2 El Sahne, Worcestersauce, Salz, Zukker, Paprika.

Zubereitung
Mayonnaise, Ketchup und Sahne gut verrühren. Tomaten fein würfeln und zugeben; nach Geschmack würzen.

FISCH-BURGER

Zutaten (für 4 Burger)
300 g Fischfilet (Seelachs, Kabeljau, Rotbarsch), 4 Vollkornbrötchen, Kräutersalz, Curry und Paprikapulver, 1 Ei, 4 El Paniermehl, 2 El Öl, 4 Salatblätter, 100 g Salatgurke, 1 Tomate, 150 g Magermilchjoghurt, 1 Msp Senf.

Zubereitung
– Fischfilet in vier Stücke schneiden und mit Salz, Curry und Paprika würzen.
– Auf einem Teller Ei mit einer Gabel verschlagen.
– Paniermehl auf einen anderen Teller geben.
– Fischstücke durch das verquirlte Ei ziehen, dann in Paniermehl wenden.
– In einer großen Pfanne Öl erhitzen und Fischstücke von beiden Seiten darin braun braten. Warm halten!
– Salatblätter, Salatgurke und Tomate waschen. Salat abtropfen lassen, Gurke und Tomate in Scheiben schneiden.

- Vollkornbrötchen halbieren.
- Magermilchjoghurt mit Kräutersalz und Senf glattrühren.
- Untere Brötchenhälfte mit etwas Joghurt bestreichen.
- Jeweils 1 Salatblatt, einige Gurkenscheiben, Fischfilet und Tomate darauflegen. Mit restlicher Joghurtsoße beträufeln und mit oberen Brötchenhälften abdecken.

SCHOKOLADE-MUSCHELN

Gefüllte Schokolademuscheln sind ein großer Hit auf Kinderfesten und eine nette Geschenkidee (am Strand möglichst unbeschädigte Muschelschalen suchen).

Material
Muschelschalen, Vollmilchschokolade, grob gehackte Nüsse, Speiseöl, Pinsel, Töpfe für das Wasserbad, Rührlöffel, Teelöffel.

So wird's gemacht
- Muscheln ausbreiten und je zwei aufeinanderpassende Schalen aussuchen.
- Schalenpaare sorgfältig waschen und abtrocknen.
- Innenflächen der Schalen dünn mit Öl bepinseln.
- Schokolade im Wasserbad schmelzen, grob gehackte Nüsse unterrühren.
- Masse etwas abkühlen lassen und mit einem Teelöffel in Muschelschalen füllen.
- Die zwei gefüllten Muschelschalen aufeinanderklappen und im Kühlschrank fest werden lassen. Evtl. außen mit Butterpapier einreiben und polieren.

Literatur

Böhle, Reinhard C.: Lieder-Seesack. Seemannslieder und Shanties zum Mitsingen. Delius Klasing & Co, Bielefeld 1990.

Chinery, Michael/Gosler, John: Sieh dich um am Meer. Loewes Verlag, Bindlach 1985.

Duflos, Solange/Brandicourt, René: Der Strand lebt. Streifzüge an der Küste. Verlag Herder, Freiburg.

Hess, Reinhard: Der Strand. Naturraum Strand. Neu erleben, beobachten, erkennen und verstehen. M. Kraxenberger Verlagsges., München 1991.

Streble, Heinz: Was find ich am Strande? Pflanzen und Tiere der Strände, Deiche, Küstengewässer. Kosmos-Naturführer. Franckh-Kosmos, Stuttgart 1990.

Swallow, Su: Wir entdecken und bestimmen die Meeresküste. Ravensburger Buchverlag Otto Maier, Ravensburg 1991.

Im Gebirge

DAS GEBIRGE – EINE EINZIGARTIGE LANDSCHAFT

Die erdgeschichtliche Entwicklung in Mitteleuropa hat in Jahrmillionen eine Landschaft von einzigartiger Schönheit entstehen lassen: das Gebirge.
Landmassen wurden geschoben, gepreßt, gefaltet und wieder abgetragen. Nach dem Abschmelzen des Eises bildeten sich Seen und Gewässer. Bis heute ist dieser Prozeß noch nicht abgeschlossen, immer wieder zeigen sich Veränderungen.
Es werden verschiedene Gebirgszonen unterschieden: das Mittelgebirge, das Alpenvorland und das Hochgebirge.

GEBIRGE – LEBENSRAUM FÜR VIELE PFLANZEN UND TIERE

Die Pflanzen- und Tierwelt in den Mittelgebirgen unterscheidet sich nur unwesentlich von der des Tieflandes. Im Hochgebirge dagegen haben geologische und klimatische Bedingungen eine Flora und Fauna entstehen lassen, die nur hier zuhause ist.

GEBIRGE – LANDSCHAFT ZUR ERHOLUNG UND ENTSPANNUNG

Zu allen Jahreszeiten suchen Menschen im Gebirge Erholung und Entspannung. Wandern, Klettern, Baden oder Wintersport tragen dazu bei, neue Kräfte für den Alltag zu sammeln. Die besonderen klimatischen Reize fördern die Regeneration und Heilung bei gesundheitlichen Störungen.

GEBIRGE – GELÄNDE ZUM ERLEBEN UND ENTDECKEN

Kinder erleben die Andersartigkeit einer Gebirgslandschaft besonders stark. Die großartigen Eindrücke wecken in ihnen den Drang nach Freiheit und dem Ausloten der eigenen Kräfte. Wie kaum eine andere Landschaft vermittelt ein Aufenthalt in den Bergen ganzheitliche Erlebnisse: Es reizen Ausblicke auf schneebedeckte Gipfel und Gletscher, in tiefe Schluchten und auf wild herabstürzende Bäche und Wasserfälle. Liebliche Täler mit Weiden, blumenübersäten Wiesen und kleine Dörfer laden zum stillen Betrachten und Verweilen ein.

GEBIRGE – EINE LANDSCHAFT, DIE ERHALTEN WERDEN MUSS

Die Eingriffe in das Ökosystem Gebirge sind nicht mehr zu übersehen: Kraftwerke nutzen den Wasserreichtum zur Energiegewinnung; ein gut ausgebautes Verkehrsnetz erschließt heute den entlegensten Winkel und die höchsten Berggipfel. Auf Autobahnen und Pässen wälzt sich der Fernlastverkehr und im Sommer ein Strom von Urlaubern in den Süden. Umweltschützer fordern daher zunehmend einen sanften

Tourismus; Erhaltung und Schutz einer intakten Natur sollen Vorrang haben vor der Ausbeutung der Gebirgslandschaften durch den Massentourismus. Wenn Kinder die Schönheit und Einzigartigkeit dieser Landschaft in sich aufnehmen, werden sie auch ein Interesse daran entwickeln, sorgsam mit ihr umzugehen.

Aufenthalt in den Bergen

Für die Freizeit in einer Gegend des Mittelgebirges sind ähnliche Hinweise wichtig, wie sie auch für das Flachland gelten → Kap. *In Feld und Flur,* S. 44 bzw. *Im Wald,* S. 80/81.
Ein Aufenthalt in den Alpen erfordert andere Überlegungen. Landschaftliche und klimatische Gegebenheiten unterscheiden sich wesentlich von denen der Mittelgebirge und des flachen Landes.

Kinder, die sich im Gebirge aufhalten, sind tief beeindruckt von den vielen gegensätzlichen Eindrücken: schroffes und karges Urgestein wechselt mit grünen, bewaldeten Hängen und blumenübersäten Wiesen. Die gewaltige Landschaft fordert geradezu heraus, sie auskundschaften und erobern zu wollen.
Sind Kinder das erste Mal in den Alpen, so haben sie meist noch wenig Bergerfahrung. Selbst Kinder, die im Flachland viel Sport treiben, können ihre Fähigkeit im Gebirge überschätzen. Anzeichen von Gefahren werden oft nicht richtig wahrgenommen und gedeutet. Empfindsame Kinder können Ängste entwickeln vor der Urgewalt der Natur. Sie verlieren vielleicht das Vertrauen in ihr Können und brauchen mehr Zeit, sich an die neue Umgebung zu gewöhnen.

Was ist zu beachten?

 Anpassung an das Hochgebirgsklima

– In den ersten Tagen eines Aufenthaltes im Gebirge sollte man sich und den Kindern ausreichend Zeit für die körperliche Umstellung auf das Höhenklima lassen. Anstrengende Aktionen vermeiden!
– Stärkere UV-Strahlung der Sonne beachten! Sonnenschutz und Sonnencreme immer mitnehmen. Dies gilt besonders für einen Aufenthalt im Winter, da der Schnee die Sonnenstrahlen noch zusätzlich reflektiert.
– Das Wetter im Gebirge ändert sich sehr schnell. Den meisten Feriengästen sind Anzeichen, die einen Wetterwechsel ankündigen, nicht vertraut. Deshalb ist es ratsam, regelmäßig den Wetterbericht zu verfolgen und die Planungen darauf abzustimmen. Hinweise der Einheimischen sollten ernst genommen werden, sie kennen ihre Gegend besser als die Feriengäste. Wettereinbrüche, Schneestürme auch im Sommer können lebensgefährlich sein!

Wanderungen und Touren im Gebirge

– Im ganzen Alpengebiet sind Wanderwege angelegt und gut markiert. In den Ferienorten geben Hinweistafeln und Pläne Auskunft über alle Wandermöglichkei-
  ten im näheren Umkreis. Sie informieren über lohnende Ziele, Zeitdauer und die
  Schwierigkeitsgrade von Wanderungen. Tourenbeschreibungen in einschlägi-
  gen Büchern können ebenfalls hilfreich sein.
– Jede Wanderung muß gut geplant werden. Auch hier gilt: Hinweise der Einheimischen unbedingt ernst nehmen! Erdrutsche, Lawinen, die im letzten Frühjahr abgegangen sind, Steinschlag und Verschüttungen sind in keiner Wanderkarte ver-
  merkt, können aber den Weg unpassierbar machen.
– Gletscherwanderungen und Klettertouren sollten nur mit erfahrenen Bergführern
  unternommen werden.

Zum Schutz der Natur

– Viele Gemeinden stellen Hinweistafeln in besonders geschützten Gebieten auf.
  Diese sind selbstverständlich zu beachten!
– Pflanzen, die unter Naturschutz stehen, dürfen nicht gepflückt werden. Für an-
  dere Pflanzen können eingeschränkte Möglichkeiten zum Sammeln bestehen,
  Hinweistafeln geben darüber Auskunft.
– Abfall, Reste der Verpflegung etc. werden grundsätzlich wieder mit nach Hause
  genommen. Dies gilt auch, wenn auf Almen und Berghütten Abfallbehälter aufge-
  stellt sind.

Umgangsformen

– Alle Alpenländer sind heute auf Touristen eingestellt. Dennoch sollten Kinder akzeptieren, daß sie Gäste sind, und sich entsprechend verhalten. Wir achten die
  Lebensweise, das Brauchtum und die religiösen Überzeugungen unserer Gast-
  geber.

Bergwandern

Der Vorschlag, gemeinsam eine Bergwanderung zu unternehmen, löst bei Kindern
nicht immer spontane Begeisterung aus. Negative Erfahrungen mögen hier eine
Rolle spielen.
Das Bezwingen eines Gipfels – der Ehrgeiz vieler erwachsener Bergsteiger – ist vor
allem für jüngere Kinder oft wenig verlockend. Nicht selten werden Kindern zu hohe
Leistungen abverlangt und damit die Freude am Bergwandern verleidet.
Tempo und Wegwahl müssen muß sich an der Leistungskraft des Kindes orientieren. Bei einer Gruppe ist dabei vom schwächsten Teilnehmer auszugehen. Es sollten immer noch Kraftreserven und Zeit sein für ein Spiel zwischendurch, eine ausgiebige Rast, ein erfrischendes Bad im Bergbach oder kleine Entdeckungsreisen in

der nächsten Umgebung. Eine Almhütte, eine blühende Bergwiese, ein Bergbach oder Wasserfall, ein Schneefeld, eine Schlucht, ein Felsbrocken für erste Kletterversuche oder auch der Gipfel mit herrlichem Ausblick sind lohnende Ziele.
Richtig durchgeführt kann das Bergwandern bereits für Kinder ab vier oder fünf Jahren ein großartiges und nachhaltiges Erlebnis sein.
Um die Sicherheit der Teilnehmer nicht zu gefährden, muß eine Halbtages- oder Tagestour sorgfältig geplant werden. Besonders im Hochgebirge ist der Wanderer Gefahren ausgesetzt: Lawinenabgänge, Steinschlag, Verirren im Gelände, Schlechtwettereinbrüche.

AUSWAHL DES WANDERWEGES

Nach ein paar Tagen der Akklimatisierung und Eingewöhnung vor Ort kann die erste Tour gemeinsam mit den Kindern geplant werden. Hinweistafeln in den Ferienorten und Wanderkarten mit Tourenbeschreibungen geben Auskunft über Wegstrecken, Schwierigkeitsgrad und Zeitdauer der Wanderung.

Was ist zu beachten?

– Anfangs leichtere und kürzere Wegstrecken wählen. Schwierigkeitsgrad erst allmählich steigern. Ausreichend Zeit zum Rasten und Spielen einplanen.
– Wetterbericht verfolgen und Wanderung bei drohendem Schlechtwettereinbruch verschieben.
– Ortskundige über Streckenverlauf, Wegdauer, Gefahrenpunkte befragen. Falls keine ausreichenden Informationen vorliegen, Weg nach Möglichkeit vorher ohne die Kinder einmal abgehen.
– Öffnungszeiten und Bewirtschaftung von Almen und Berghütten beim Gemeinde- oder Fremdenverkehrsamt erfragen.

AUSRÜSTUNG

Im Hochgebirge ist auch an hochsommerlichen Tagen mit Schlechtwettereinbrüchen zu rechnen. Diese sind in der Regel mit großen Temperaturstürzen verbunden. Bereits ab einer Höhe von 1500 Metern ist auch im Hochsommer Schneefall möglich. Regen- und Kälteschutz sind deshalb unbedingt erforderlich und müssen mit auf den Berg genommen werden. Ebenso ist zu bedenken, daß es auf dem Gipfel erheblich kühler ist als im Tal. Auf dem Gipfel eines 3000 m hohen Berges kann es um 20°C kälter sein als an dessen Fuß. Die stärkere Sonneneinwirkung erfordert ausreichenden Sonnenschutz. Die Bekleidung sollte ausreichend Bewegungsfreiheit bieten, luftdurchlässig, schweißsaugend und strapazierfähig sein.
Die gesamte Ausrüstung wird auf das Wesentliche beschränkt und im Rucksack verstaut. Dabei ist zu beachten, daß richtig gepackt wird: Harte Gegenstände, Kanten und Ausbuchtungen auf der Innenseite des Rucksacks sind sehr unangenehm beim Tragen.

Pullover oder Wechselkleidung gehören sorgfältig zusammengelegt auf die Seite, die dem Rücken aufliegt. Wertsachen und Ausrüstungsgegenstände, die man öfter benötigt, werden in den Außentaschen des Rucksacks oder in Beuteln verstaut. Regenschutz sollte immer schnell zur Hand sein.

In den Rucksack des Gruppenleiters gehören:

- Wanderkarte (1:25000 oder 1:50000), Kompaß, evtl. Höhenmesser, Fernglas, Taschenlampe, Signalpfeife für das alpine Notsignal, Taschenmesser.
- Erste-Hilfe-Tasche:

Heftpflasterrolle (4-6 cm breit)	Blasenpflaster
5 Zellstoff-Mullkompressen	Wundschnellverband
Dauerelastische Binde	Dreieckstuch
2 Verbandstoffpäckchen	2 Binden (weiß)
Kleine Schere	Sicherheitsnadeln
Elastikverschlüsse	Pinzette
Insektenstift	Desinfektionsmittel
Traubenzucker	

Zur Ausrüstung jedes Gruppenmitglieds gehören:

- Sonnenschutzcreme mit hohem Lichtschutzfaktor, Lippenschutzcreme und Sonnenbrille.
- Papiertaschentücher, persönliche Medikamente.
- Kopfbedeckung; leichter Baumwoll- oder Leinenhut.
- Hemd, T-Shirt oder Sweat-Shirt; Wechselkleidung.
- Pullover, Wollmütze oder Stirnband, Handschuhe.
- Lange Hosen oder Kniebundhosen, zusätzliche Bermudas für hochsommerliche Temperaturen.
- Gut passende Socken aus Baumwolle, Wolle oder Mischgewebe.
- Feste Halbschuhe oder Leichtbergstiefel für Wanderungen im Hochgebirge. Die Schuhe sollten bereits „eingetreten" sein und den Füßen genügend Halt geben.
- Regenschutz: Besonders gut eignen sich Wanderpelerinen, unter denen auch der Rucksack Platz findet.
- Überbekleidung: Windjacke oder Anorak mit Kapuze als Schutz gegen Kälte und Wind.

PROVIANT

Ein ausgiebiges Frühstück ist immer noch die beste Grundlage für eine Tageswanderung.
Die Verpflegung sollte so ausgewählt werden, daß sie wenig Volumen beansprucht, aber nahrhaft und energiespendend ist. Auch ausreichend Getränke sind wichtig, da der Körper durch das Schwitzen viel Flüssigkeit verliert. Der Proviant wird in Brot- oder Proviantdosen gegeben. Die Getränke werden in Flaschen aus Kunststoff mit dazugehörigem Becher gefüllt.

Geeignete Verpflegung:
Belegte Brote, Käse, hartgekochte Eier, Salatgurke, Karotten, feste Tomaten, Äpfel, Fruchtschnitten, Nüsse, getrocknetes Obst, Schokolade, Schwarztee mit Zitronensaft, Wasser mit aufgelöstem Getränkepulver, Mineralwasser.

Nach der Brotzeit werden die Abfälle und Speisereste wieder in den Rucksack gepackt und ins Tal gebracht.

VERHALTEN IM GEBIRGE

Für das Bergwandern ist die gewissenhafte Beachtung der nachfolgenden Grundsätze und Regeln unerläßlich:

- Kindergruppen sollten von mindestens zwei Erwachsenen begleitet werden, da bei einem Unglücksfall ein Begleiter Hilfe holen kann, während der andere bei den Kindern bleibt.
- Das Tempo richtet sich nach dem Schwächsten der Gruppe. An der Spitze und am Schluß geht jeweils ein Betreuer. Hastiges Gehen, besonders am Anfang, ist zu vermeiden!
- Die Gruppe bleibt zusammen. An markanten Punkten wie Weggabelungen warten die ersten auf den Rest der Gruppe. Sichtkontakt muß ständig gewährleistet sein.
- Nur auf markierten Wegen und Pfaden wandern, da im unbekannten Gelände die Gefahr des Verirrens besteht und unvorhersehbare Risiken auftreten können. Der Bergwanderer leistet so auch einen Beitrag zum Schutz der Vegetation.
- Abkürzungen meiden! Durch Trampelpfade in Fallinie zum Berg entstehen Rinnen, die vom Regen ausgewaschen werden und in der Folge zur Erosion ganzer Berghänge führen können.
- Das Werfen von Steinen ist strengstens zu untersagen, da es Menschen und Tiere gefährdet.
- Rastzeiten sind notwendig, um die Kinder nicht zu überfordern. Sicheren Rastplatz wählen! Nach jeder Pause die Vollständigkeit der Gruppe überprüfen.
- Wanderwege führen oft über Weiden, auf denen sich Almvieh befindet. Kühen ausweichen, keinesfalls aufschrecken oder verjagen! Weidengatter hinter sich wieder schließen, damit das Vieh nicht entlaufen kann.
- Wird eine Hütte aufgesucht, vor dem Verlassen Eintrag ins Hüttenbuch nicht vergessen und den Hüttenwirt über den weiteren Verlauf der Wanderung informieren.
- Auf das Erreichen eines Zieles verzichten und umkehren, wenn es die Umstände erfordern: unvorhergesehene Zwischenfälle und damit Verzögerungen im Zeitplan, Überanstrengung, schlechtes Befinden einzelner Kinder oder auch Betreuer, drohendes Schlechtwetter.
- Bei herannahendem Gewitter sofort von Gipfeln oder Graten absteigen. Seilsicherungen, freistehende Bäume und wasserführende Rinnen meiden. Unterschlupf unter einem Felsvorsprung oder in einer trockenen Mulde suchen, wenn

die nächste Hütte zu weit entfernt ist. Metallene Gegenstände in einiger Entfernung ablegen. Zusammengekauert auf Rucksack oder Kleidungsstücke setzen.
→ Verhalten bei Gewitter, Kap. *Sonne, Wind und Regen,* S. 212.
– Bei Nebeleinfall anhand der Karte Standort feststellen, Markierung (Steinmännchen) hinterlassen, um notfalls zum ersten Punkt zurückzufinden. In der Gruppe zusammenbleiben!
– In Notsituationen das alpine Notsignal geben:
Ein akustisches oder optisches Zeichen, das sechsmal in einer Minute in regelmäßigen Abständen, also alle 10 Sekunden, gegeben wird. Hierauf folgt eine Minute Pause, worauf das Signal in der beschriebenen Weise wiederholt wird. So oft, bis das Antwortsignal erfolgt, das dreimal in der Minute in regelmäßigen Abständen, also alle 20 Sekunden, abgegeben wird.
Akustische Zeichen: Rufe oder Pfeiftöne mit der Signalpfeife.
Optische Zeichen: Schwenken von Tüchern oder Kleidungsstücken; bei Nacht Licht- oder Feuersignale.

Wanderkarten-Fragespiel

Jede Wanderung beginnt mit einer gründlichen Vorbereitung zuhause: dem Studium der Wanderkarte. Der erfahrene Wanderer verfügt darüber hinaus auch beim Aufenthalt in fremdem Gelände über Kenntnisse, die ihm helfen, sich zu orientieren. Durch ein Fragespiel können Kinder im Umgang mit der Wanderkarte als unerläßlicher Orientierungshilfe vertraut gemacht werden. Sie erfahren einfache Grundregeln, die dem Wanderer helfen, sich im Gelände zurechtzufinden. Wird der im Spiel erarbeitete Weg dann auch tatsächlich gegangen, so werden ihn die Kinder bewußter und aufmerksamer wahrnehmen. Vielleicht reizt es sie dann auch, einmal die Führung beim Wandern zu übernehmen, wodurch einem passiven Hinterhertrotten vorgebeugt wird.

Material
Wanderkarte des Feriengebietes, Lupe, Fragebogen, Papier und Stifte zum Beantworten der Fragen.

Spielverlauf
Die Kinder erhalten einen Umschlag mit dem Spielmaterial und eine Stunde Zeit, die Fragen schriftlich zu beantworten.
Spielen mehrere Kleingruppen um die Wette, so kann eine Preisverleihung den Abschluß bilden: Als Preise eignen sich Riesentafeln Schokolade, die mit selbstgemachten Banderolen umgeben sind, auf die Wanderstiefel gemalt wurden. Die Gruppe der ersten Sieger erhält drei aufgemalte goldene Wanderstiefel, die zweiten und dritten Sieger jeweils einen Wanderstiefel weniger.

Spielaufgaben
- In der aufgeschlagenen Wanderkarte findet Ihr links oben ein Kästchen mit vielen kleinen Zeichnungen. Wie nennt man dieses Kästchen? Welchen Zweck erfüllt es? (Legende)

- Was bedeuten diese drei Zeichen?

                    (Kirche)   (Gasthof)   (Berghöhe)

- Sucht unseren Ferienort! Welche Bundesstraße (Nummer) führt durch ihn hindurch?
- Wir wollen morgen eine Wanderung zum Bärenkopf machen. Sucht den Weg von unserem Feriendorf zur Alm auf dem Bärenkopf! Wo beginnt der Weg?
- Am Anfang geht der Weg an einem Bach entlang. Wie heißt der Bach? Wo entspringt er?
- An welcher Stelle müssen wir ihn überqueren?
- Der Weg zum Bärenkopf führt auf der Wanderkarte durch grün gezeichnetes Gebiet. Was bedeutet das? (Wald)
- Auf welcher Höhe liegt die Bärenkopfalm?
- Unser Feriendorf liegt 1073 m hoch. Wenn Ihr herausgefunden habt, wie hoch die Bärenkopfalm liegt, dann könnt Ihr auch schnell berechnen, wieviel Höhenmeter wir steigen müssen, bis wir oben sind!
- Nun eine ganz schwere Frage für alle schlauen Wanderer:
  Wenn wir gut zu Fuß sind, dann brauchen wir für 400 Höhenmeter eine Stunde. Wie lange brauchen wir dann ungefähr für den ganzen Weg, bis wir oben sind?
- Oben wollen wir sicher eine Stunde Pause machen und uns mit dem Proviant wieder stärken. Wenn wir für den Rückweg eine Viertelstunde weniger rechnen – weil das meistens etwas schneller geht –, wann müssen wir von der Bärenkopfalm wieder aufbrechen, um pünktlich zum Abendessen um 18.00 Uhr zu Hause zu sein? (Vergeßt bei der Zeitberechnung auch nicht, daß Ihr Euch vor dem Abendessen evtl. noch die Hände waschen oder umziehen wollt, also noch einmal eine Viertelstunde zugeben!)
- Auf der Bärenkopfalm werden wir hoffentlich bei gutem Wetter eine prima Sicht in alle Himmelsrichtungen haben.
  Wo ist auf der Karte Norden – Süden – Osten und Westen? Wie könnt Ihr sonst noch die Himmelsrichtungen bestimmen?
- Wie heißt der See, den wir in Richtung Norden sehen können?
- Wie heißt die nächste größere Stadt in Richtung Süd-Osten?
- Wie heißt das große Gebirgsmassiv in Richtung Süden?
- Von der Bärenkopfalm kann man auf einem weiteren Wanderweg einen noch höheren Berg besteigen. Wie heißt er?
- Er hat auf der Spitze ein Gipfelkreuz. Woran kann man das auf der Karte erkennen? (✝)
- Und nun packt Ihr Euren Rucksack für die Wanderung zum Bärenkopf morgen! Welche von den angegebenen Dingen packt Ihr ein (unterstreichen) und welche laßt Ihr besser zu Hause (durchstreichen)?
  <u>Sonnenbrille</u>, <u>Sonnenschutz</u>, <u>Fotoapparat</u>, Briefmarkenalbum, <u>Wanderkarte</u>, <u>Kompaß</u>, Kriminalroman, <u>Regenschutz</u>, <u>Fahrtenmesser</u> oder <u>Taschenmesser</u>,

Schlafanzug, <u>Butterbrote</u>, <u>Apfel</u>, Erdbeertorte, <u>Tee in einer Feldflasche</u>, <u>Schreib-zeug</u>, <u>Papiertaschentücher</u>, Fahrradflickzeug, Badeschuhe, <u>Heftpflaster</u>, <u>Verbandszeug</u>, <u>Nähzeug</u>, Strickzeug, <u>Sitzkissen.</u>

Wenn Ihr die Fragen richtig beantwortet habt, dann dürft Ihr auch noch eine Riesentafel Schokolade einpacken. Alle, die sich die goldenen Wanderstiefel verdient haben, können sich die Strapazen beim Wandern damit versüßen!

Phantasiereise – Bergwanderung

Eine Bergwanderung hinterläßt bei Kindern großartige Eindrücke: blühende Bergwiesen, wild herabstürzende Bäche und Wasserfälle sowie herrliche Ausblicke auf schneebedeckte Gipfel und in Täler.
Eine Phantasiereise kann diese Erlebnisse nochmals wachrufen.

Material
5 – 6 Dias, welche den Aufstieg zum Gipfel oder auch die Schönheit der Bergwelt zeigen, Diaprojektor.

Musikempfehlung
Einstimmung: Edvard Grieg, 1. Suite zu „Peer Gynt", Morgenstimmung;
Fraunhofer Saitenmusi: „Volksmusik in schwierigen Zeiten", Seite 1, Hirtenpolka.
Ausklang: Fraunhofer Saitenmusi; Seite 1 der o.g. MC, Kanteleweis, Melodie.

Verlauf
Die Phantasiereise beginnt mit einer Bildmeditation. Untermalt von Musik läßt der Gruppenleiter jedes Bild einige Minuten auf die Kinder wirken. Anschließend legen sich die Kinder hin und werden dazu angeregt, die Augen zu schließen. Nach einleitenden Atemübungen und Ruheformeln wird die folgende Geschichte erzählt:

„Du machst dich auf den Weg zum Gipfel –
es ist früher Morgen –
noch ist es kühl – Du atmest die klare Luft –
zuerst steigt der Weg sanft an –
dann windet er sich in Serpentinen durch den Wald –
Du schreitest zügig voran –
hörst den Gesang der Vögel –
der Weg wird steiler und enger –
Du verläßt den Wald – erreichst eine Wiese –
Blumen in vielen Farben wiegen sich im Wind –
Du hörst das Schwirren und Summen der Bienen –
Geläut von Kuhglocken dringt an Dein Ohr –
vor Dir siehst Du Dein Ziel – den Gipfel –

die Sonne steht bereits hoch oben am Himmel –
es ist heiß geworden – Du wischt Dir den Schweiß von der Stirn –
Schritt für Schritt kommst Du dem Gipfel näher –
endlich bist Du angekommen –
Du bist müde – Deine Glieder sind schwer –
Du lehnst Dich an einen Felsen –
ruhst Dich aus –
über Dir kreist ein großer Vogel –
Du verfolgst seinen Flug –
Du schaust Dich um –
unter Dir siehst Du Almen –
einzelne Berghütten und Wald –
Dein Blick schweift in die Ferne –
Dörfer und Seen, klein wie Spielzeug, kannst Du erkennen –
ein Fluß schlängelt sich durch die Ebene –
verliert sich im Dunst –
Du spürst die Ruhe, die Dich umgibt –
die Ruhe ist auch in Dir –
Dein Atem geht ganz ruhig und gleichmäßig."

Im Anschluß an die Geschichte wird nochmals Musik eingespielt, welche die Kinder noch ein wenig weiterträumen läßt.

Wir gründen einen Mini-Nationalpark

Wer mit offenen Augen im Gebirge unterwegs ist, kann im Wald, an Uferböschungen oder am Wegesrand Miniaturlandschaften entdecken und erforschen. Sie stellen eine Wunderwelt im kleinen dar.
Im folgenden Spiel werden sie zu Mini-Nationalparks erklärt, da auch sie weder mutwillig noch gedankenlos zerstört werden dürfen und auch noch anderen Wanderern Freude bereiten sollen.

Material (pro Kleingruppe)
2 m lange Schnur, Lupe, Schreibunterlage, Schere, Filzstifte, Holzstäbchen, Papier für Hinweisschilder und Informationstafeln.

Verlauf
Die Kinder werden zu Beginn der Aktion kurz über den Sinn der Nationalparks informiert. Sie werden darauf aufmerksam gemacht, daß sich auch in der nächsten Umgebung Mini-Landschaften entdecken lassen, die erst bei genauer Beobachtung ihre Schönheit zeigen. Da diese auch unseren Schutz brauchen, werden sie im Spiel zum „Nationalpark" ernannt.

Die Teilnehmer finden sich zu Kleingruppen von 2–3 Kindern zusammen und gehen auf Entdeckungsreise. Mit einer Schnur umspannen sie ihre Mini-Landschaft. Nun erforschen sie mit Hilfe der Lupe ihren Park und entdecken und beobachten z.B. Farne, Moospolster, Flechten, Steine, Pilze, Insekten und anderes mehr. Besonderen Attraktionen ihres Parks kann ein phantasievoller Name gegeben werden. So kann Farn zum „Tropischen Palmengarten" oder „Dschungel", ein Stein zum „Findling" oder „Meteoriten" erklärt werden. Der Park sollte auch einen treffenden Namen erhalten wie „Wald der 1000jährigen Farne", „Park der seltenen Steine" o.ä. Denkbar sind auch Hinweisschilder zu den Attraktionen des Parks sowie Fähnchen, die Besonderheiten kennzeichnen. Eine Informationstafel dient dem Überblick beim Parkeingang.

Jüngere Kinder haben sicher ihre Freude daran, ihren Park mit Puppen aus Gräsern (→ Kap. *In Feld und Flur,* S. 66) und Blüten oder anderem Naturmaterial zu beleben und sie in das Spiel einzubeziehen.

Zum Abschluß können sich die Kinder noch gegenseitig ihren Park vorstellen.

Eine Mitmachgeschichte

DAS ECHO

Bergsong alias Jodler

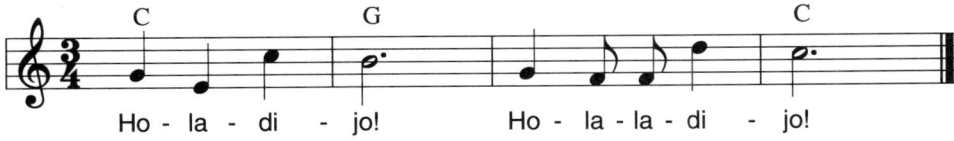

Es ist früh am Morgen. Die Sonne geht gerade in den Bergen auf (aus der Hocke hochkommen und eine Sonne mit beiden Armen darstellen). In seinem Zimmer erwacht Peter (gähnen, strecken) und steigt aus seinem Bett. Heute will er in die

Berge gehen und das Echo suchen! Noch im Schlafanzug läuft er zum Fenster und singt seinen Bergsong: Holadijo! Holaladijo!

Von den Bergen tönt es zurück: Holadijo! Holadijodijodijo! Schnell zieht er sich an (anziehen), schnürt seine Bergstiefel (Stiefel schnüren), nimmt seinen Rucksack (Rucksack schultern), vergißt auch sein Fernglas nicht (durch Fernglas schauen) und macht sich auf den Weg. Dort (mit dem Finger in eine Ecke zeigen), dort hinterm Kraxenstein hält sich sicher das Echo versteckt, denn immer wenn er seinen Berg-song singt, kommt es von dort zurück: Holadijo! Holaladijo! Und tatsächlich tönt's vom Kraxenstein zurück: Holadijo! Holaladijo! Munter marschiert er los (auf der Stelle marschieren), vorbei an den Almwiesen mit den grasenden Kühen (muh-muh), an den Tannen, die im Bergwind rauschen (Tannen bewegen sich) und mit ei-nem kühnen Sprung über den tosenden Wildbach (springen). Immer das Ziel vor Augen, läßt Peter noch einmal seinen Bergsong erschallen: Holadijo! Holaladijo! Und vom Kraxenstein erklingt das Echo: Holadijo! Holaladijo!

Noch einen steilen Pfad entlang mit Blick in schroffe Abgründe (Blick nach unten), das letzte Stück durch die Felsen geklettert (in die Luft steigen), und endlich ist er oben! Welch herrliche Aussicht (Hand über die Augen, in alle Richtungen schauen)! Den Schweiß von der Stirne wischend (Schweiß abwischen), schaut er durch sein Fernglas (durch Fernglas schauen) und sucht die Stelle, wo das Echo sich versteckt hält. Mit lauter Stimme schmettert er seinen Bergsong: Holadijo! Holaladijo! Doch was ist das? Vielfach tönt es nun von allen Seiten zurück: 1. Holadijo! Holaladijo! 2. Holaladijo! 3. Dijo! 4. Dijo! (Der Spielleiter teilt ein: 1. Gruppe, 2. Gruppe, 3. und 4. Gruppe, die nacheinander immer leiser werdend das Echo singen.)

Noch einmal und noch lauter ruft er seinen Bergsong: Holadijo! Holaladijo-dijodijo! und zurück kommt's wieder aus allen Ecken: 1. Holadijo! Holaladijodijodijo! 2. Hola-ladijodijodijo! 3. Dijo! 4. Dijo!

Verwirrt hält Peter inne. Er kann doch nicht auf allen Berggipfeln nach dem Echo su-chen! Schnell läuft er zurück: klettert die Felsen hinab (klettern), rennt den steilen Pfad entlang (in Abgründe schauen), springt über den Wildbach (springen), vorbei an den Tannen (Bewegung der Arme) und den auf den Almweiden grasenden Kü-hen (muh-muh). Zu Hause angekommen, erzählt er seinem Vater die Geschichte. Und was glaubt Ihr: Hält sich das Echo irgendwo versteckt, oder woher kommt es? (Ein Echo entsteht, wenn Schallwellen auf einen Widerstand treffen, z.B. die Fels-wände, und wieder zurückgeworfen werden.)

Hinweise zum Erzählen:

Bevor der Spielleiter mit dem Erzählen beginnt, übt er mit den Kindern den Berg-song einige Male. Auch ist es ratsam, die vier Gruppen schon vorher einzuteilen und mit ihnen das verklingende, nacheinander einsetzende Echo zu singen sowie Ein-satzzeichen zu vereinbaren. Besonders lustig kann sich das Spiel entwickeln, wenn der Spielleiter aktuelle Begebenheiten, die die Gruppe beim Wandern in den Bergen erlebt hat, aufgreift und geschickt in seine Erzählung mit einbaut.

Das große Kuh-Quiz

Bei Bergwanderungen begegnen die Kinder oftmals Kühen, die auf den Almen grasen. Mit großem Interesse und in gebührendem Abstand werden die Rinder beobachtet und auch die eine oder andere Frage dazu gestellt.
Sicher bereitet es großen Spaß, bei einem Quiz das vorhandene Wissen einzubringen und Neues zu erfahren.

Material
Kuh-Puzzles, Buchstabenzettel, Kuverts, Stifte, Aufgabenblätter, Zettel mit Aufgabenlösungen und Punkteschlüssel, Knete, Stoppuhr, Urkunden oder Preise (Mini-Kuhglocken).

Vorbereitungen
– Kuh-Puzzle:
  Auf ein Papier (DIN A 4) den Umriß einer Kuh zeichnen und mit Blaupapier auf Tonpapier übertragen, ausschneiden und in Puzzleteile zerschneiden. Puzzles entsprechend der Anzahl der Spielgruppen vorbereiten und in Kuverts geben.
– Buchstabenzettel:
  Auf kleine quadratische Zettel werden einzelne Buchstaben geschrieben, die zusammengesetzt ein Wort ergeben, wie ALMABTRIEB, KUHFLADEN, MELKEN o.ä. Für jede Spielgruppe wird ein Kuvert mit Buchstabenzetteln vorbereitet.
– Aufgabenblätter, Lösungsblatt mit Punkteschlüssel und Urkunden bzw. Siegerpreise vorbereiten.
– Tische (entsprechend der Anzahl der Spielgruppen) in ausreichendem Abstand voneinander plazieren und Stifte bereitlegen.

Verlauf
Die Kinder teilen sich in etwa gleichstarke Gruppen auf und wählen je einen Gruppensprecher. Seine Aufgabe ist es, auf Einhaltung der Spielregeln zu achten und im Zweifelsfall zu entscheiden, welche Antwort gegeben wird.
Auf ein Startzeichen läuft von jeder Spielgruppe ein Kind zum Spielleiter und holt sich das Aufgabenkuvert oder den Aufgabenzettel.
Jede Gruppe spricht sich leise ab, damit andere Gruppen nicht mithören können!
Bei den einzelnen Aufgaben wird bekanntgegeben, wieviel Zeit zur Beantwortung der Fragen zur Verfügung steht. Bei einigen Aufgaben kommt es darauf an, welche Gruppe zuerst das Problem löst.
Nach dem Stoppzeichen darf nicht mehr geschrieben werden. Am Ende des Spiels werden die Aufgabenzettel ausgewertet und die Punkte errechnet. In einer Siegerehrung wird der 1., 2. und 3. Platz bekanntgegeben.

1. Aufgabe: Kuhpuzzle

Die Gruppe, die zuerst die Puzzleteile zu einer Kuh zusammengesetzt hat, erhält die höchste Punktzahl.

2. Aufgabe: Quizfragen

Die Bearbeitungszeit ist vom Alter der Mitspieler abhängig. Von drei möglichen Antworten die richtige Antwort ankreuzen!

Eine Kuh gibt täglich Milch	2 – 3 Liter
	20 – 30 Liter
(20 – 30 Liter)	50 – 60 Liter
Eine Kuh wird gemolken	täglich 1 x
	täglich 2 x
(täglich 2 x)	in der Woche 2 x
Kühe fressen	Grünfutter
	Käfer, Schnecken
(Grünfutter)	Eicheln und Bucheckern
Eine Kuh frißt täglich Gras	30 kg
	50 kg
(60 kg)	60 kg
Eine Kuh trägt ihr Junges im Bauch (9 Monate)	6 Monate
	9 Monate
	12 Monate
Vorfahre der Kuh ist	Auerochse
	Bison
(Auerochse)	Moschusochse
Eine Kuh wird durchschnittlich alt (10 Jahre)	10 Jahre
	20 Jahre
	30 Jahre
Das Rind ist ausgewachsen	mit 3 Jahren
	mit 5 Jahren
(mit drei Jahren)	mit 10 Jahren

3. Aufgabe: Dichten eines Vierzeilers

„Auf der Alm steht eine Kuh...

....

....

...."

4. Aufgabe: Buchstabenspiel

Die Kinder versuchen, aus den vorbereiteten Buchstaben-Zetteln ein Wort zu bilden. Die Gruppe, der dies zuerst gelingt, ruft „Stop" und erhält die höchste Punktezahl. Die anderen Gruppen erhalten entsprechend weniger Punkte.

5. Aufgabe: Quizfragen

Bearbeitungszeit am Alter der Kinder orientieren. Punkte gibt es auf die Anzahl der richtigen Nennungen.

Welche Milchprodukte kennst Du?
(Buttermilch, Joghurt, Quark, Käse, Schlagsahne, Sauerrahm, Butter, Kaffeesahne, Milchpulver ...)

Was fressen Rinder im Winter?
(Heu und Kraftfutter: Sojabohnenschrot, Rüben, Stroh)

Wie heißt das männliche Rind?
(Stier oder Bulle)

In welchem Monat ist der Almauftrieb?
(Mai oder Juni)

In welchem Monat ist der Almabtrieb?
(Ende September)

Welche Aufgaben hat der/die Senner(in) auf der Alm?
(Melken, Käseherstellung, Heuernte, Tiere versorgen)

6. Aufgabe: Worträtsel

Bei richtiger Beantwortung der Fragen ergibt sich im stark umrandeten Feld das Lösungswort „Kuhfladen".
Die Gruppe, die zuerst das Lösungswort weiß, ruft „Stop" und erhält die höchste Punktezahl. Die anderen Gruppen erhalten entsprechend weniger Punkte.

Fragen

1. Wie wird das Rind im ersten Lebensjahr genannt?
2. Woran befinden sich die vier Zitzen?
3. Wie heißt das Geweih des Rindes?
4. Wie nennt man die Kuh, die noch kein Junges bekommen hat?
5. Was enthält viel Wasser, Eiweiß, Mineralstoffe und Vitamine?
6. Was frißt die Kuh hauptsächlich?
7. Kuh, Ochse, Stier werden auch als ... bezeichnet.
8. Ein Viehfutter?
9. Mit was vertreibt die Kuh die Fliegen?

				K	A	L	B	
			E	U	T	E	R	
				H	O	R	N	
				F	Ä	R	S	E
	M	I	L	C	H			
		G	R	A	S			
R	I	N	D					
		H	E	U				
S	C	H	W	A	N	Z		

7. Aufgabe: Gestalten einer Kuh aus Knete

Jede Spielgruppe erhält ausreichend Knetmasse, um eine Gruppe von Kühen zu gestalten. In einer anschließenden Prämierung erhält die am besten gelungene Kuhherde den 1. Preis und damit die höchste Punktezahl. Für die anderen Gruppen werden ebenfalls die Plätze ermittelt.

Siegerehrung
Nachdem der Gesamtpunktestand jeder Gruppe ermittelt wurde, erfolgt die Verteilung der Urkunden oder Siegerpreise.

Gedichte

GESCHWINDELT

Eine Kuh, die saß im Schwalbennest
mit sieben jungen Ziegen,
die feierten ihr Jubelfest
und fingen an zu fliegen.
Der Esel zog Pantoffeln an,
ist übers Haus geflogen,
und wenn das nicht die Wahrheit ist,
so ist es doch gelogen.

(Volksgut)

DAS FRIEDLICHE RIND

Das Rind liegt da und ruht sich aus
vom langen, guten Futterschmaus;
es hat den ganzen Tag gegessen,
die Welt um sich herum vergessen.
Erst als der Pansen wohlgefüllt,

der arge Hunger ganz gestillt,
legt schwer und satt das Rind sich nieder
und kaut genüßlich alles wieder.
Es ist zufrieden, pflegt die Ruh,
als Stier, als Ochs, als Rind, als Kuh,
verdaut und träumt die ganze Zeit
und hat niemals mit jemand Streit.

(Aus: Hans Harress, Seifenblasen. Gedichte für Kinder. Novalis Verlag, Schaffhausen 1988)

Spiele

KUHFLADEN

Material
20 fladengroße Stücke aus braunem Packpapier, Augenbinde.

Auf einer abgemähten Wiese wird ein Spielfeld mit einer Start- und einer Ziellinie markiert, die ca. 5 m voneinander entfernt sind. Einem Spieler werden die
Augen verbunden. Die Mitspieler verteilen nun die „Kuhfladen" auf dem Spielfeld.
Ein Kind übernimmt die Aufgabe, das „blinde" Kind durch Zurufe wie „weiter rechts!",
„drei Schritte nach vorne!" so durch das Spielfeld zu manövrieren, daß dieses auf
keinen „Kuhfladen" tritt. Passiert dennoch das Mißgeschick, gibt es einen Minus-
punkt.

KÜHE MELKEN

Material (für 2 Gruppen im Wettstreit)
Ein Paar Einmalhandschuhe, eine dicke Nähnadel, Wasser, weiße, wasserlösliche
Farbe, Schnur, 2 Besenstiele, 4 Stühle, 2 Schüsseln, 2 Meßbecher, Stoppuhr.

Vorbereitungen
Wasser weiß färben und kurz vor dem Spiel die Handschuhe damit bis knapp
zur Hälfte füllen (Wasser vorher abmessen!). Handschuhe oben zusammenknoten
und unter dem Knoten Schnur befestigen. Mit der Nähnadel in den Fingerspitzen
Löcher einstechen. Besenstiele auf jeweils zwei Stühle legen und Handschuhe
in der Mitte mit Schnur befestigen. Schüssel darunter stellen. Meßbecher bereithalten.

Spielregel
Es werden zwei Mannschaften gebildet. Die ersten Spieler eines jeden Teams beginnen auf das Startzeichen „MUH" mit dem „Melken" der „Kühe" (Handschuhe). Nach 30 Sekunden wird jeweils gestoppt.
Die nächsten Spieler kommen an die Reihe. Nach ca. zehn Minuten oder wenn ein Durchgang beendet ist, wird die „Milch" in die Meßbecher geschüttet. Welche Gruppe ist Meister im Melken?

RUCKSACK PACKEN

Bei diesem Spiel geht es darum, eine möglichst lange Ansammlung von Begriffen fehlerlos herzusagen.
Die Mitspieler sitzen im Kreis. Einer beginnt mit dem Satz: „Ich gehe auf den Berg und packe in meinen Rucksack ein Hemd." Der nächste fährt fort: „Ich gehe auf den Berg und packe in meinen Rucksack ein Hemd und eine Sonnencreme." Der dritte zählt nun in gleicher Weise den bisherigen Rucksackinhalt auf und ergänzt ihn mit dem von ihm gewählten Gegenstand. So wird die Wortreihe immer länger. Wer kann zum Schluß alle genannten Utensilien fehlerfrei aufsagen? Klappt es nicht, so kann die Gruppe natürlich mithelfen.

Variation
Die Gegenstände werden nicht nur genannt, sondern auch pantomimisch dargestellt. Dies macht Spaß und bringt viel Bewegung in die Gruppe.

Wanderstock

Material
Gleichmäßig und gerade gewachsene Haselnuß- oder Buchenstecken, Schnitzmesser oder scharfes Küchenmesser, Baum- oder Gartenschere.

So wird's gemacht
- Geeignete Äste und Stecken aussuchen und mit der Baumschere zuschneiden.
- Verschiedene Muster, z.B. Ringe, Spiralen, Punkte, Vierecke, Dreiecke, Zickzacklinien, Buchstaben oder Zahlen in die Rinde einritzen und mit dem Messer markieren.
- Rinde vorsichtig ablösen. Das helle Holz, das nun sichtbar wird, bildet einen reizvollen Kontrast zur dunkleren Rinde.

WIR WANDERN MIT DEM SOMMERWIND

(Text u. Melodie: H. Viehoff)

2. Die Häuser seh'n wie Spielzeug aus,
   die Menschen sind ganz klein.
   Wir wandern in die Welt hinaus
   im Sommersonnenschein.

3. Hinunter geht es nun geschwind
   vom Berg hinab ins Tal.
   Wir wandern mit dem Sommerwind
   gleich morgen noch einmal.

Rezepte mit Milch

BUTTER SELBST HERSTELLEN

Zutaten
1/2 l Schlagsahne, etwas Zitronensaft, eine Prise Salz.

Material
Schüssel, elektrisches Handrührgerät, Rührschüssel, Mulltuch oder Geschirrtuch, evtl. Butterform.

Zubereitung
– Schlagsahne (Zimmertemperatur) mit etwas Zitronensaft ansäuern.
– Sahne mit dem Handrührgerät so lange schlagen, bis sich kleine Butterklumpen in einer milchigen Flüssigkeit bilden.

- Tuch über eine Schüssel legen, Flüssigkeit mit den Butterklumpen daraufschütten. Die Butterklumpen im Tuch ausdrücken.
- Butter mit einer Prise Salz verkneten und evtl. in eine Butterform geben.

Hinweis: Die als Flüssigkeit verbleibende Buttermilch ist ein wohlschmeckendes und gesundes Getränk.

FRISCHKÄSE SELBST HERSTELLEN

Zutaten
1 l Vollmilch, Saft einer Zitrone, eine Prise Salz, Kräuter oder Gewürze nach Geschmack.

Material
Topf, Zitronenpresse, Kochlöffel, Tuch, Schüssel, Schneidebrett für Kräuter.

Zubereitung
- Milch mit Zitronensaft vermischen, umrühren und so lange erwärmen, bis sich die Käsemasse von der Molke trennt.
- Tuch über Schüssel legen, Molke mit Käse daraufschütten. Käse im Tuch etwas ausdrücken.
- Frischkäse mit einer Prise Salz und gewünschtem Gewürz vermischen und mit einer Gabel durchkneten.
- Feingeschnittene Kräuter darüberstreuen.
- Die gewonnene Molke kann gekühlt mit Fruchtsaft vermischt getrunken werden.

Alpenländische Küche

POLENTA

In den hochgelegenen Alpentälern Österreichs und der Schweiz gehört die Polenta zu den traditionellen Beilagen.

Zutaten
1 l Salzwasser, 250 g Maisgrieß.

Zubereitung
- Salzwasser zum Sieden bringen und den Grieß dazuschütten.
- Langsam und so lange bei geringer Hitze rühren, bis der Grieß quillt und der Brei anfängt, dick zu werden. (Kochdauer ca. 30 Minuten)

Polenta schmeckt gut mit Tomatensoße, aber auch mit Kompott.

KAISERSCHMARRN

ist ein typisch österreichisches Gericht. Es wird von Bergwanderern gerne bei einer Hüttenrast bestellt, um wieder neue Kräfte zu tanken.

Zutaten (für zwei Portionen)
4 Eier, 250 g Mehl, 4 El Zucker, 1 Prise Salz, 1 Tasse Milch, 1 Handvoll Rosinen, 2 El Butter, Puderzucker zum Bestäuben.

Material
Elektrisches Handrührgerät, Rührschüssel, Schneebesen, große Schüssel, Pfanne, Pfannenwender.

Zubereitung
– Eiweiß vom Eigelb trennen.
– Eiweiß mit dem Handrührgerät kurz schlagen, 2 El Zucker einrieseln lassen und dann auf höchster Stufe so lange schlagen, bis es steif ist.
– In einer großen Schüssel aus den Eigelb, dem restlichen Zucker, Salz, Milch und Mehl einen zähen Teig rühren.
– Mit dem Schneebesen Eischnee vorsichtig unter den Teig heben.
– In einer Pfanne Butter schmelzen und Teig hineingeben.
– Gewaschene Rosinen in den Teig streuen.
– Pfannkuchen auf beiden Seiten goldbraun braten und anschließend mit zwei Gabeln in kleine Stücke reißen.
– Schmarrn mit Puderzucker bestreuen und sofort servieren.

Gefahren beim Wandern

BLASEN

Blasen an den Füßen machen jeden Schritt zur Qual und verderben die Freude an der Wanderung.

Vorbeugende Maßnahmen
– Die Schuhe müssen stabil sein und den Füßen genügend Halt geben. Am besten eignen sich feste Halbschuhe oder Wanderstiefel. Die Schuhe sollten bei längeren Wanderungen bereits „eingetreten" sein, da bei neuen Schuhen die Gefahr der Blasenbildung besonders groß ist.
– Der Strumpf muß faltenfrei und bequem am Fuß anliegen, da es sonst Druckstellen gibt. Günstig für Kinderfüße sind dünnere Socken aus Baumwolle, Wolle oder Mischgewebe.

– Klagt ein Kind über Brennen am Fuß, Schuhe und Socken ausziehen und gerö-
tete Stelle mit Druckstellen-Pflaster versorgen.

Behandlung
– Blasen unter keinen Umständen aufstechen, da Infektionsgefahr besteht.
– Blase mit Verbandmull bedecken und mit Pflaster überkleben.

SONNENBRAND

Vor allem im Gebirge ist die Sonnenbrandgefahr sehr groß. Die in der Höhe kühlere
Luft führt dazu, daß die starke Sonneneinstrahlung in ihrer Wirkung unterschätzt
wird. Die Sonneneinstrahlung ist bei einer Höhe von 1500 m bereits doppelt so hoch
wie im Flachland. Schnee und Eis reflektieren das Licht sehr stark.
Für Wanderungen im Gebirge muß immer eine Sonnenschutzcreme mit hohem
Lichtschutzfaktor benutzt werden. Um die Augen zu schützen, sollte eine gute Sonnenbrille getragen werden → Sonnenbrand in Kap. *Sonne, Wind und Regen,* S. 211.

Literatur

Lippert, Wolfgang: GU Kompaß Alpenblumen. Die schönsten Blütenpflanzen auf
Almwiesen, in Bergwald und Felsregion. Gräfe und Unzer Verlag, München 1991.

Ottenheimer, Laurence: Die Welt der Berge. Reihe: Die Welt erkennen. Hrsg. v. Veit,
Barbara/Wolfrum, Christine. Ravensburger Buchverlag Otto Maier, Ravensburg
1990.

Seibert, Dieter: Erlebnistouren mit Kindern. 100 Vorschläge zum Bergwandern,
Klettern und Spielen. Verlag J. Berg, München 1990.

Sturm, Gerhard: Leben im Gebirge. Verlag Freies Geistesleben, Stuttgart 1991.

Sonne, Wind und Regen

SONNE, WIND UND REGEN – SIE BESTIMMEN UNSER WETTER

Durch das Zusammenwirken von Sonne, Wind und Regen entsteht das Wetter. Alle Vorgänge in der Natur sind dem Einfluß des Wetters unterworfen. Ohne Sonne, Wind und Regen hätte sich das Leben auf unserer Erde nicht so entwickeln können, wie wir es heute vorfinden.

SONNE, WIND UND REGEN – MIT ALLEN SINNEN ERFAHREN

Kinder reizt es, mit den Auswirkungen des Wetters eigene Erfahrungen zu machen: Sie spüren die warmen Sonnenstrahlen auf der Haut, beobachten den Wind und nutzen seine Kraft zum Drachensteigen; sie lieben es, in Regenpfützen zu treten und freuen sich an den Wasserspritzern. Jede Wetterlage mit ihren typischen Erscheinungsformen regt Kinder zu vielfältigen Beobachtungen und Erlebnissen an.

SONNE, WIND UND REGEN – GEFAHREN FÜR DIE NATUR

Das Wetter kann auch verheerende Kräfte entwickeln und zerstörend auf die Natur wirken. Sonne im Übermaß läßt Pflanzen verdorren und verursacht Sonnenbrand. Sturm oder Orkan kann Bäume entwurzeln und Dächer von Gebäuden reißen. Unaufhörlicher Regen läßt Flüsse über die Ufer treten und überschwemmt Ackerflächen, Dörfer und Städte. Der Aufenthalt im Freien bei einem Gewitter kann lebensgefährlich sein für Mensch und Tier.

Spiel und Spaß bei Sonne, Wind und Regen

Kinder machen vielfältige Erfahrungen mit den unterschiedlichen Erscheinungsformen des Wetters. In der wärmeren Jahreszeit können sie länger draußen spielen; ein plötzlich hereinbrechendes Unwetter fordert ihre Wißbegierde heraus; sie staunen über einen Regenbogen oder über Regentropfen am Fenster; die Kraft des Windes können sie mit Windspielzeug sichtbar machen.
Doch Kinder müssen dazu angehalten werden, sich der Witterung entsprechend zu kleiden. Schützende Maßnahmen werden von Kindern oft als lästig empfunden und abgelehnt. Sie können Zeichen eines Wetterwechsels noch nicht richtig deuten. In ihr Spiel vertieft, übersehen sie ein herannahendes Gewitter mit schwarzen Regenwolken. Bei Sonnenschein und blauem Himmel zu Beginn einer Wanderung sehen sie nur schwer ein, daß sie auch warme Bekleidung und einen Regenschutz mitnehmen sollen.
Besonders schwierig ist es, das Spielen der Kinder im Freien einzuschränken, wenn keine sichtbaren Gründe dies erfordern: etwa erhöhte Ozonwerte oder die Auswirkungen eines Reaktorunfalls.

Was ist zu beachten?
- Viele Zeichen in der Natur geben Aufschluß über das Wetter und bevorstehende Änderungen. Sie zu deuten, setzt aufmerksames Beobachten voraus.
- Bei allen Aktionen im Freien ist selbstverständlich immer an Kleidung und Ausrüstung zu denken, die dem Wetter angepaßt ist.
 Ganztägige Unternehmungen erfordern sorgfältige Überlegungen. Das Wetter kann über Erfolg und Mißerfolg entscheiden. Deshalb empfiehlt es sich, Wettervorhersagen zu beachten. In fremden Gegenden sollten Hinweise der Einheimischen ernst genommen werden. Dies gilt ganz besonders für einen Aufenthalt in Küstengebieten → Kap. *Strand und Meer,* S. 128 oder in den Bergen → *Im Gebirge,* S. 166. Bei bestimmten Wetterlagen, z.B. einem Sturm, einem Gewitter, der Sonneneinstrahlung am Meer, im Hochgebirge oder in südlichen Ländern, sind Schutzmaßnahmen unbedingt einzuhalten. Die Einflüsse des Wetters können lebensbedrohlich werden, wenn wir uns falsch verhalten.

Wetterpropheten

Viele Anzeichen in der Natur geben uns Hinweise darauf, ob das Wetter besser oder schlechter wird.

Das Wetter wird gut, wenn
- die Luftfeuchtigkeit abnimmt
- der Luftdruck steigt
- der Wind aus Osten oder Süden weht
- der Himmel wolkenlos ist oder Haufenwolken wie dicke, weiße Wattebäusche am Himmel verteilt sind
- die Sonne am Morgen golden aufgeht
- die Sonne am Abend rot untergeht
- die Fernsicht diesig und dunstig ist
- der Wind am Abend abflaut
- der Rauch vom Lagerfeuer senkrecht in die Höhe steigt
- die Schwalben hoch fliegen
- die Kiefernzapfen weit geöffnet sind.

Das Wetter wird schlechter, wenn
- die Luftfeuchtigkeit zunimmt
- der Luftdruck fällt
- der Wind aus Westen, Südwesten oder Norden weht
- Schleierwolken, Wolkentürme oder dunkelgraue Regenwolken sich am Himmel bilden

- die Sonne am Morgen rot aufgeht
- am Abend Ringe um Sonne und Mond zu beobachten sind
- die Fernsicht sehr gut ist, Berge dunkelviolett und sehr nah erscheinen, weit entfernt liegende Gebäude oder Bäume sehr gut zu erkennen sind
- der Wind am Abend zunimmt
- die Schwalben tief fliegen
- die Kiefernzapfen geschlossen sind
- manche Blumen auf der Wiese einen noch intensiveren Duft als sonst verströmen
- in der Nacht der Sternenhimmel sehr klar und leuchtend erscheint.

Windstärken

Windstärke und Windgeschwindigkeit lassen sich messen.
Der englische Admiral Sir Francis Beaufort stellte im letzten Jahrhundert eine Skala auf, die sogenannte Beaufort-Skala. Sie reicht von Windstärke 0 bis 12.

Stärke	Windgeschwindigkeit	km/h	Das passiert:
0	Windstille	0–2	Rauch steigt senkrecht, spiegelglattes Wasser
1	Leichter Zug	3–5	Rauch nicht mehr senkrecht, Kräuselwellen
2	Leichte Brise	6–10	Wind fühlbar im Gesicht, Blätter in den Bäumen rauschen leise
3	Schwache Brise	11–20	Fahnen bewegen sich deutlich im Wind
4	Mäßige Brise	21–30	Rauch weht waagrecht, kleine Wellen, Wind bläst Papier und Staub von der Straße und bewegt kleine Zweige

Stärke	Windgeschwindigkeit	km/h	Das passiert:
5	Frische Brise	31–40	Längere Wellen mit weißen Schaumköpfen, größere Zweige bewegen sich
6	Starker Wind	41–50	Äste bewegen sich, Wind hörbar an Hausecken; es ist schwierig, den Regenschirm zu halten
7	Steifer Wind	51–60	Gehen gegen den Wind macht Mühe, auch große Baumstämme schwanken jetzt
8	Stürmischer Wind	61–75	Ganze Bäume bewegen sich, Zweige und kleine Äste brechen ab
9	Sturm	76–90	Dachziegel und leichtere Gegenstände werden bewegt und durch die Luft geschleudert
10	Schwerer Sturm	91–105	Hausdächer werden abgedeckt, Bäume entwurzelt
11	Orkanartiger Sturm	106–120	Leitungsmasten werden umgeknickt, Häuser schwer beschädigt; Schiffe kentern
12	Orkan	über 120	Schwere Verwüstungen

Wettergeschichte

DIE SONNE HAT EIN ROTES NACHTHEMD AN

Lisa ist zu ihren Großeltern gefahren. Oma und Opa wohnen in einem kleinen Dorf. Von ihrem Haus kann man weit ins Land schauen. Gern sitzt Lisa am Fenster des großen Wohnzimmers und sieht den Kühen zu, die auf den grünen Wiesen grasen, träumt den Wolken nach, die übers Land ziehen, und hört die Vögel singen. Alles ist hier etwas anders als in der großen Stadt, in der Lisa sonst wohnt. Dort geht sie auch in den Kindergarten. Aber bei ihren Großeltern darf sie den ganzen Tag draußen spielen. Ein paar Häuser weiter wohnt Felix. Wenn Lisa bei ihren Großeltern zu Besuch ist, dann ist Felix ihr Freund. Felix ist etwas älter, er geht schon zur Schule. Am liebsten spielt er Fußball. Doch nicht immer haben seine Freunde Zeit und Lust zum Fußballspielen. Dann ist ihm Lisa zum Spielen auch recht.

Gestern saßen Lisa und Felix am Wohnzimmerfenster und schauten hinaus. Am Horizont ging gerade die Sonne unter. „Die Sonne hat ein rotes Nachthemd an“, sagte Lisa. „Quatsch“, meinte Felix, „die Sonne kann doch gar kein Nachthemd anhaben. Die Sonne ist doch die Sonne, und sie geht gerade unter. Gleich ist sie verschwunden, und dann dauert es nicht lange, bis es Nacht ist.“ – „Eben darum hat sie ja auch ein rotes Nachthemd an“, entgegnete Lisa, „weil sie gleich schlafen geht, so wie wir.“ – „Du kapierst aber auch gar nichts. Die Sonne ist doch kein Mensch, die kann doch gar kein Nachthemd anhaben!“ Mittlerweile war die rote Sonnenscheibe ganz verschwunden. Am Himmel waren nur noch rosa Wölkchen zu sehen. Oma trat ins Wohnzimmer, um Felix zu sagen, daß es nun Zeit sei, nach Hause zu gehen. „Abendrot – Schönwetterbot’“, sagte sie. „Was soll denn das heißen?“ fragten Lisa und Felix wie aus einem Munde. „Und wieso sitzt die Sonne im Boot?“ fragte Felix und lachte. „Das ist ja wirklich zu komisch, die Sonne im Boot!“ Oma sprach ganz betont: „Schön – wet – ter – bot’, das heißt natürlich nicht, daß die Sonne im Boot sitzt, sondern meint Schönwetterbote. Und was ein Bote ist, das müßtet ihr doch eigentlich wissen?“
„Klar“, sagte Felix, „Bote wie Briefbote, der bringt uns was.“ – „Genau. Das meint auch das Sprichwort: Abendrot – Schönwetterbot’, da bringt uns die Sonne am nächsten Tag schönes Wetter.“ Lisa verstand nur die Hälfte. „Wieso weiß die Sonne denn das, daß am nächsten Tag schönes Wetter ist?“ Aber darauf bekam sie keine Antwort mehr, denn inzwischen war die Sonne ganz verschwunden. Nur ein paar Wolkenstreifen am Himmel leuchteten noch rosa und orange. Felix mußte nach Hause gehen.

Am anderen Morgen scheint die Sonne schon in Lisas Zimmer. Der Himmel ist blau, und kein Wölkchen ist zu sehen. Schnell läuft Lisa in die Küche. Oma macht schon das Frühstück, Opa deckt auf der Terrasse den Tisch. Lisa muß erst noch Trine einen guten Morgen wünschen. Trine ist Lisas Katze. Die kommt auch schon und streicht Lisa um die Beine. Lisa weiß, daß Trine gestreichelt werden will. Manchmal

ringelt das Tier auch seinen langen, schwarzen Schwanz um Lisas Beine. Dann kann Lisa keinen Schritt mehr gehen und muß stehenbleiben, bis Trine sie wieder losläßt.

Aus dem Radio kommen die Nachrichten und im Anschluß daran der Wetterbericht. Eine unsichtbare Stimme spricht: „Das bisher wetterbestimmende Hoch verlagert sich nach Osten. Von Frankreich nähert sich eine Tiefdruckrinne und leitet für Mitteleuropa eine unbeständige Witterung ein. Die Vorhersage bis morgen: heiter, später wolkig mit einzelnen gewittrigen Regenfällen. Höchstwerte 22 – 29 Grad, am Samstag wechselnd bewölkt, nicht mehr so warm." Lisa überlegt, ob in dem Radio ein Männchen sitzt und spricht? Woher sonst kommt denn die Stimme?

Nach dem Frühstück will Lisa mit Felix spielen. Aber der ist noch in der Schule. In einer Woche gibt es Sommerferien, dann kann Felix den ganzen Tag draußen spielen. Die Kinder sind heute im Unterricht sehr unruhig. Ständig rutscht einer auf dem Stuhl hin und her, einem anderen fallen die Filzstifte auf den Boden, und er muß sie erst umständlich wieder aufsammeln. Frau Richter, die Lehrerin, denkt: „Nur gut, daß bald Ferien sind." Auch sie ist heute etwas gereizt, sie spürt die Unruhe der Kinder. In der Pause unterhalten sich die Lehrer, während draußen im Schulhof die Kinder herumtoben. Auch die anderen Lehrer meinen, daß die Kinder heute sehr schlecht aufpassen und unkonzentriert sind. „Das liegt vielleicht am Wetter. Ich glaube, heute abend wird es ein Gewitter geben; das liegt so in der Luft", meint Herr Pfitzner, der Direktor, und gähnt. Ihm macht die Hitze an diesem Morgen schon etwas zu schaffen. Immer, wenn es sehr heiß ist, wird er müde und muß gähnen, selbst am hellichten Tag. Aber so heiß, daß es hitzefrei geben könnte, ist es nun doch noch nicht. Herr Pfitzner schaut auf das große Thermometer vor dem Fenster. „Erst 25 Grad, das reicht noch nicht für hitzefrei."

Während Felix noch in der Schule ist, fährt Lisa mit ihrem Roller, die Straße rauf, die Straße runter. Bald wird es ihr aber zu heiß, sie muß richtig schwitzen, und sie bläst sich ihren Haarpony aus dem Gesicht. Es ist ihr heute etwas langweilig, sie hat niemanden zum Spielen. Da ruft Opa aus dem Haus: „Lisa, komm! Wir wollen Himbeeren pflücken!" Lisa hat große Lust dazu. Es sind so viele Beeren am Strauch, daß beide ganz schnell ihre Eimer voll haben. Später darf Lisa dann mit Oma Kuchen backen, einen Himbeerkuchen soll es geben heute nachmittag. Lisa läuft jetzt schon das Wasser im Mund zusammen. Manchmal streicht Oma sich auch mit der Hand über die Stirn. „Es ist so heiß und drückend heute", sagt sie, „kein Lüftchen regt sich draußen. Und in meinem rechten Knie ist auch wieder so ein Stechen und Reißen. Heute schlägt bestimmt das Wetter um." Lisa wundert sich. „Wieso weiß denn dein Knie, wie das Wetter wird?" – „Das ist eben so. Wenn mein rechtes Knie schmerzt, dann gibt es meistens Regen." Genauer kann Oma das aber auch nicht

erklären. Lisa schüttelt den Kopf. Opa kommt in die Küche, mit Salat und frisch ge-
schnittenem Schnittlauch. „Es ist so schwül, nichts rührt sich draußen. Wenn das
nicht ein ordentliches Gewitter gibt!"
Lisa läuft auf die Terrasse und schaut hinaus. Der Himmel ist nicht mehr so strahlend
blau wie am Morgen. Sie sieht den Mücken zu, die in der Luft tanzen. Die Schwalben
fliegen heute tiefer als sonst, Lisa kann ihre schönen, spitzen Schwalbenschwänze
sehen. Opa ist auf die Terrasse gekommen. „Die Schwalben fliegen sehr tief, da
wird's Regen geben", stellt er fest. „Warum wissen denn die Schwalben, daß es regnen wird?" fragt Lisa. Und Opa erklärt ihr: „Die Schwalben wissen es eigentlich nicht,
aber sie fressen gerne Mücken. Und wenn es Regen geben wird, dann fliegen die
Mücken ganz tief. Das hängt mit dem Luftdruck zusammen. Die Schwalben fliegen
dann auch ganz tief, weil sie dort die Mücken am besten fangen können." Das versteht Lisa ein bißchen, aber sie fragt trotzdem: „Was ist denn das: Luftdruck? Die
Luft kann doch gar nichts tun, die sieht man doch gar nicht." – „Das ist richtig", sagt
Opa „die Luft sieht man nicht, aber man merkt doch, daß es sie gibt." Und er fächelt
mit der Zeitung ein wenig hin und her. Lisa spürt den Luftzug auf der Backe. „Die Luft
ist manchmal leicht und manchmal schwer, das nennt man Luftdruck. Heute ist die
Luft leicht, da sinkt das Barometer, und daran erkennt man, daß das Wetter schlechter wird." Lisa läuft ins Wohnzimmer, da steht so ein Gerät, zu dem sagt Opa: „Das ist
das Barometer." Er zeigt Lisa, wo der Zeiger steht. Einige Male klopft er auf das Barometer, der Zeiger sinkt noch weiter herunter. „Daran sieht man, daß das Wetter
schlechter wird."
Am Nachmittag setzt Lisa sich an das große Wohnzimmerfenster und schaut hinaus: Graue Wolken ballen sich wie riesige Wolkentürme zusammen. Ganz dicht und
grau und schwer sind sie. „Ich glaube, es grummelt schon", sagt Opa und lauscht
hinaus. Er meint, in der Ferne schon ein leises Donnern zu hören. Lisa spitzt die Ohren. War das nun ein Flugzeug, was sie da gehört hat, oder was sonst? Sie kann es
nicht so genau feststellen. Ihre Augen und Ohren werden ganz groß. Angestrengt
lauscht sie nach draußen. Da hört sie es auch diesmal schon etwas lauter. Ein Grollen erfüllt die Luft. Opa zählt langsam und laut: „Eins – zwei – drei – vier – fünf –
sechs – sieben – acht – neun", bis das nächste leise Donnern zu hören ist. „Opa, warum zählst du?" will Lisa wissen. „Dann kann man schätzen, wie weit entfernt das
Gewitter noch ist, so ungefähr acht bis neun Kilometer im Augenblick." Lisa runzelt
die Stirn, sie versteht nicht so ganz, was er damit meint. In diesem Augenblick
kommt Trine ins Wohnzimmer. Sie streicht um Lisas Beine. Sie sucht die Nähe der
Menschen. Immer, wenn wieder ein Grollen zu hören ist, spitzt sie die Ohren und
schaut aus dem Fenster. Sie springt zu Lisa auf den Sessel. „Ob die Trine weiß, daß
ein Gewitter kommt?" fragt sie. „Ja, natürlich", antwortet Opa, „du mußt ihr mal genau zuschauen, was sie tut, wenn ein Gewitter im Anzug ist." – „Hat sie dann auch
Angst?" – „Vielleicht", meint Opa, „aber eigentlich muß man beim Gewitter gar keine
Angst haben." – „Ich habe aber schon ein bißchen Angst", sagt Lisa, „wenn es blitzt
und donnert, dann hab ich immer Angst." Das ferne Grollen ist näher gekommen,
man sieht schon die ersten Blitze aus den Wolken fahren. Lisa macht mit den Fingern zickzack in die Luft. „Wo geht denn der Blitz hin?" fragt sie. Opa erklärt: „Der
Blitz kann einschlagen, er sucht sich einen Punkt auf der Erde aus, meistens ein

sehr hohes Gebäude, einen Turm oder einen Baum, in den er einschlägt. Von Metall und Wasser wird er angezogen." – „Hat denn der Blitz Augen? Wieso sieht er denn den Turm oder den Baum?" In diesem Augenblick kracht und rumpelt es von allen

Seiten, und wieder zuckt ein starker Blitz aus den Wolken. Trine zuckt zusammen und reißt ihre grünen Augen auf. Von allen Seiten blitzt und donnert es, gleichzeitig prasselt der Regen herunter. Die Bäume biegen sich im Sturm. „Opa, warum zählst du nicht mehr?" fragt Lisa. „Weil ich jetzt weiß, daß das Gewitter ganz nah bei uns ist, denn es blitzt und donnert ja fast zur gleichen Zeit", erklärt Opa. Ein Tosen und Krachen ist nun in der Luft, man könnte meinen, der Himmel breche auseinander. Das ist ein richtiger Wolkenbruch, es klatscht gegen die Fensterscheiben, daß man kaum noch etwas sehen kann. Der Sturm heult ums Haus. Lisa ist froh, daß sie jetzt nicht draußen ist. Sie kuschelt sich an die Katze, und Trine kuschelt sich an Lisa. „Kann der Blitz auch hier in unser Haus einschlagen?" fragt Lisa. „Nein", antwortet Opa, „wir haben einen Blitzableiter auf dem Dach." Er zeigt ihr auf dem Nachbarhaus den Blitzableiter. „Aber das ist ja die Fernsehantenne!" stellt Lisa fest. Doch Opa erklärt ihr: „Und ganz oben, die lange, dünne Spitze, das ist der Blitzableiter. Die meisten Häuser und alle hohen Gebäude, auch die Kirchturmspitzen, haben einen Blitzableiter. Da kann dann der Blitz nicht in das Haus einschlagen, sondern wird zur Erde geleitet." – „Wo ist dann der Blitz, wenn er einschlägt?" fragt Lisa. „Kommt er dann am anderen Ende der Welt wieder heraus?" In diesem Augenblick kommt Oma ins Wohnzimmer. „Jetzt gibt's Himbeerkuchen mit Schlagsahne. Der Kaffee ist fertig!" – „Hmm, Himbeerkuchen mit Schlagsahne!" Lisa leckt sich die Lippen. „Das ist fast so wie Weihnachten und Geburtstag", meint Oma, „ein Sommer ohne Himbeerkuchen ist kein richtiger Sommer." Lisa läßt sich den Kuchen schmecken, aber lange kann sie nicht ruhig am Kaffeetisch sitzen bleiben. Sie läuft zur Küchentür. „Draußen wird es schon wieder heller!" ruft sie. Sie sieht, das Gewitter hat sich verzogen. Auf dem Boden der Terrasse haben sich Pfützen gebildet. Immer, wenn ein Regentropfen hineinfällt, macht es „pitsch!" Lisa beobachtet die Spritzer, die dabei nach allen Seiten springen. Da sieht sie Felix auf der Straße kommen. Er hat Gummistiefel an und springt von einer Pfütze in die andere. „Darf ich mit Felix draußen spielen?" fragt Lisa. „Ja, wenn es aufgehört hat zu regnen. Aber zieh deinen Anorak an, vielleicht ist es etwas kühler geworden!" ruft Oma ihr hinterher.

Lisa nimmt ihren Roller mit, Felix holt sein Fahrrad, und bald fahren sie die Straße rauf und runter. Sie fahren voll durch die Pfützen, daß es nach allen Seiten spritzt. Lisa bleibt nicht ganz trocken dabei, aber das macht ihr gar nichts aus. Eine Weile fahren sie so, bis sie keine Lust mehr haben. „Komm, wir gehen in unseren Garten und spielen Verstecken!" Lisa kennt die besten Plätze, wo keiner sie findet: hinter der Himbeerhecke, unter dem Rhododendronstrauch, im Geräteschuppen. Doch es ist noch zu naß zum Versteckenspielen.

Mittlerweile hat es aufgehört zu regnen. Auch die Sonne kommt langsam wieder durch die Wolken. Die Luft ist noch feucht, auf den Wiesen dampft es ein wenig. Man riecht den Duft des Grases. Und wenn man durch die Bäume schaut, dann glitzern und funkeln in ihnen die Regentropfen, die noch in den Blättern hängen. Die Vögel zwitschern wieder in den Zweigen. Der Wind hat sich gelegt. Lisa und Felix laufen auf die Terrasse, wo Opa auf der Bank sitzt. „So ein Gewitter ist wie eine richtige Dusche in der Natur!" sagt Opa. Ganz weit weg, da wo der Himmel die Erde berührt, sieht man noch einige Blitze. „Aber ich höre keinen Donner mehr", ruft Lisa. „Das nennt man Wetterleuchten. Das Gewitter ist viele Kilometer weiter gezogen. Der Wind hat sich gelegt", erklärt Opa. „Wo ist denn der Wind, wenn er nicht weht?" will Lisa wissen. „Vielleicht in Amerika oder in China", meint Felix, „irgendwo wird er schon sein."

Es ist später Nachmittag, die Sonne steht schon tief am Himmel. Einige kleine graue Wölkchen ziehen vorüber. Und obwohl im Dorf die Sonne scheint und Licht und Schatten deutlich zu erkennen sind, sehen sie weiter weg einen grauen Schleier unter den Wolken hängen. In der Ferne regnet es. „Ein Regenbogen!" rufen Felix und Lisa fast gleichzeitig. Und tatsächlich, ein großer Regenbogen wölbt sich über das ganze Land. „Da hat die Regenfrau mit ihren Farbtöpfen und Pinseln den Regenbogen an den Himmel gemalt!" ruft Lisa ganz begeistert. „Quatsch", entfährt es Felix, „da gibt's keinen mit Pinsel und Farben, das sind viele Millionen Wassertröpfchen, die von der Sonne angestrahlt werden. Und die ergeben dann den Regenbogen."

Lisa kann sich das nicht so genau vorstellen. Millionen Wassertröpfchen? Sie sieht die Regenfrau ganz genau, wie sie mit ihren Farben und Pinseln den Regenbogen malt, sagt aber nichts. Vielleicht hat Felix doch recht?

Bald ist es wieder Zeit, ins Bett zu gehen. Felix muß auch nach Hause, bevor es dunkel wird. Lisa läuft noch einmal zum Wohnzimmerfenster und schaut hinaus. Etwas rosa, rot und orange ist es am Himmel, ein bißchen so wie gestern. Hat die Sonne nun ein rotes Nachthemd an oder nicht? fragt sich Lisa. Mit was soll sie denn schlafen, wenn sie untergeht? Alle haben doch ein Nachthemd oder einen Schlafanzug an, wenn sie schlafen gehen. Also auch die Sonne!

Gedicht

DAS GEWITTER

Schwarze Wolken voller Regen,
wie es staubt auf Sommerwegen.
Blätter wirbeln um und um:
Krach und Rum!

Donner grollt in dumpfen Tönen,
Balken knarren, Bäume stöhnen.
Eilig rauscht der wilde Bach:
Blitz und Krach!

Und jetzt gießen Wasserfluten.
Junge, lauf, du mußt dich sputen!
Sieh, hier ist ein festes Dach:
Krach, krach, krach!

(Bruno Horst Bull)

Regenspaziergang

Ein Regentag läßt oft Langeweile aufkommen. Die Kinder verbringen den ganzen Tag im Haus und vermissen ihre Freunde.
Dabei kann ein Spaziergang im Regen sehr reizvoll sein und Spaß machen. Um sich vor Erkältung zu schützen, ist geeignete Kleidung sehr wichtig. Mit Gummistiefeln und Regenumhang mit Kapuze ausgestattet, machen sich die Kinder auf den Weg. Der Gruppenleiter kann die Kinder zu einer bewußten Wahrnehmung anregen. An einem Regentag gibt es vieles zu sehen, zu hören und zu spüren.

Was ist zu sehen?

– Der Himmel ist mit dunkelgrauen Wolken verhangen.
– Nasse Straßen und Dächer glänzen.
– Auf dem nassen Asphalt spiegeln sich viele Dinge.
– Ölflecken schimmern in den Farben des Regenbogens.
– In Regenrinnen sammelt sich das Wasser und fließt zu den Gullys.
– Regentropfen, die in eine Pfütze fallen, bilden Kreise.
– Die Natur reagiert auf den Regen: Blumen haben ihre Blüten geschlossen, Regenwürmer und Schnecken kriechen über den Weg, Farben sind kräftig und leuchtend.

Was ist zu hören?
– Regentropfen klingen unterschiedlich: Sie trommeln auf das Dach, prasseln auf den Schirm, tropfen aus einer undichten Regenrinne. Abfließendes Regenwasser gurgelt in den Gullys.

– Geräusche aus der Umgebung sind deutlicher als sonst zu hören.

Was ist zu spüren?
– Regentropfen sind erfrischend auf der Haut. Kinder haben Spaß daran, ihr Gesicht in den Regen zu halten, mit der Zunge Regentropfen aufzufangen und zu schmecken.

An warmen Sommertagen macht es großen Spaß, barfuß durch Pfützen zu waten und im noch nassen Gras zu laufen. An den Ästen der Bäume glitzern unzählige Wassertropfen im Sonnenlicht. Manchmal ist auch ein Regenbogen zu bewundern, der sich in leuchtenden Farben weit übers Land spannt.

Regentropfenkonzert

Bei starkem Regen können sich die Kinder ein besonderes Hörerlebnis verschaffen – ein Tropfkonzert.

Material
Verschiedene leere Gefäße: Konserven-, Kaffee-, Keksdosen, Plastikdosen und -becher, Marmeladengläser, Glasschüsseln, Töpfe etc.

Die Gefäße werden mit der Öffnung nach unten in den Regen gestellt. Es ist interessant, die unterschiedlichen Klänge zu hören, welche von den Tropfen beim Aufprall auf den Behältern erzeugt werden.

Spielen und Zaubern

PUSTEWOLKE

Material
Weißes Wattebällchen.

Alle Spieler setzen sich um einen Tisch und haben die Hände hinter dem Rücken. In die Mitte des Tisches wird ein Wattebällchen gelegt. Nun beginnt ein wildes Pusten, denn jeder Spieler versucht, sich die „Wolke" nach Möglichkeit vom Leib zu halten. Wen die „Wolke" berührt oder wer sie vom Tisch pustet, scheidet aus.

WETTER-WETTE

Diese Wette ist spannend und macht Spaß. Mit den Kindern wird gemeinsam der Zeitraum der Wette vereinbart, z.B fünf Tage. Jeder, der sich an der Wette beteiligt, erhält einen Fragebogen.

Gefragt wird zum Beispiel:
- An welchem Tag fällt der nächste Regen (Schnee)?
- An welchem Tag ist das nächste Gewitter?
- An welchem Tag steigt das Thermometer über 25°C (unter 0°C)?
- Ist am Sonntag der Himmel wolkenfrei oder bedeckt?

Die Mitspieler schreiben ihre Vermutungen nieder und unterschreiben ihren Fragebogen. Die einzelnen Wetten werden so ausgehängt, daß sie von allen einsehbar sind. Die Spannung wächst, bis endlich der Wettsieger feststeht. Natürlich wird der Wetteinsatz zu Beginn des Spieles ausgehandelt.

SONNENLICHTER ZAUBERN

Zu allen Zeiten haben Kinder ihr Vergnügen daran gehabt, mit einfachsten Mitteln Sonnenstrahlen einzufangen, um Lichter an eine Hauswand zu zaubern.

So wird's gemacht
Mit Hilfe von Taschenspiegeln kann das Sonnenlicht auf Flächen oder Gegenstände, z.B. eine Hauswand, geworfen werden. Dabei können lustige Spiele entstehen, wenn zwei oder mehrere Kinder Sonnenlichter zaubern, die sich gegenseitig fangen. Mit Konzentration und viel Geschick gelingt es vielleicht auch den Kindern, die Sonnenlichter über mehrere Spiegel zu leiten, bis der letzte ihn an einem vorher ausgemachten Punkt an die Hauswand wirft. Gefärbte Diagläser oder mit Folienschreiber bemalte durchsichtige Folien lassen die Sonnenlichter in allen Farben schillern.

WOLKENKINO

An manchem schönen Sommertag ziehen große weiße Wolken am Himmel, die sich ständig in der Form verändern. Mit etwas Phantasie kann man viele verschiedene Gestalten, Gesichter oder Tiere entdecken: Bären, Schafe, Hunde, Drachen, Hexen, Geister und anderes mehr.
Spielen mehrere Kinder mit, so kann ein Ratespiel gemacht werden. Ein Kind sagt z.B. „Ich sehe einen Bär." Die Mitspieler versuchen, den „Bären" zu entdecken.

REGENBOGEN ZAUBERN

An einem heißen Sommertag ist es ein Vergnügen, sich mit einem Gartenschlauch von Kopf bis Fuß mit Wasser abzuspritzen. Vielleicht entsteht dabei zufällig auch ein Regenbogen, der die Kinder zum weiteren Experimentieren anregt.

So wird's gemacht
Einen Gartenschlauch mit Düse so einstellen, daß feiner Sprühregen entsteht. Der Regenbogenzauberer steht am späten Nachmittag, wenn die Sonne schon tiefer steht, mit dem Rücken zur Sonne und sprüht einen feinen Wasserstrahl in die Luft. Er muß ein bißchen ausprobieren und die Position oder die Höhe des Wasserstrahls ändern, bis der Regenbogen sichtbar wird.

Sonnenuhr

Große Kulturvölker wie Babylonier, Ägypter und Chinesen haben schon im 3. Jahrtausend vor Chr. damit begonnen, die Zeit einzuteilen und zu messen. Dabei diente ihnen die Sonne als Maßstab für die Zeiteinteilung. Die Tagesmitte (12.00 Uhr) ergab sich, indem man einen Stab in den Boden steckte und den Zeitpunkt abwartete, an dem er den kürzesten Schatten warf. Von diesem Punkt aus teilte man den Tag in 24 Stunden ein.
Nach derselben Methode funktionieren auch heute noch die Sonnenuhren. Kinder erleben sie manchmal mit kunstvoller Verzierung an einer Hauswand. Vielleicht weckt das in ihnen den Wunsch, selbst eine Sonnenuhr herzustellen.

Material
Ca. 150 cm langer Rundstab oder entsprechend langer, gerade gewachsener Ast, Goldfolienpapier, Schere, Kleber, Folienschreiber, 10 – 12 gleich große, flache Steine, eine größere Anzahl kleiner Steinchen oder Naturmaterial wie z.B. Kastanien, Eicheln u.ä.

So wird's gemacht

Sonnenstab:

- Goldfolienpapier so zusammenfalten, daß die Rückseite bearbeitet werden kann.
- Auf einer Seite einen Kreis mit ca. 18 cm Durchmesser (Dessertteller) zeichnen. Vom Rand ausgehend Zacken für die Sonnenstrahlen markieren.
- Sonne aus dem doppelt gefalteten Papier ausschneiden, so daß zwei identische Teile entstehen.
- Auf die Vorderseite der Sonne ein Gesicht aufmalen.
- Sonnenteile zusammenkleben, dabei den Stab mitfassen.

Sonnenuhr:

- Zum Aufstellen des Sonnenstabes einen geeigneten Platz suchen, auf den von morgens bis abends kein Schatten fällt.
- Sonnenstab in den Boden stecken.
- Vom frühen Morgen bis zum späten Abend den Schatten des Sonnenstabes verfolgen. Zu jeder vollen Stunde einen großen Stein an die Stelle legen, wo-

rauf die Sonne ihren Schatten wirft. Der Stein kann mit der entsprechenden Uhrzeit beschriftet werden.Der Weg vom Stein zum Sonnenstab kann mit einem Stöckchen in den Boden gezeichnet oder mit Steinchen bzw. Naturmaterial gelegt werden.

Was ist zu beachten?
– In allen westeuropäischen Ländern ist im Sommer die Zeit um eine Stunde verschoben. Daraus ergibt sich, daß der kürzeste Schatten der Sonnenuhr nicht um 12.00 Uhr zu beobachten ist, sondern um 13.00 Uhr.
– Die Sonnenuhr kann auch als Kompaß verwendet werden: Um 12.00 Uhr mittags (Sommerzeit: 13.00 Uhr) muß der Schatten des Sonnenstabes genau auf der Nord-Süd-Achse liegen; um 21.00 Uhr (Sommerzeit: 22.00 Uhr) zeigt der Schatten die Ost-West-Richtung an.

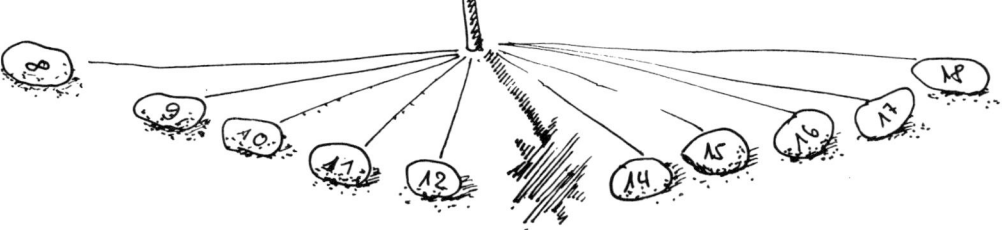

Sonnenhut

Ein selbstgemachter Sonnenhut ist eine prima Sache: Er paßt maßgeschneidert, hält einen ganzen Urlaub lang und ist zuhause eine lustige Erinnerung, wenn alle Kinder der Gruppe sich mit ihren Namen oder einem witzigen Ausspruch auf dem Hut verewigt haben.

Material
1 Luftballon, Maßband, Zeitung, Karton, Tapetenkleister, Klebeband, Schere, Filzstift, Plakafarben, Pinsel, Stecknadel.

So wird's gemacht
– Tapetenkleister laut Packungsaufschrift anrühren.
– Zeitung in Streifen und Schnipsel reißen.
– Kopfumfang ausmessen, Maße notieren.
– Luftballon so aufblasen, daß er an der dicksten Stelle die Größe des Kopfumfangs plus 1 – 2 cm hat. Diese Linie auf dem Ballon markieren.
– Hutrand vorbereiten: Auf dem Karton die Krempe des Hutes aufzeichnen; der innere Kreis bezieht sich auf die Maße des Kopfumfangs, der äußere Kreis kann so

schmal oder breit sein, wie der Träger es wünscht. Am inneren Kreis 1 – 2 cm lange Zacken anbringen.
- Luftballon bis zur Markierungslinie mit Zeitungsschnipseln bekleben (Tapetenkleister), erste Schicht antrocknen lassen.
- Hutkrempe mit den Zacken des inneren Kreises an den Luftballon kleben, Zacken mit Klebeband am Ballon befestigen.
- Weitere Schichten von Zeitungsschnipseln und -streifen aufkleben, dabei die Hutkrempe miteinbeziehen.

- Sonnenhut an der Luft 1 bis 2 Tage trocknen lassen.
- Luftballon entfernen: mit einer Stecknadel hineinstechen, daß er platzt; die Luftballonfetzen lösen sich vom Innern des Hutes leicht ab.
- Sonnenhut mit Plakafarben bemalen.

Sonnensegel

Ein Sonnensegel ist überall da gut zu gebrauchen, wo kein Sonnenschirm zur Verfügung steht: z.B. an einem Plätzchen abseits vom Haus oder bei einem Picknick.

Voraussetzung ist eine entsprechende Bodenbeschaffenheit,
um die Stäbe zum Halten des
Sonnensegels gut in die Erde
rammen zu können.

Material
Altes Bettuch oder entsprechend
großes Stück Stoff, 2 Bambusstangen von ca. 160 – 180 cm
Länge, 2 Bambusstangen von
ca. 200 – 220 cm Länge, Textilfarben, Pinsel, 4 Gummiringe
von Einmachgläsern, Schaufel,
Steine zum Beschweren.

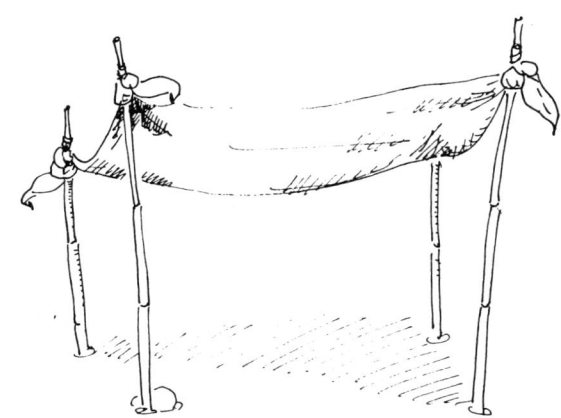

So wird's gemacht
– Bettuch mit der Textilfarbe bemalen.
– In jeder der vier Ecken einen festen Knoten anbringen.
– Bambusstangen so in den Boden rammen, daß die größeren Stangen nach
  vorne, die kleineren nach hinten angeordnet sind. Steine zum Befestigen ver-
  wenden.
– Jeden Knoten mit einem Gummiring an einer Stange gut befestigen.

Sonnenstab

Dieser Sonnenstab kann in einen Blumentopf gesteckt werden oder als Sonne in einer Minihecke (→ Kap. *In Feld und Flur*, S. 53) Verwendung finden.

Material
Selbsttrocknende Modelliermasse, Rundstab ca. 30 cm lang, Schale mit Wasser,
Modellierstäbchen, Küchenmesser, Kuchenrolle, Nagelfeile, Plakafarben, breite
und sehr feine Pinsel, Arbeitsunterlage.

So wird's gemacht
– Zwei Kugeln aus der Mo-
  delliermasse formen: die
  eine etwa pflaumengroß,
  die andere in der Größe einer Kirsche.
– Das größere Stück der
  Modelliermasse mit der Kuchenrolle zu einem mes-
  serrückendicken Kreis,
  Durchmesser 5 – 6 cm,
  ausrollen.

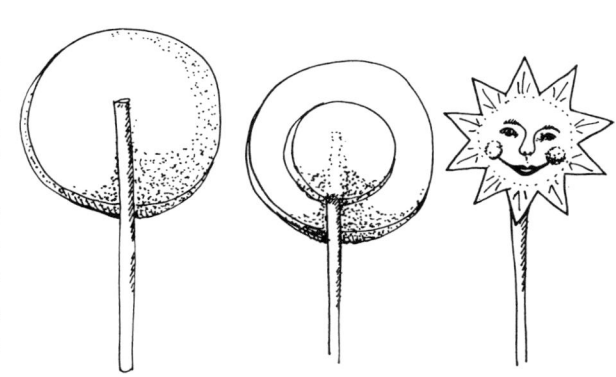

- Rundstab zu zwei Dritteln fest hineindrücken.
- Das kirschgroße Stück der Modelliermasse zu einem kleineren Kreis platttdrük-ken; die Unterseite mit Wasser bestreichen und so auf den größeren Kreis aufle-gen, daß der Stab mitgefaßt wird. Den Rand des kleineren Kreises gut festdrük-ken.
- Mit dem Modellierstäbchen aus dem kleineren Kreis ein Gesicht formen.
- Mit dem Küchenmesser aus dem Rand des größeren Kreises die Zacken aus-schneiden. In jede Zacke mit dem Modellierstäbchen ein strahlenförmiges Mu-ster eindrücken.
- Sonne ein bis zwei Tage trocknen lassen. Anschließend rauhe Teile mit der Na-gelfeile glätten oder mit dem Messer vorsichtig abschaben.
- Sonne mit Plakafarben bemalen; mit dem feinen Pinsel Augen, Nase und Mund ausmalen.

Sonnen-Fensterbild

Die Fensterbilder erhalten ih-re Leuchtkraft durch mehrere Schichten von Seidenpapier, wel-ches gerissen, gerafft, gefaltet und übereinander geschichtet wird. Die Strahlung der Sonne wird bei diesen Bildern nicht in ge-raden, sondern in kreisförmigen Linien dargestellt, die konzen-trisch um einen Kern gruppiert werden. Der Kern der Sonne wird in den dunkelsten Orange-Rot-Tö-

nen gefertigt; nach außen werden die Kreise immer heller, bis sie an den Bildrän-dern mit blau durchsetzt sind.

Material
Weißes Transparentpapier DIN A 2, Seidenpapier in Weiß-, Gelb-, Orange-, Rot-Tönen für die Sonne, in hell- und dunkelblau für den Himmel, Kleister, Klebestreifen. Für den Rahmen: Streifen von schwarzem Fotokarton, Kleber.

So wird's gemacht
- Transparentpapier direkt am Fenster mit Klebestreifen befestigen.
- Kern der Sonne in mehreren Schichten mit gelb-orange-rotem Seidenpapier auf dem Transparentpapier übereinanderkleben, hierzu Kleister verwenden. Die Sei-denpapierstücke sollten nicht geschnitten, sondern gerissen werden; sie erhal-ten eine Rundung durch Raffen und Zusammenschieben.

- Um den Sonnenkern herum immer heller werdende Kreise, Halb- und Viertel-kreise kleben; auch hier gilt: an einigen Stellen dichter werden, falten und zusam-menschieben, an anderen heller und transparenter bleiben.
- Zu den Bildrändern hin wechseln gelbe Farben immer mehr mit blauen Tönen ab, bis zu den Ecken hin das Fensterbild immer dunkler wird.
- Klebestreifen von dem Transparentpapier entfernen. Fotokartonstreifen mit Kle-ber zu einem Rahmen rund um das Fensterbild anordnen.

Windspielzeug

WINDBALL

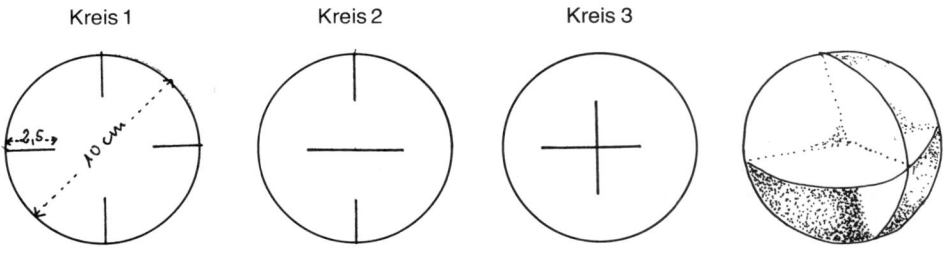

Kreis 1   Kreis 2   Kreis 3

Material
Fotokarton, Bleistift, Geodreieck, Zirkel, Schere.

So wird's gemacht
- Drei Kreise mit 10 cm Durchmesser auf den Karton zeichnen, ausschneiden.
- Kreis 1, 2 und 3 markieren und einschneiden (wie Skizze).
- Kreis 1 durch Kreis 2 stecken, beide Teile zusammen durch Kreis 3 schieben; Pa-pierflügel vorsichtig auseinanderziehen und in die eingeschnittenen Kerben schieben.

WINDRAD

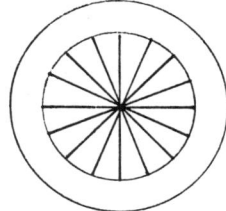

Material
Fotokarton, Bleistift, Geodreieck, Zirkel, spitze Schere oder Papierschneidemesser.

So wird's gemacht
- Kreis mit 15 cm Durchmesser ausschneiden.
- Rand von 2 – 3 cm markieren.
- Den Innenkreis in Sechzehntel einteilen.
- Von der Mitte ausgehend Zacken einschneiden.
- Zacken abwechselnd nach links und rechts falten.

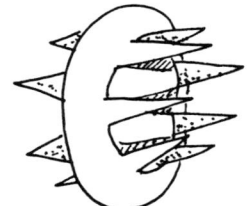

Windente

Ein kleines Schmuckstück ist die Holz-ente, die ihre Flügel im Wind bewegen kann. Sie wird in den Blumenkasten vor dem Fenster oder direkt in den Garten zwischen die Blumen gesteckt.

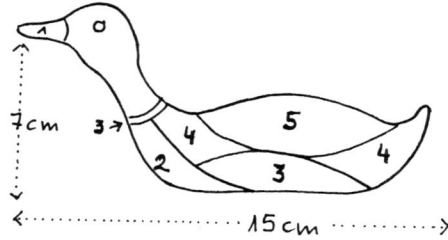

1: gelb	4: hellgrau
2: braun	5: dunkelgrau
3: weiß	

Material
Sperrholz 7 mm dick, Balsa- oder Fur-nierholz, Rundstab 3 mm dick und 30 cm lang, Holzleim, 2 Beilagscheiben, 2 Stahlnägel, Zeichenpapier, Kopierpa-pier, Bleistift, Farben, Pinsel und Klar-lack zum Bemalen.

Werkzeug
Laubsäge mit Sägeblättern, Schraub-zwinge, Handbohrer, Hammer.

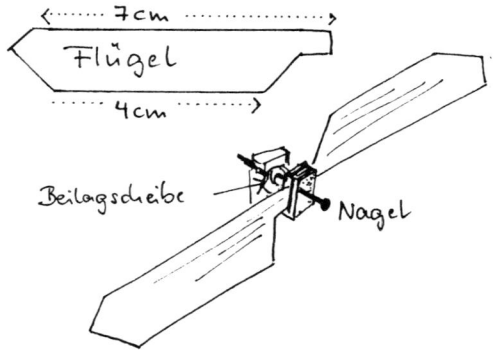

So wird's gemacht
- Ente auf Papier aufzeichnen und mit Kopierpapier auf das Sperrholz über-tragen.
- Ente aussägen.
- Ecken und Kanten des Körpers mit Schleifpapier glätten.
- Aus dem Balsa- bzw. Furnierholz vier Flügel ausschneiden.
- Aus Sperrholzresten vier kleine Klötzchen aussägen; davon zwei di-rekt an den Entenkörper kleben.
- In den anderen Klötzchen an zwei gegenüberliegenden Seiten kleine Einschnitte machen. Jeweils zwei Entenflügel versetzt hineinstecken und mit Holzleim festkleben.

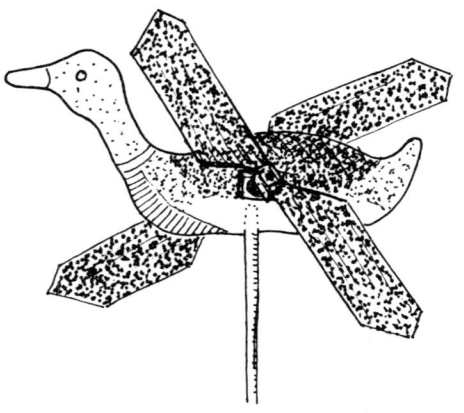

– Flügel mit einem Nagel in das Klötzchen am Entenkörper einschlagen, dabei eine
  Beilagscheibe zwischenfassen. Nagel nicht ganz fest einschlagen, es muß noch
  etwas Spielraum bleiben für die Beweglichkeit der Flügel.
– Am Bauch der Ente ein Loch bohren, Rundstab hineinstecken und leimen.
– Ente (mit Flügeln) bemalen und mit Klarlack überziehen.

Windfahne

Die Windfahne zeigt an, aus
welcher Richtung der Wind weht.
Sie ist ganz einfach und schnell
gebastelt.

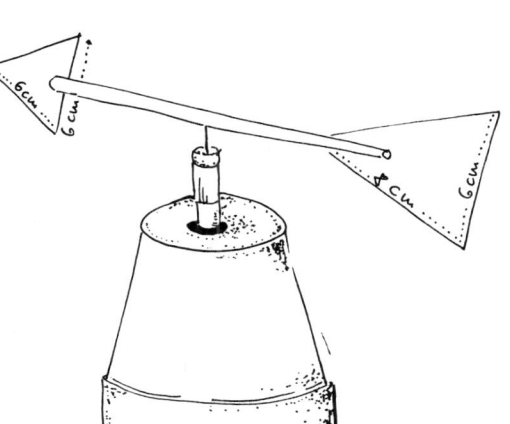

Material
Kleiner Blumentopf aus Ton von 8 cm
Durchmesser, Trinkhalm, Pappe, Blei-
stift mit Radiergummi am Ende,
Modelliermasse, Stecknadel, Schere,
Lineal.

So wird's gemacht
– Zwei Dreiecke aus Pappe ausschneiden; jeweils die Enden des
  Trinkhalms mit der Schere ca. 1 cm einschneiden und dort die Pappdreiecke hineinstecken, so daß ein Pfeil entsteht.
– Bleistift mit der Spitze nach unten in das Loch eines umgedrehten Blumentopfes
  stecken; Stift innen am Topfloch mit Modelliermasse befestigen.
– Pfeil mit einer Stecknadel auf den Radiergummi stecken. Der Pfeil muß sich frei
  bewegen können.

Hinweis: Wer will, kann sich mit Hilfe eines Kompasses die Windrichtungen Nord,
Ost, Süd, West auf dem Blumentopf mit Kreide markieren.

Lieder

REGNE, REGEN, LEIS

2. Regne, Regen, leis, mach die Felder grün,
   laß das Brot auf Erden wachsen, laß den Acker blühn!

(Aus: Kurt Pahlen, Kinder der Welt und ihre Lieder. Reich Verlag, Luzern 1979. Aufzeichnung, Bearbeitung und Übersetzung von Kurt Pahlen)

WENN ES DRAUSSEN REGNET

(Text und Melodie: Volker Rosin)

Und dann sprin-gen wir ge-mein-sam in die Pfüt-zen

rein.   in die Pfüt-zen rein.

2. Wenn es draußen regnet,
   dann macht mir das nichts aus.
   Ich zieh' den Regenmantel an
   und lauf' schnell aus dem Haus.
   Ich hole meine Freunde,
   dann bin ich nicht allein.
   In der Matsche können wir mal
   kleine Ferkel sein.

3. Wenn es draußen regnet,
   dann macht mir das nichts aus.
   Ich setz' mir die Kapuze auf
   und lauf' schnell aus dem Haus.
   Ich hör' noch Mutti rufen:
   „Paß auf, sonst wirst du naß!"
   Doch das macht mir gar nichts aus,
   denn Regen macht mir Spaß.

(Aus: Volker Rosin, Itzibitz – Die Liedermaus, Don Bosco Verlag, München 1991[2])

Sonnenbrot

Zutaten
Gerührter Hefeteig:
500 g Vollkornmehl, 1 Prise Salz, 1 Päck-
chen Trockenhefe, 1 Tl Zucker, 1 1/2 Tas-
sen Milch, 100 g Butter, 2 Eigelb, 1 Ei.
Zum Bestreichen: Eigelb, Eiweiß.
Zum Belegen: Sonnenblumenkerne, 2
Backpflaumen.

Geräte
Meßbecher oder Waage, Handrührgerät
oder Küchenmaschine mit Quirl und Knethaken, Rührschüssel, Backbrett, Back-
pinsel, Back-Papier, Gefäße für Eigelb und Eiweiß, Messer, Blech.

Zubereitung des Teiges
– Schaummasse aus weicher Butter, Eigelb und ganzem Ei rühren.

- Schaummasse mit Mehl, Salz, Zucker, Trockenhefe und lauwarmer Milch mischen, mit Knethaken gut durcharbeiten.
- Teig auf bemehltem Backbrett mit den Händen sehr gut abkneten.
- Teig zugedeckt an warmem Ort in einer Schüssel etwa eine Stunde gehen lassen.

Formen der Sonne
- Teig nach dem Gehen nochmals leicht durchkneten.
- Blech mit Back-Papier belegen.
- Teig zur Kugel formen und auf die Mitte des Bleches legen.
- Kugel plattdrücken und rundherum ca. 8 mal einige Zentimeter mit dem Messer einschneiden.
- Teig zwischen den Einschnittstellen in Strahlenform ziehen.
- Jeden „Sonnenstrahl" mit dem Messerrücken der Länge nach in der Mitte einkerben, mit Eiweiß bestreichen und mit Sonnenblumenkernen belegen.
- Augen, Mund und Nase aus Teigresten formen und auf die Sonne legen. Ansatzstellen mit Eiweiß bepinseln. Backpflaumen in das Innere der Augen drücken.
- „Sonne" mit Eigelb bestreichen und nochmals gehen lassen.
- In der Zwischenzeit Herd vorheizen; Backtemperatur: 200°C; Backzeit: 30 Minuten.

Naturkosmetik

Gemeinsam mit den Kindern können Pflegepräparate für die Haut zubereitet werden. Dabei werden natürliche Rohstoffe verwendet, die in Apotheken, Reformhäusern, Naturkostläden und Hobbyläden erhältlich sind.

LIPPENPOMADE

Zutaten
Bohnengroßes Stück Bienenwachs, 10 g Lanolinanhydrit, 20 g Rizinusöl, 2 knappe El Babyöl.

Material
Plastikbecher (hitzebeständig), Topf für Wasserbad, Plastiklöffel, Holzspatel, leere Cremedöschen.

So wird's gemacht
Alle Zutaten in den Plastikbecher geben und im Wasserbad schmelzen. Wasser langsam erhitzen, nicht kochen lassen! Mit Plastiklöffel umrühren. Es entsteht eine gelbe Mischung. Soll die Lippenpomade rot sein, wird ein Lippenstiftrest dazugegeben. Die Masse wird mit einem Holzspatel in die Cremedöschen gefüllt.

SONNENSCHUTZÖL

Natürliche Sonnenschutzöle haben einen Lichtschutzfaktor von etwa 1 – 2. Bei Anwendung dieses Öles vor einem Sonnenbad sollte die Haut schon gut gebräunt sein. Da es stark fettet, nur sparsam auftragen. Die Haltbarkeit beträgt etwa 6 Monate.

Zutaten
50 ml Sojaöl, 20 ml Nußöl, 30 ml Avocadoöl.

Material
Plastikschüssel, Plastiklöffel, Trichter, Flasche.

So wird's gemacht
Sojaöl, Nußöl und Avocadoöl in eine Schüssel geben und mit einem Löffel gut miteinander verrühren. Das fertige Öl in eine saubere, trockene Flasche füllen.

Witterungsbedingte Gefahren

SONNENBRAND

Sonnenbrand wird durch die ultraviolette Strahlung der Sonne verursacht. Die Symptome reichen von leicht geröteter Haut, die sich heiß anfühlt und brennt, bis zu hochroter, geschwollener Haut, auf der sich Blasen bilden und die sehr schmerzt. Die Gefahr eines Sonnenbrandes ist am Wasser besonders groß, da Wasser und heller Sand die Sonnenstrahlen reflektieren und somit verstärken. Hellhäutige Menschen mit wenig Pigmentierung neigen eher zu Sonnenbrand als dunkelhäutige. Kinder sind besonders gefährdet, weil ihre Haut noch empfindlich ist. Spätere Hautschäden können die Folge sein.

Vorbeugende Maßnahmen
– Die Haut langsam an die Sonne gewöhnen. Sengende Mittagssonne meiden. Auch im Schatten bräunt die Haut.
– Sonnenschutzmittel benutzen. Für empfindliche und sonnenentwöhnte Haut hohen Lichtschutzfaktor (15 – 25) wählen, Augenlider, Lippen und Nase besonders schützen. Sonnencreme etwa 45 Minuten *vor* dem Sonnenbad auftragen. Eine dünne Wolkenschicht hält die ultravioletten Strahlen der Sonne nicht ab; es besteht ebenfalls die Gefahr eines Sonnenbrandes!
– Beim Schwimmen und Schnorcheln wasserfeste Cremes verwenden, da auch unter der Wasseroberfläche noch mehr als 60 Prozent der Sonnenstrahlen wirksam sind.
– Bei längerem Aufenthalt in der Sonne leichte Kleidung überziehen und den Kopf schützen.

Erste Hilfe
Bei einem starken und schmerzenden Sonnenbrand sollte der Arzt aufgesucht werden.
Einen leichteren Sonnenbrand kann man selbst behandeln:
– Haut mit kalten Umschlägen kühlen. Handtuch in kaltes Wasser tauchen, aus-wringen und dann auflegen.
– Wund- und Brandgel oder Lotion auf die gereizte Haut auftragen. Der Apotheker gibt hier Rat.
– Erst dann wieder in die Sonne gehen, wenn alle Symptome abgeklungen sind.

VERHALTEN BEI GEWITTER

Unwetter, die mit Blitz, Donner und zuweilen auch Hagel oder orkanartigen Stürmen einhergehen, erzeugen bei vielen Menschen Ängste. Vielerlei Volksbräuche wie das Anzünden einer Wetterkerze, Läuten von Kirchenglocken oder auch Gebete haben sich daraus entwickelt.
Die Angst vor einem Gewitter ist durchaus berechtigt. Jährlich verlieren Menschen Haus und Hof durch Blitzschlag; Stürme und Hagel vernichten die Ernte. Zudem werden häufig Menschen, die sich im Freien aufhalten, vom Gewitter überrascht und können sich so nicht rechtzeitig in Sicherheit bringen. Jährlich sterben Men-schen, die vom Blitz getroffen wurden.
Es ist daher zur eigenen Sicherheit wichtig zu wissen, wie sich ein Gewitter ankün-digt und wie man sich bei Ausbruch des Unwetters richtig verhält.

Wie kündigt sich ein Gewitter an?
– Kurz vor Ausbruch eines Gewitters wachsen Haufenwolken turmartig zu großer Mächtigkeit an.
– Tiere verhalten sich vor dem Unwetter unruhig, Stechmücken treten in großen Schwärmen auf und verhalten sich angriffslustig.
– Heftiger Wind vertreibt die Schwüle des Tages. Donnergrollen ist zu hören.

Wie berechnet man die Entfernung eines Gewitters?
Da wir den Blitz sofort sehen, der Donnerschall aber ungefähr 3 Sekunden braucht, um einen Kilometer zurückzulegen, werden die Sekunden zwischen Blitz und Don-ner gezählt und durch 3 geteilt. Daraus ergibt sich die Entfernung des Gewitters in Kilometern. Zählt man beispielsweise 9 Sekunden zwischen Blitz und Donner, ist das Gewitter 3 Kilometer entfernt.

Wie verhält man sich während eines Gewitters?
Der Blitz erreicht immer auf dem kürzesten Weg den Erdboden. Daher sind die höchsten Erhebungen am stärksten gefährdet. Bestmöglichen Schutz vor Blitz-schlag bieten Gebäude mit Blitzableiter oder das Innere eines Autos oder einer Seil-bahnkabine.

Verhaltensregeln

- Bei drohendem Gewitter besondere Gefahrenzonen meiden oder auf dem schnellsten Wege verlassen. Dies sind Gipfel, Grate, Felsrinnen und -kamine, Gewässer und wasserführende Stellen, freistehende Bäume.
- Metallene Gegenstände in einiger Entfernung ablegen.
- Nicht mit dem Fahrrad weiterfahren.
- Einen gewissen Schutz im freien Gelände bieten:
  trockene Felsnischen, Mulden sowie dichtes, niederes Gehölz.

Es ist sicherer, in zusammengekauerter Haltung auf dem Boden zu sitzen. Von Felswänden sollte ca. ein Meter Abstand genommen werden. In Unterständen ohne Blitzableiter sich in Raummitte hocken und das Ende des Gewitters abwarten.
Der Gruppenleiter sollte in dieser Situation daran denken, die Kinder zu beruhigen.

Literatur

Bottmeyer, Manfred: Das Wetterbuch für Wetterfrösche & Co. Verlag F. Coppenrath, Münster 1992.

Löscher, Wolfgang: Der Wind, das himmlische Kind. Spiele und Materialien zum Thema Naturerscheinungen, Don Bosco Verlag, München 1989.

Verdet, Jean P.: Die Sonne – Quelle unseres Lebens. Reihe: Die Welt entdecken. Kindersachbücher, Bd. 25. Ravensburger TB 8325, Ravensburger Buchverlag Otto Maier, Ravensburg 1990.

Wilson, Francis/Mansfield, Felicity: Wir entdecken und bestimmen das Wetter. Ravensburger TB 621, Ravensburger Buchverlag Otto Maier, Ravensburg 1991.

Eis und Schnee

EIS UND SCHNEE – DIE NATUR HÄLT WINTERSCHLAF

Die Tage werden kürzer, die Temperatur sinkt, die Bäume sind kahl, die Felder wirken verlassen. Viele Tiere halten einen Winterschlaf, manche Vögel sind in den Süden gezogen.

EIS UND SCHNEE – SPASS BEI SPIEL UND SPORT

Voller Vorfreude erwarten Kinder den ersten Schnee, das Zufrieren von Seen und Flüssen. Viel Zeit wird im Freien verbracht mit Schneemannbauen, Schneeball-schlachten, Rodeln, Schlittschuhlaufen oder Skifahren. Die langen Abende laden ein zum gemütlichen Beisammensein.

EIS UND SCHNEE – GEFAHREN FÜR MENSCHEN UND TIERE

In der kalten Jahreszeit nehmen Erkältungskrankheiten zu. Mensch und Tier leiden unter der Kälte und müssen sich vorsorgen. Eisglatte Straßen, Lawinenabgänge und starker Frost fordern jedes Jahr ihre Opfer. Besondere Achtsamkeit ist erforderlich. Für Kinder ist es wichtig, Gefahren zu erkennen und sich richtig zu verhalten.

Spiel und Sport im Winter

Schnee und Eis üben eine große Faszination auf Kinder aus. Mit Begeisterung spielen sie im Schnee. Schlitten oder Skier werden hervorgeholt und die Schlittschuhe erprobt. Das Bedürfnis nach Bewegung an frischer Luft wird ausgelebt. Spiel und Sport bringen aber nicht nur Spaß, sondern sie bergen auch Gefahren. Es kommt immer wieder vor, daß sich Kinder bei Unfällen verletzen oder wegen unzureichender Kleidung erkälten.

Was ist zu beachten?
Manche Gefahrenmomente lassen sich durch verantwortungs- und sicherheitsbe-wußtes Verhalten vermeiden.
– Zweckmäßige und warme Kleidung ist Voraussetzung für den Aufenthalt draußen. Geeignet sind Schneeanzug oder Anorak, wasserabstoßende Stiefel und Handschuhe, Mütze und Schal. Auch an Wechselkleidung sollte man denken.
– Das Schlittenfahren auf schneebedeckten und abschüssigen Straßen und Wegen ist gefährlich (Autofahrer, Fußgänger) und deshalb verboten.
– Der Schlittenhang sollte in seinem Gefälle dem Alter und dem Fahrkönnen der Kinder entsprechen und einen langen Auslauf haben. Bäume, Straßen und Zäune müssen genügend weit entfernt sein, damit Kinder, die nicht rechtzeitig bremsen können, nicht gegen einen Baum prallen oder auf die Straße fahren.

- Zugefrorene Seen oder Flüsse dürfen nur dann betreten werden, wenn sie eine dicke, tragende Eisschicht haben. Bei Tauwetter besteht Gefahr, im Eis einzubrechen.
- Nicht auf der Schlittenbahn stehen bleiben, da die Gefahr besteht, überfahren zu werden. Schlitten immer neben der Schlittenbahn hochziehen.
- Mit Schneebällen nie auf Autos oder Personen zielen (Verkehrsgefährdung, Sachbeschädigung, Erschrecken von Passanten). Keine Steine mit in den Schneeball formen oder mit „harten" Schneebällen werfen!
- Beim Schlittschuhlauf die Geschwindigkeit dem Fahrkönnen anpassen und rücksichtsvoll fahren.
- Im Skigelände die Skifahrerregeln und Pistenmarkierungen beachten.
- Belegte Brote und warme Getränke in Thermosflaschen können mitgenommen werden. Eine Erste-Hilfe-Tasche ist bei kleineren Verletzungen nützlich.
- Wieder zuhause, wechseln die Kinder ihre nasse Kleidung und die Schuhe.

WINTEREINZUG UND FRÜHLINGSERWACHEN

Der strenge Frost streicht mit der Hand
behutsam über Stadt und Land,
von Rauhreif glitzert weiß die Welt,
verzaubert liegen Wald und Feld,
verhüllt mit Schnee sind Feld und Stein,
darauf glänzt heller Sonnenschein.
Die Pflanzen ruhn, sie sind erstarrt,
die Erde ist gefroren hart.
Nun schlafen viele Tiere ein
und ruhen unter Laub und Stein,
beginnen einen tiefen Traum,
sie regen sich und atmen kaum.
Den Teich bedeckt bald dickes Eis,
am Grunde warten Fische leis',
sind ganz erstarrt von großer Kält',
sie blicken stumm hinauf zur Welt.

Doch ewig herrscht der Winter nicht,
im Dunkel leuchtet auf ein Licht;
im Erdenschoß beginnt ein Weben,
schon bald regt sich hier neues Leben,
und nach der zwölften Heil'gen Nacht
erwachet langsam, doch mit Macht,
im dunkeln Grund Mutter Natur:
Mit Grün bedeckt sich nun die Flur.
Die Pflanzen sprießen, Knospen schwellen,

und durch die Luft die Vögel schnellen,
und auch die Tiere sind erwacht
aus ihrer langen Winternacht.
Die Fische jagen sich im Kreis,
verschwunden ist das dicke Eis.
Und alles wärmt der Sonne Schein:
Endgültig zog der Frühling ein!

(Aus: Harress, Hans: Seifenblasen. Gedichte für Kinder.
Novalis Verlag, Schaffhausen 1988)

WAS IST DAS?

Hinter unserm Hause
hängt 'ne Pilepause.
Unsre Pilepause weint,
wenn die liebe Sonne scheint.

(Ein Eiszapfen)

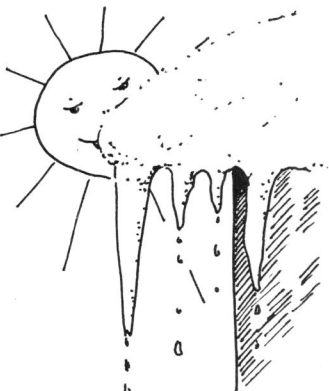

Phantasiereise – Schneeflocken

Die letzten Tage hat es kräftig geschneit. Staunend sehen die Kinder zu, wie Tausende von Schneeflocken zur Erde schweben und die kahle Umgebung in eine glitzernde weiße Schneelandschaft verwandeln. Die Kinder hinterlassen ihre Spuren im unberührten Schnee, sie spielen und toben.
Diese intensive Erfahrung mit Schnee ist eine gute Voraussetzung für die folgende Phantasiereise.

Allgemeine Hinweise für den Gruppenleiter → Kap. *In Feld und Flur,* S. 57.

Material
Schüssel mit Schnee, Tuch zum Abdecken, Aufwischtuch, Handtuch, Bodenmatten.

Verlauf
Die Kinder sitzen in bequemer Haltung auf den im Kreis angeordneten Matten. Der Gruppenleiter stellt eine mit Schnee gefüllte und mit einem Tuch abgedeckte Schüssel in die Kreismitte. Er fordert die Kinder auf, nacheinander unter das Tuch zu greifen und zu erspüren, was sich in der Schüssel befinden könnte. Wenn alle Kinder an der Reihe waren, teilen die Kinder ihre Eindrücke mit. Nun nimmt sich jedes Kind eine Handvoll Schnee, riecht daran, spürt die Kälte auf der Haut und beobachtet, wie der Schnee sich langsam in eine Pfütze verwandelt.

Nachdem sich alle die Hände abgetrocknet haben, legen sich die Kinder hin und werden angeregt, die Augen zu schließen. Nach einleitenden Atemübungen und Ruheformeln beginnt der Gruppenleiter mit der Geschichte:

„Du sitzt am Fenster und schaust hinaus –
es ist ganz still, niemand stört Dich –
der Himmel ist grau verhangen –
unzählige Schneeflocken schweben vom Himmel –
sie tanzen durch die Luft –
langsam bedecken sie die Erde –
der Schnee hüllt alles ein –
er breitet seine weiße Decke über die kahle Winterwelt –
Du hast Lust, hinauszulaufen –
durch den unberührten Schnee zu stapfen –
Deine Spuren zu hinterlassen –
die kalte Luft zu atmen –
die Stille zu spüren –
Du fühlst dich frei – gelöst und ruhig –
Dein Atem geht ruhig und gleichmäßig."

GESTALTEN EINES SCHNEE-BILDES

Material
Packpapier oder blaues Tonpapier, leere Gläser für die Farbe, weiße Wandfarbe (Malerbedarf), breite Pinsel, Faschingsglimmer (silber), Alufolie, Kleber.

Mit weißer Wandfarbe werden Eiszapfen, Schneeflocken und einzelne Schneekristalle auf das Papier gemalt. Besonders reizvoll wird das Bild, wenn silberner Faschingsglimmer und winzige Alufolienstücke für den nötigen Glitzereffekt sorgen.

EISBLUMEN ZAUBERN

Kinder haben heute nur noch selten Gelegenheit, „Eisblumen" an Fensterscheiben zu bewundern.

Gut isolierte Fenster verhindern das Entstehen von Eisblumen.
Mit Hilfe eines kleinen Experiments können die Kinder bei frostigen Temperaturen selbst Eisblumen „zaubern" und sich an den bizarren Mustern erfreuen.

Material
Kleine Glasscheiben, Wasser, kleine Gießkanne, Kieselsteine.

So wird's gemacht
Glasplatte auf Kieselsteine legen, damit diese am Boden nicht festfriert. Etwas Wasser auf die Glasflächen gießen und gefrieren lassen.

WUNDERWELT DER SCHNEEKRISTALLE

Material
Lupe (zehnfache Vergrößerung).

Wenn es schneit, können Schneekristalle mit der Lupe betrachtet werden. Besonders gut sieht man sie auf einem dunklen Ärmel oder Handschuh. Die Kristalle weisen die unterschiedlichsten Formen auf; über 7000 verschiedene konnten bislang beobachtet werden. Die Eisplättchen sind sechseckig und messen von einer Spitze zur anderen 3 mm. Bei eisiger Kälte sinken nur einzelne Schneekristalle herab, bei wärmeren Temperaturen bilden sie große Schneeflocken.

SCHNEETEST

Material
Topf, Kaffeefilter, Filtertüte (weiß).

Mit Hilfe eines Schneetests kann beobachtet werden, daß Schnee durch die Umwelt verschmutzt ist.
Von einer verschneiten Wiese wird Schnee geholt und in einem Topf zum Schmelzen gebracht. Das Schmelzwasser wird in einen Kaffeefilter geschüttet. In der Filtertüte zeigen sich Schmutzspuren. An den darauffolgenden Tagen kann das Experiment wiederholt werden. Je länger der Schnee liegt, desto größer ist der Schmutzanteil. Der Dreck stammt von den Auspuffrohren der Autos und den Schornsteinen von Häusern und Industrieanlagen.

Vögel füttern und beobachten

Sobald die Tage kälter und kürzer werden, ziehen viele Vögel in den Süden. Für Vögel, die den Winter über hier bleiben, kann die kalte Jahreszeit hart sein. In schneereichen und sehr kalten Wintern leiden viele Vögel an Futtermangel und brauchen unsere Hilfe.

Eine Futterstelle lockt viele Vögel an und bietet Gelegenheit, diese aus unmittelbarer Nähe zu beobachten, mehr als in jeder anderen Jahreszeit.

Wann soll gefüttert werden?

Eine Winterfütterung nützt vor allem den Arten, die sich an den Menschen und seine Umgebung gewöhnt haben. Sie sollte erst dann beginnen, wenn den Vögeln nur noch wenige natürliche Nahrungsquellen zur Verfügung stehen. Dies ist in schneereichen Wintern mit anhaltendem Frost der Fall. In milden Wintern finden die Vögel genug Nahrung: hängengebliebene Beeren, herabgefallene Samenkörner, unter Laub oder hinter Baumrinden versteckte Insekten oder deren Larven.

Wie sieht der richtige Futterplatz aus?

Eine Futterstelle oder ein Vogelhaus kann an einem Baum im Garten, an einer Mauer oder auf der Terrasse bzw. dem Balkon angebracht werden. An geschützten Stellen am Boden finden sich vor allem Amseln und Rotkehlchen ein. Am Baumstamm oder Befestigungspfosten des Vogelhäuschens kann man fettreiches Futter aufstreichen und so Kleiber, Baumläufer und Spechte anlocken. Meisen bevorzugen frei hängende Futterquellen wie Meisenknödel oder -ringe. Die anderen Vogelarten verkösten sich im Vogelhaus.
Der Futterplatz sollte gut einzusehen und so angebracht sein, daß weder der Wind die Vogelnahrung wegwehen, noch die Katze für die Vögel gefährlich werden kann.

Was soll gefüttert werden?

Nicht alle Vögel fressen das gleiche Futter. Ihre unterschiedlichen Schnabelformen ermöglichen es ihnen, verschiedene Nahrung aufzunehmen. So brauchen Körnerfresser anderes Futter als Insekten- oder Weichfresser.
Zu den Körnerfressern zählen Meisen, Sperlinge, Finken, Zeisige, Gimpel, Kernbeißer, Buntspechte. Zu den Weichfressern gehören Amseln, Rotkehlchen, Heckenbraunelle.
Die Art der Fütterung richtet sich also nach den Futterhausgästen. Grundsätzlich sollten keine Brot- oder Kuchenreste, Käserinden und Gesalzenes verfüttert werden.
Auch wenn es bequemer ist, fertiges Streufutter, Meisenringe oder -knödel zu kaufen, so ist es doch interessanter, mit den Kindern Vogelfutter selbst zu mischen.

VOGELFUTTER SELBST HERGESTELLT

Streufutter für Körnerfresser
1/3 Hanfsamen, 1/3 Sonnenblumenkerne, 1/3 Hafer, Weizen, Mohn, Hirse.

Streufutter für Weichfresser
Lose Haferflocken, Rosinen, kleingeschnittenes Obst, getrocknete Beeren von Eberesche, Holunder, Weißdorn, Sanddorn.

Meisenringe

Zutaten
Kokosfett, Sonnenblumenkerne.

Material
Käseschachteln oder Gläserdeckel, Topf, kleiner Schöpflöffel, Kochlöffel, Backblech, Zeitungspapier, Nagel, Hammer, Befestigungsschnur.

So wird's gemacht
– Kokosfett erwärmen, bis es flüssig ist, dann von der Herdplatte nehmen.
– Sonnenblumenkerne unter Rühren hineinstreuen.
– Backblech mit einer dicken Lage Zeitungspapier auslegen.
– Schachteln oder Gläserdeckel auf die Zeitung legen.
– Flüssige Masse in die Formen schöpfen und in die Kälte stellen, bis das Fett erstarrt ist.
– Mit Hilfe eines Nagels ein Loch in den Meisenring schlagen und Schnur zum Aufhängen durchziehen.
– Meisenring am Futterhaus oder an einem Ast aufhängen.

Was kann beobachtet werden?
Werden Kinder an den Vorbereitungen für eine Winterfütterung beteiligt, so zeigen sie meist großes Interesse an den Vögeln, die sich an der Futterstelle einfinden.
Die Kinder können zu einer genauen Beobachtung der Vögel angeregt werden. Sie erfahren nicht nur etwas über das Aussehen der Vögel, sondern auch über ihre Gewohnheiten, ihr Verhalten und ihre Lebensweise.
Durch das Festhalten der Beobachtungen und Erlebnisse in Bildern wird die Naturbeobachtung intensiviert. Ältere Kinder finden vielleicht Freude daran, über einen längeren Zeitraum ein „Vogelheft" zu führen, in dem sie ihre Beobachtungen eintragen und Zeichnungen anfertigen. Ein Vogelbestimmungsbuch ist dafür eine nützliche Hilfe. Sicher wird es die Kinder interessieren, was die einzelnen Vögel bevorzugt fressen. So lieben Amseln z.B. Rosinen, Apfelstücke, gekochte Kartoffeln; Spatzen fressen Sonnenblumenkerne, Hanfsamen, Nüsse. Meisen, im Sommer Insektenfresser, sind im Winter am Futterhaus vorwiegend Körnerfresser. Fett dient ihnen als Ersatz für tierische Nahrung.

WINTER-SPEISEPLAN

Welcher Vogel frißt was?

	Hanfsamen	Sonnen-blumen-kerne	Hafer-flocken	Rosinen	Obst	Fett
Sperling	x	x	x			
Amsel				x	x	
Meise	x	x	x			x

Schneeparty

Eine Party im Schnee ist sicher ein Ereignis, das Kinder begeistert und noch lange in Erinnerung bleibt.
Ein solches Fest erfordert einiges Improvisationstalent, da sonnige Wintertage mit ausreichend Neuschnee selten sind. Rasches Handeln ist also wichtig. Gemeinsam läßt sich alles Nötige organisieren, und der Spaß bei der Vorbereitung dürfte mindestens ebenso groß sein wie beim Fest selbst.

Ideen für eine Schneeparty

Dekoration:
Glitzersterne und Eismonde ✳, Schneetorte ✳, Schneekerzen ✳ und Schneelaternen ✳.

Aktionen:
Schneebar ✳ , Schneemonster ✳, Zielwerfen mit Schneebällen ✳.

Essen und Trinken:
Punsch ✳, Bratwürste, Brötchen, Eiskonfekt ✳, Schneebälle ✳.

Musik:
Zünftige Musik oder Discomusik.

SCHNEEBAR

Zu einer Party im Freien gehört unbedingt eine Schneebar. Sie ist allgemeiner Treffpunkt, um sich mit einem heißen Punsch aufzuwärmen. Für die richtige Stimmung sorgt Musik aus dem Kassettenrecorder.

Material
Feuchter Schnee, Eimer, Schaufeln, Obstkisten, evtl. langes Brett.

So wird's gemacht
– Obstkisten nebeneinander auf den Boden stellen und mit weiteren Kisten bis zur gewünschten Höhe aufstocken. Die offenen Seiten der Kiste bieten später eine ideale Abstellfläche für Teller, Becher und anderes.
– Kisten an der Vorderseite mit einer Schneemauer verkleiden. „Mauer" oben begradigen und evtl. ein Brett zum Abstellen der Speisen und Getränke auflegen.

SCHNEEBURG

Material
Holzlatten, Schaufeln, Eimer, Plastikplane, Obstkisten oder große und stabile Kartons, alter Teppich.

So wird's gemacht
Der Bau einer Schneeburg beansprucht einige Tage, da die einzelnen Schichten immer wieder neu anfrieren müssen.
Bevor die Kinder mit dem Bau beginnen, einigen sie sich auf die Größe und den Grundriß der Burg und treten den Schnee fest.
Aus feuchtem Schnee formen sie wurstartige Rollen und schichten sie auf der Grundlinie dicht nebeneinander. Die Fugen verkleben sie mit Schnee, damit eine glatte Fläche entsteht. Die Wände werden senkrecht gebaut, Türe und Fenster mit Latten abgestützt. Bevor eine neue Schicht aufgebaut wird, kann am Abend zuvor kaltes Wasser über den Bau geschüttet werden, das dann anfriert und die Teile zusammenhält. Aus Sicherheitsgründen wird das Dach aus Latten, die quer über die Schneemauern gelegt werden, konstruiert. Das Ganze wird mit einer Plastikplane abgedeckt und mit Schnee fixiert. Damit es in der Schneeburg richtig gemütlich ist, dient ein alter Teppich als Bodenauflage und Obstkisten oder Kartons als Sitzgelegenheit und Tisch.

SCHNEETORTE

Eine Schneetorte ist nicht nur festlich, sondern auch besonders originell – z.B. als Überraschung bei einem Kindergeburtstag.

Material
Schnee, Eimer, Schaufeln, Sandförmchen, Schüssel, Löffel, Lebensmittelfarben oder Farbpigmente, Teelichter, Eiskonfekt ✳.

So wird's gemacht
Aus Schnee eine große Torte formen. In Schüsseln Schnee in unterschiedlichen Farben färben und in die Sandförmchen geben. Schneetorte mit gefärbtem Schnee verzieren, Eiskonfekt ringsherum in die „Torte" drücken und obendrauf Kerzen (Teelichter) setzen.

KUNTERBUNTE SCHNEEMONSTER

Wenn es viel geschneit hat und der Schnee gut klebt, kann ein Schneemonster gebaut werden.

Material
Schnee, Eimer, Schaufeln, Lebensmittelfarben oder Farbpigmente (Erdfarben in Pulverform), Schüsseln, Löffel.

So wird's gemacht
Die Kinder gestalten ein Ungeheuer ganz nach ihrer Phantasie. Es kann mit Zähnen und Buckel, furchterregenden Augen, einem langen Schwanz und gespenstischen Händen aus Eis ✳ ausgestattet sein. Besonderen Spaß bereitet es, einzelne Teile des Monsters mit gefärbtem Schnee zu bauen. Dazu wird Schnee in Schüsseln mit Lebensmittelfarbe oder Farbpulver solange vermischt, bis der Schnee gut durchgefärbt ist.

GEFRORENE HÄNDE

Bei Temperaturen unter 0°C können gruselige Hände hergestellt werden, die später einen Schneemann oder ein Schneemonster zieren.

Material
Wasser, Lebensmittelfarbe, Schüssel, Einmalhandschuhe, Wäscheklammern, Wäscheleine.

So wird's gemacht
Gummihandschuh gut auswaschen und mit gefärbtem Wasser füllen. Über Nacht Handschuh mit Wäscheklammern an einer Leine im Freien befestigen. Am näch-

sten Tag Handschuh kurz unter warmes Wasser halten und von der „gefrorenen Hand" abstreifen.

ZIELWERFEN MIT SCHNEEBÄLLEN

– Dem Schneemann wird eine Blechbüchse als Hut aufgesetzt. Die Kinder versuchen, den „Hut" mit einem Schneeball abzuwerfen. Es kann auch nach einem vorher vereinbarten Punktesystem gespielt werden: Wer den Hut trifft, erhält 30 Punkte, wer den Kopf trifft, erhält 20 Punkte und wer den Körper trifft, bekommt 10 Punkte.

– Ein Eimer oder Karton wird in die Kreismitte gestellt. Die Kinder versuchen, ihren Schneeball hineinzuwerfen.

– Auf einer vorher gebauten Schneemauer werden Luftballons befestigt, die nun Ziel für die Schneebälle sind.

GLITZERSTERNE UND EISMONDE

Wenn frostige Temperaturen herrschen, läßt sich ein nicht alltäglicher Baumbehang herstellen: Ein Strauch oder Baum im Garten wird mit Sternen, Monden und anderen Formen aus Eis verziert. Bei Sonnenschein oder im Licht elektrischer Kerzen funkeln die Anhänger wie Kristalle.

Material
Plätzchen-Ausstechformen, Wollfäden, Topf o.ä.

So wird's gemacht
– Ausstechformen dicht nebeneinander auf den Topfboden legen.
– Die Formen mit Wasser füllen.
– Beide Enden eines Wollfadens nebeneinander in die mit Wasser gefüllte Form legen, die Schlaufe über den Topfrand hängen.
– Topf ins Freie stellen, so daß das Wasser zu Eis gefriert.
– Topf kurz in heißes Wasser tauchen, damit sich die Eisanhänger aus den Förmchen lösen lassen.
– Strauch oder Baum mit den Eisformen behängen.

Tip: Anstelle der Ausstechformen können auch Sandförmchen genommen werden. Dann wird kein Topf benötigt.

SCHNEELATERNE

Zum Bau einer Schneelaterne eignet sich am besten frisch gefallener, feuchter Schnee. Ihr Lichteffekt kommt erst bei Dunkelheit zur Wirkung. Sehr eindrucksvoll ist es, wenn mehrere Laternen in verschiedenen Größen gebaut werden. Der besondere Reiz dieser Laterne liegt darin, daß das Licht nicht nur durch die Öffnung, sondern auch durch die vielen Ritzen schimmert.

Material
Stumpenkerzen, Streichhölzer.

So wird's gemacht
– Schneebälle formen und kreisförmig dicht aneinanderreihen. An einer Seite Öffnung zum Hineinstellen der Kerze freihalten.
– Weitere Schneebälle aufstocken und dabei Kreis regelmäßig verkleinern, bis oben ein kleines Loch übrigbleibt. Öffnung mit einem Schneeball schließen.
– Stumpenkerze in die Schneelaterne stellen.

SCHNEEKERZE

In Schnee gegossene Kerzen sind reizvoll, da sie oft bizarre Formen aufweisen.

Material
Wachsgranulat, Docht, flacher Topf für das Wasserbad, leere Konservendose für das Wachs, Gefäße zum Eindrücken der Mulde (Kompottschale, Joghurtbecher), Plastikwanne für den Schnee, sauberer Schnee, Stricknadel.

So wird's gemacht
– Schnee in die Wanne füllen.
– Mit den Händen oder einem Gefäß eine Mulde in den Schnee eindrücken.
– Wachsgranulat im Wasserbad schmelzen.
– Docht in heißem Wachs versteifen.
– Gießfertiges Wachs in die Schneemulde füllen, Wachs setzen lassen und Schneeform weiter auffüllen.
– Kerze im Schnee lassen, bis das Wachs erstarrt ist.
– Kerze aus dem Schnee nehmen; mit heißer Stricknadel Dochtloch in der Kerzenmitte anbringen und versteiften Docht hineinstecken.

ÖLLEUCHTEN AUS MANDARINENSCHALEN

Diese besonders stimmungsvolle und originelle Tischbeleuchtung für lange Winterabende kann von den Kindern mit wenig Aufwand selbst hergestellt werden.

Material
Mandarinen, Messer, Speiseöl oder Wachsgranulat, Küchenkrepp, Feuerzeug.

So wird's gemacht
- Schale einer Mandarine waagrecht so durchschneiden, daß zwei gleich große Hälften entstehen.
- Schalen vorsichtig von der Frucht ablösen und darauf achten, daß der Strunk in der Mitte stehen bleibt; er dient als Docht.
- Schale gut trocknen lassen oder trocken tupfen.
- Speiseöl oder flüssiges Wachs einfüllen bis knapp unter das Strunkende.
- „Docht" anzünden. Da der Strunk noch feucht ist, dauert dies etwas länger.

SCHNEESTURM IM GLITZERGLAS

Schüttelgläser mit Miniaturlandschaften und -figuren sind besonders bei Kindern beliebt. Durch Bewegen des Glases entsteht ein Flockenwirbel, der die Illusion einer verschneiten Winterlandschaft herbeizaubert.
Mit wenig Aufwand können sich die Kinder selbst dieses Spielzeug herstellen. Vielleicht mit einem Schneemann aus Knete, der von goldenem oder silbernem Glimmer eingehüllt wird.

Material
Leeres, breites Schraubglas mit Deckel, rote, schwarze und weiße Knete, Faschingsglimmer, Alleskleber, Holzzahnstocher.

So wird's gemacht
- Aus Knete einen Schneemann formen. Kopf und Rumpf mit einem Zahnstocher verbinden.
- Den Schneemann mit Alleskleber auf die Innenseite des Deckels kleben und den Kleber über Nacht trocknen lassen.
- In das Glas Faschingsglimmer geben und dieses randvoll mit Wasser füllen.
- Deckel mit Schneemann auf das Glas schrauben und kräftig schütteln.

Winter-Rezepte

SCHNEEBÄLLE

Zutaten
100 g Mandeln, 100 g Feigen, 100 g Rosinen, 100 g Haferflocken, 2 – 3 El Honig, Kokosraspeln.

Zubereitung
Im Mixer Feigen und Rosinen zerkleinern. Gemahlene Mandeln, Haferflocken und Honig untermischen und alles verkneten. Aus der Masse kleine Bällchen formen und in Kokosraspeln wälzen. Die „Schneebälle" einige Zeit trocknen lassen.

EISKONFEKT

Zutaten (für 50 Stück)
125 g Palmin, 200 g Puderzucker, 60 g Kakao, 1 Päckchen Vanille-zucker oder ein paar Tropfen Rum-Aroma.

Geräte und Material
Pralinenförmchen aus Weißblech, ein flacher Topf und ein Stieltopf für das Wasser-bad, Sieb, Kochlöffel, Messer, Waage, Schüssel, Schnee.

Zubereitung
– Flachen Topf zu etwa einem Drittel mit Wasser füllen und das Wasser fast zum Kochen bringen.
– Stieltopf ins Wasserbad stellen, Palmin hineingeben und schmelzen lassen.
– Puderzucker, Kakao und Vanillezucker mischen und in die Schüssel sieben.
– Gemisch ins flüssige Fett geben und glattrühren.
– Masse in kalt ausgespülte Konfektförmchen füllen und mit Messer glattstreichen.
– Schnee in Schüssel füllen und Förmchen hineinsetzen.
– Nach ca. 10 Minuten das Konfekt mit Hilfe eines Messers von der Form lösen und kühl aufbewahren.

Hinweis
Bei Schneemangel kann die Schokoladenmasse im Gefrierfach erstarren.

SCHNEEMONSTERS PUNSCH

Zutaten
1/2 l Wasser, Hagebuttentee, Saft einer Zitrone, Glühweingewürz, Saft von zwei Orangen, 1 l schwarzer Johannisbeersaft, Zucker nach Geschmack.

Zubereitung
- Hagebuttentee und Glühweingewürz mit kochendem Wasser übergießen und 10 Minuten ziehen lassen, dann abseihen.
- Zitronensaft, Orangensaft und Johannisbeersaft hinzufügen und alles noch einmal kurz aufkochen lassen.
- Mit Zucker abschmecken und heiß servieren.

HEISSE MARONEN

Edelkastanien über Kreuz einschneiden, auf Backblech in heißer Röhre etwa 10 – 15 Minuten erhitzen, bis sich Schale und inneres Häutchen lösen lassen, schälen.

BRATÄPFEL

Zutaten
Ein großer Boskop-Apfel pro Kind, gehackte Mandeln, Rosinen, Marmelade, Butter, Honig, Schlagsahne.

Geräte
Messer oder Apfelausstecher, feuerfeste Form, Fettpinsel, Teelöffel, elektrisches Handrührgerät, Rührschüssel.

Zubereitung
- Äpfel waschen und trocknen.
- Kerngehäuse ausstechen.
- Feuerfeste Form einfetten.
- Herd auf 200°C vorheizen.
- In die ausgehöhlten Äpfel Mandeln und Rosinen geben, darauf einen Teelöffel Marmelade.
- Die Äpfel in die gebutterte Form setzen und im vorgeheizten Backofen etwa 20 Minuten braten.
- Die Sahne mit dem Honig steif schlagen und auf den fertigen Bratapfel je einen Löffel davon geben.

Erkältungskrankheiten

In den Wintermonaten nimmt die Zahl der Erkältungskrankheiten zu. Häufig sind die Abwehrkräfte reduziert durch einseitige vitaminarme Kost und mangelnde Abhärtung des Körpers. Naßkalte Witterung, ungenügende oder durchnäßte Kleidung, Zugluft, Sitzen auf kalter Unterlage u.a. können einen Schnupfen oder grippeähnliche Erkrankungen auslösen.

Vorbeugende Maßnahmen
- Ausreichend Schlaf und eine vitaminreiche, ausgewogene Kost. Eine zusätzliche Einnahme von Vitaminen kann sinnvoll sein.
- Witterungsgerechte Kleidung.
- Abhärtung durch Wechselduschen, täglichen Aufenthalt an der frischen Luft mit Bewegung bei Sport und Spiel.
- Bei den ersten Anzeichen von Frösteln warmen Raum aufsuchen, nasse gegen trockene Kleidung auswechseln, heiße und zuckerhaltige Getränke zu sich nehmen (Tee, Zitronenwasser).
- Ansteckung vermeiden: direktes Anhusten vermeiden, Hand vor den Mund halten, Hände öfters waschen, Papiertaschentücher verwenden und auf allgemeine Hygiene achten.

Einbrechen ins Eis

Für Kinder ist es ein besonderes Erlebnis, auf Natureisflächen Eislaufen zu gehen oder einen gefrorenen See oder Weiher zu überqueren. Leider geschieht es immer wieder, daß Kinder oder auch Erwachsene ins Eis einbrechen. Auch wenn das Eis vom Grundstücksbesitzer oder von der Gemeinde freigegeben wurde, muß der Gruppenleiter in eigener Verantwortung entscheiden, ob es von den Kindern betreten werden darf.

Vorbeugende Maßnahmen
- Zugefrorene Gewässer nur dann betreten, wenn sie eine dicke, tragende Eisschicht von mindestens 8 cm haben. Dies ist nur nach einer mehrtägigen Frostperiode der Fall. Bei einsetzendem Tauwetter nimmt die Festigkeit des Eises rapide ab.
- Die Eisdecke ist nicht an allen Stellen gleich dick. In Ufernähe und bei ein- oder ausmündenden Bächen und Flüssen ist sie schwächer.
  Anzeichen für schwächeres Eis sind: dunklere Färbung; das Wasser unter dem Eis ist sichtbar und verändert bei Druck auf das Eis seine flächige Ausdehnung.
- Vor dem Betreten der Eisfläche soll man sich über Rettungseinrichtungen (Seile, Stangen, Leiter, Bretter) sowie über das nächste Telefon informieren. Das Mitführen einer Erste-Hilfe-Tasche ist selbstverständlich.

Erste Hilfe
Ein Einbruch ins Eis kündigt sich durch einen oder mehrere Risse oder hörbares Knistern und Knacken an. Das bedeutet für den Betroffenen, sich sofort hinzulegen und aus dem Gefahrenbereich zu robben.

Selbstrettung:
- Um Hilfe rufen!
- Wenig bewegen, nicht entkleiden.

– Dünnes Eis: Eis abbrechen, bis es trägt oder das Ufer erreicht ist.
– Dickes Eis: In Bauch- oder Rückenlage auf das Eis schieben und ans Ufer kriechen.

Fremdrettung:
– Hilferuf weitergeben!
– Bergung des Verunglückten nie ohne Seilsicherung oder Sicherung durch einen
  zweiten Helfer!
– Hilfsmittel verwenden: Bretter, Leiter, Stangen etc.
– Tragfähigkeit des Eises prüfen. Es muß Helfer und Verunglückten tragen können.
– Niemals aufrecht, sondern immer liegend der Einbruchsstelle nähern!
– Verunglücktem Mut zusprechen und ihn auffordern, beide Arme auf die Eisfläche
  zu legen und sich möglichst wenig zu bewegen.
– Wenn nötig, nur mit Seilsicherung und in voller Kleidung ins Wasser gehen.

Literatur

Bräunling, Elke/Schweiggert, Alfons: Wenn's draußen früher dunkel wird, Bd. 1,
Winterzeit – Geschichtenzeit. Konstanzer Taschenbücher. Christliche Verlagsan-
stalt, Konstanz 1992.

Singer, Detlef: Vogeltreffpunkt Futterhaus. Vögel am Futterplatz bestimmen und
sinnvoll füttern. Kosmos-Naturführer. Franckh-Kosmos, Stuttgart 1989.

Abends, wenn es dunkel wird

ABEND UND NACHT – ZEIT DER DÄMMERUNG UND DUNKELHEIT

Die Schatten werden länger, die Sonne geht unter. Nach einer kurzen Zeit der Dämmerung breitet sich Dunkelheit aus. Mond und Sterne erscheinen am Himmel.
Überall auf der Erde gibt es diesen Rhythmus von Tag und Nacht. Dort, wo die Erde
der Sonne zugewandt ist und von ihr Licht und Wärme erhält, ist Tag. Nacht ist in den
Teilen, die im Schatten der Sonne liegen. Der Wechsel von Tag und Nacht vollzieht
sich unterschiedlich: Nördlich des Polarkreises geht die Sonne in den Sommermo-
naten auch nachts nicht unter. Im Winter dagegen gibt es dort eine lange Zeit der
Dunkelheit. In den Tropen ist die Phase der Dämmerung nur sehr kurz, die Nacht
bricht plötzlich an.
Auch im Jahreslauf sind Veränderungen im Tag-Nacht-Rhythmus zu beobachten.

ABEND UND NACHT – DIE NATUR KOMMT ZUR RUHE

Gegen Abend wird es kühler und feuchter; aus Feldern und Wiesen steigt ein starker
Geruch von Erde und Gräsern; am Himmel tauchen die letzten Sonnenstrahlen die
Wolken in ein vielfältiges Farbenspiel. Das Leben in der Natur kommt zur Ruhe;
Pflanzen, die sich am Tag dem Licht zugewandt haben, verschließen sich; Tiere
kehren in ihren Bau zurück, andere gehen nachts auf Beute; Menschen bereiten
sich auf ihre Nachtruhe vor.

TAG UND NACHT – IMMER WIEDERKEHRENDER RHYTHMUS IN DER NATUR

Kinder erleben von Geburt an den ständigen Wechsel von Tag und Nacht, von Licht
und Schatten, Aktivität und Ruhe, Anspannung und Entspannung. Im Licht des Tages entdecken und erforschen sie ihre Umwelt, entwickeln und erproben sie ihre
Kräfte, fassen Vertrauen zu Bekanntem und Unbekanntem. Die Dunkelheit der
Nacht läßt das Sichtbare zurücktreten: In Träumen steigen Bilder aus dem eigenen
Innern auf; Kinder erleben ihre eigene „Nachtseite" – Ängste, Mißtrauen, Verlassen-
heits- und Schuldgefühle. Unverarbeitete Eindrücke werden bewußt.

TAG UND NACHT – KÜNSTLICHE LICHTQUELLEN
VERÄNDERN DIESEN RHYTHMUS

In den uralten, natürlichen Rhythmus von Tag und Nacht greift der Mensch immer
mehr ein: Künstliche Lichtquellen machen die Nacht hell wie am Tag; Freizeitbe-
schäftigungen oder Schichtarbeit bis spät in die Nacht verlängern die Phase der Aktivität und Anspannung; unerledigte Aufgaben und ungelöste Probleme verhindern
die Entspannung und Erholung während der Nachtruhe. Der natürliche, biologische
Rhythmus ist in Gefahr, aus dem Gleichgewicht zu geraten.

Erleben von Dunkelheit und Nacht

Von frühester Kindheit an werden Kinder vom Tag- und Nachtrhythmus geprägt. Sie wachsen in die unterschiedlichen Lebensgewohnheiten hinein, die auf den Abend und die Nachtruhe vorbereiten. Erlebnisse des Tages werden wieder wach: schöne und freudige Ereignisse ebenso wie verletzende, Angst auslösende Situationen. Oft verspüren Kinder am Abend den starken Wunsch, etwas wieder gut zu machen, eine Sache zu vollenden, die liegengeblieben ist. Ängste tauchen auf: vor dem Alleinsein; davor, nicht wieder zu erwachen, vor dem Rätselhaften und Unergründlichen, das mit Schlafen und Träumen einhergeht.

Verbringen Kinder mehrere Tage in einer Freizeit miteinander, so erleben sie den Wechsel von Tag und Nacht in der Gruppe. Veränderungen in der Natur werden von Stadtkindern oft intensiv erlebt. Eine durchwachte Nacht am Lagerfeuer gehört zu den stärksten Erinnerungen jeder Kinder- und Jugendgruppe. Aufsteigender Nebel, ein vom Mond beschienener Baum, die geheimnisvollen und unbekannten Geräusche der Nacht wecken Einbildung und Phantasie. Geister, Gespenster und Hexen tauchen in Gesprächen auf.

Was ist zu beachten?

- In der Gestaltung des Abendprogramms ausreichend Zeit für Muße und selbstbestimmtes Tun lassen!
- Wenn es draußen dunkel wird, verspüren die Kinder häufig den Wunsch, näher zusammenzurücken. Gespräche, Vorlesen oder Singen kommen diesem Bedürfnis entgegen und leiten über zu einer Phase der Ruhe und Entspannung.
- Naturbeobachtungen während der Nacht oder im frühen Morgengrauen schärfen die Sinne. Die Kinder sind bei Unternehmungen dieser Art unbedingt darauf hinzuweisen, sich so leise wie möglich zu verhalten und kein Wild aufzuscheuchen.
- Aufkommende Ängste werden häufig durch besonders lärmendes Verhalten abreagiert. Die begleitenden Erwachsenen können dies ausgleichen, indem sie Ruhe, Sicherheit und Vertrauen geben.
- Sind keine besonderen Aktivitäten am Abend oder in der Nacht geplant, so sollte die Nachtruhe immer zur gleichen Zeit eingehalten werden. Für 6 – 10jährige Kinder ist eine Schlafzeit ab 21.00 Uhr und für 10 – 14jährige Kinder ab 22.00 Uhr sinnvoll. Deutliche Signale wie z.B. das Auslöschen des Lichtes oder eine Gute-Nacht-Geschichte kündigen den endgültigen Beginn der Nachtruhe an.

Ein Tag ist vergangen

Die Abendstunden sind wie keine andere Tageszeit dazu geeignet, eine Rückbesinnung auf das Vergangene zu halten. Im Erleben von Licht und Dunkelheit ahnen

Kinder auch etwas von der tieferen Bedeutung menschlichen Lebens. Zeiten der Freude, Hoffnung und Zuversicht wechseln mit Erfahrungen der Angst, Einsamkeit, Verzweiflung und Hoffnungslosigkeit.
Die Kinder sitzen im Kreis auf Bodenmatten oder Stühlen. Falls ein Schlafraum geeignet ist, auch im Schneidersitz auf den Betten.
Im folgenden Text werden allgemeine Erfahrungen der Kinder angesprochen. Diese können jedoch ergänzt werden mit konkreten Situationen, die die Kinder im Verlauf des Tages erlebt haben.
Am Ende des Textes kann ein Abendgebet oder -lied den Ausklang bilden. Oder einzelne Kinder sprechen aus, was sie bewegt hat.

Der Gruppenleiter spricht ruhig und deutlich, mit einer kurzen Pause hinter jedem Satz:
„Wir sitzen im Kreis –
wir schließen die Augen und werden ganz ruhig –
unser Atem geht ruhig, ein und aus, ein – aus –

ein Tag geht zu Ende –
wir haben gespielt, gesungen, gelacht; haben vieles gemeinsam unternommen oder auch allein getan –
wir haben gegessen und getrunken, um Hunger und Durst zu stillen –
wir haben Freunde gefunden, die uns etwas erzählt haben –
wir haben Freunde gefunden, die uns zugehört haben –
wir haben Sonne, Licht und Helligkeit gespürt –

ein Tag geht zu Ende –
manchmal war einer von uns allein –
er suchte einen Freund, dem er etwas erzählen konnte –
eine Freundin, zum Spielen –
ein anderer zerstörte aus Wut ein Spielzeug –
wir waren nicht immer freundlich und liebevoll zueinander –
wir haben uns gestritten und gezankt –
wir haben uns über andere lustig gemacht –
mitten am hellichten Tag haben wir Dunkelheit, Ungerechtigkeit und Angst gespürt –

ein Tag geht zu Ende –
jeder von uns weiß: es gibt gute und helle Augenblicke am Tag –
und es gibt dunkle und traurige Augenblicke am Tag –
was wir getan haben, es ist vergangen –
was wir erlebt haben, es ist geschehen –
die Nacht hat begonnen –
wir dürfen ausruhen und träumen –
wir streifen die Müdigkeit ab und gleiten hinüber in den Schlaf –

ein Tag geht zu Ende – wir danken Gott für diesen Tag –
die Nacht hat begonnen – wir bitten Gott um Ruhe und Frieden für diese Nacht."

Mit einem Indianer beten:

DIESER TAG IST VORÜBER

Wenn der Tag vorüber ist,
denke ich an alles, was ich getan habe.
Habe ich den Tag vergeudet
oder habe ich etwas erreicht?
Habe ich mir einen Freund gemacht
oder einen Feind?
War ich wütend auf alle
oder war ich freundlich?
Was ich auch heute getan habe,
es ist vorbei.
Während ich schlafe,
bringt die Welt einen neuen, strahlenden Tag hervor,
den ich gebrauchen kann
oder vergeuden
oder was ich immer will.
Heute abend nehme ich mir vor:
Ich werde gut sein,
ich werde freundlich sein,
ich werde etwas tun,
was wert ist, getan zu werden.

(Aus: Käthe Recheis/Georg Bydlinski (Hrsg.), Weißt du, daß die Bäume reden? Weisheit der Indianer,
Verlag Herder, Wien 1992)

Traumgeschichte

KÖNNEN BÄUME IM TRAUM LAUFEN?

Lisa hat von ihrer Mutter ein neues Fahrrad geschenkt bekommen. Das alte war zu
klein geworden, das neue Rad ist aber noch etwas zu groß für das Kind. Lisa kommt
gerade mit ihren Zehenspitzen an die Pedale. Manchmal rutscht sie sogar mit ihrem
Fuß ab. Dann ist sie froh, wenn sie den Lenker fest in der Hand hält, damit sie nicht
vom Fahrrad fällt.
Den ganzen Nachmittag ist Lisa mit ihren Freunden um den Block herumgefahren.
Die anderen waren meistens etwas schneller als Lisa. Sie kam kaum mit, immer
blieb sie ein Stückchen zurück. Die anderen waren schon längst um die Straßenecke herumgeflitzt, wenn Lisa langsam hinterher kam. Sie mußte sich mächtig an-
strengen! Und da ist es dann auch passiert:

Als Lisa gerade wieder einmal um die Straßenecke biegen wollte, da kam von der anderen Seite Frau Möller vom Einkaufen zurück, und – rums – gab es einen Zusammenstoß! „Kannst du denn nicht aufpassen!" schimpfte Frau Möller und bückte sich nach ihrem Einkaufskorb. Der war heruntergefallen, und Äpfel, Birnen, Tomaten und Kartoffeln purzelten auf dem Gehweg durcheinander. Auch Lisa war mit ihrem Fahrrad hingefallen. Das rechte Knie tat ihr weh, sie konnte kein Wort herausbringen, so erschrocken war sie. „Na, zum Glück ist ja nichts Schlimmes passiert", meinte Frau Möller und sammelte ihre Sachen wieder ein. Auch Lisa hatte sich aufgerappelt, sie wollte noch etwas sagen, war aber noch stumm vor Schreck. „Ist alles in Ordnung?" hörte sie noch Frau Möller sagen, und „Das nächste Mal solltest du nicht vergessen, daß man Entschuldigung sagt, wenn einem so etwas passiert!" Ganz verdattert schaute Lisa Frau Möller an, die aber schon mit ihrem Einkaufskorb weiterging.

Inzwischen ist es Abend geworden. Es ist Zeit für alle Kinder, nach Hause zu gehen. Auch Lisa wird von ihrer Mutter gerufen. Jetzt schiebt sie ihr Fahrrad lieber, damit nicht noch Schlimmeres passiert. Zu Hause angekommen muß Lisa erst einmal erzählen, was sie erlebt hat. Später schaut Papa nach, ob an ihrem Fahrrad noch alles in Ordnung ist. Lisa ist heute abend sehr, sehr müde. Schon beim Abendessen gähnt sie immer wieder. Bald geht sie zu Bett. Es dauert nicht lange, da ist sie eingeschlafen.
Einige Stunden später gehen auch die Erwachsenen schlafen. Draußen ist es nun Nacht geworden. In den meisten Häusern ist es dunkel, nur aus einigen Fenstern fällt noch Licht. Trine, Lisas Katze, huscht gerade durch ihre Klappe in der Kellertür hinaus in den Garten. Ihre Augen sind zwei grüne Punkte in der schwarzen Nacht. Mit einem Sprung verschwindet sie im Gebüsch.

In ihrem Kinderzimmer liegt Lisa im Bett und wirft sich unruhig von einer Seite auf die andere. Sie erlebt gerade seltsame Dinge im Traum. Sie sieht sich auf ihrem Fahrrad sitzen und die Straße entlangfahren. Das Fahrrad wackelt so heftig, daß Lisa den Lenker ganz fest halten muß. Sie möchte anhalten, aber es geht nicht. Immer schneller strampelt sie in den Pedalen. Schon längst ist sie von ihrer Straße fort in einer unbekannten Gegend. Dort ist es dunkel und kalt. Lisa will schreien, aber sie bringt keinen Laut heraus.
Da geht das Licht im Kinderzimmer an. Papa steht vor Lisas Bett und fragt: „Ist etwas passiert?" Lisa blinzelt mit den Augen. Wo ist sie nur? Ihr ist so heiß. Gerade noch saß sie auf ihrem Fahrrad und fuhr in wilder Fahrt in ein dunkles Loch. Und jetzt? Aber da merkt sie, daß Papa sie ganz fest in die Arme nimmt und ihr gut zuredet: „Hast wohl etwas Dummes geträumt, was?" hört sie ihn wie von ganz weit sagen. Sehr schläfrig ist Lisa, aber sie sieht nun doch die Umrisse ihrer Lampe mit dem bunten Lampenschirm. Was war nur los? Sie weiß es selbst nicht so genau. Papa zieht noch die Bettdecke zurecht und löscht das Licht. Als er hinausgeht, sind Lisa die Augen schon wieder zugefallen. Ganz verschwommen hört sie noch Papas Stimme: „Jetzt schlaf nur weiter!" – da ist sie auch schon wieder eingeschlafen. Ruhig und gleichmäßig geht ihr Atem. Sie hört und sieht jetzt nichts mehr. Lisa schläft fest.

Am anderen Morgen ist Lisa die erste, die wach wird und aufsteht. Es ist schon heller Tag draußen. Beim Anziehen trödelt Lisa ein wenig, sie ist noch etwas schlaftrunken und gähnt. Darum merkt sie auch gar nicht, daß sie ihre Schuhe verkehrt herum angezogen hat. Papa sieht das sofort und sagt: „Na, guten Morgen, Traumlisa! Schläfst du noch etwas?" Lisa ist beleidigt, aber da sieht sie selbst, was sie mit ihren Sandalen angestellt hat und muß lachen. Schnell zieht sie ihre Schuhe richtig an und läuft hinunter in die Küche. Mama hat ihr schon ihren Teller mit Cornflakes auf den Tisch gestellt. Lisa gießt sich selbst die Milch darüber. Da hört sie, wie Papa sagt: „Nun, hast du gut geschlafen heute nacht?" – „Hmm," macht Lisa, sprechen kann sie gerade nicht, sie hat ihren Mund voller Cornflakes. „Heute Nacht hast du einmal ganz laut geschrien, da bin ich gekommen und hab nachgeschaut, was los war", bemerkt Papa. Lisa kann sich an nichts erinnern. Sie schaut Papa mit großen Augen an. Der fragt weiter: „Hattest du einen schlechten Traum?" will Papa wissen. „Weiß ich nicht", antwortet Lisa. Sie kann sich wirklich an nichts mehr erinnern.
Nach einer Weile fragt Lisa: „Träumt man immer, wenn man nachts schläft?" Papa meint: „Nicht immer die ganze Nacht durch. Aber während wir schlafen, gibt es Zeiten, in denen wir träumen, und Zeiten, in denen wir es nicht tun. Wir erleben im Traum Dinge, die es in Wirklichkeit gar nicht gibt. Oder wir sehen Menschen, die wir kennen, und die tun dann vielleicht etwas ganz Sonderbares. Oder wir laufen auf der Stelle und kommen nicht vom Fleck." Lisa runzelt die Stirn. Sie denkt nach. Schließlich fragt sie: „Können im Traum die Bäume auch laufen? Und die Menschen fliegen? Und die Tische und Stühle können im Traum auf dem Kopf stehen, und – und – und ..." Lisa bleibt der Mund offen, sie will noch etwas sagen, aber ihr fällt nichts mehr ein. „Ja", sagt Papa, „wenn wir träumen, ist alles möglich. Dann gibt es Dinge, die es sonst nicht gibt. Die ganze Welt scheint im Traum manchmal auf dem Kopf zu stehen." Er geht zur Küchentür und öffnet sie. Trine steht draußen und miaut. „Träumt die Trine auch, wenn sie schläft?" fragt Lisa. Sie hört noch, wie Papa brummelt: „Ja, ja, Tiere können auch träumen." – „Und die Blumen? Und die Puppe? Und der Legostein? Und – und ...?" Lisa verschluckt sich beim Sprechen fast. Papa wirft ihr nur einen Blick zu und sagt nichts weiter. Aber Lisa weiß, was er eigentlich meint: Sie soll beim Essen nicht soviel reden, und schon gar nicht mit vollem Mund!

Ganz verträumt schaut Lisa nun aus dem Küchenfenster. Ihre Augen sind weit geöffnet und auf einen Punkt in weiter Ferne gerichtet. Es ist, als träume sie mit offenen Augen. Lisas Löffel fällt auf den Küchenboden, er klirrt laut. Gedankenverloren starrt Lisa weiter aus dem Küchenfenster. Papa runzelt die Stirn. Woran denkt sein Kind wohl gerade? „Lisa! Dein Löffel!" bemerkt er streng. „Lisa, träumst du?" Lisa gibt ihm keine Antwort, sie fragt nur: „Papa, warum träumen denn die Menschen in der Nacht, wenn sie schlafen? Warum träumen sie nicht am Tag?" – „Tja, wenn ich das wüßte!" wirft Papa ein und schaut über den Rand seiner Zeitung, „das wollten schon viele Leute herausfinden! Wir wissen es einfach nicht, warum wir träumen. Aber vielleicht ist es so: Wachsein und Träumen gehören zusammen wie Tag und Nacht, wie Sonne und Mond, wie Sommer und Winter, wie Licht und Schatten. Wenn du wach bist, dann willst du spielen und herumtollen und auf dem Fahrrad fahren. Davon wirst du dann so müde, daß du wieder schlafen willst, um dich auszuruhen und neue

Kräfte zu sammeln für den nächsten Tag. Und im Schlaf träumst du dann auch wieder. So gehört eins zum andern." Lisa ist von ihrem Stuhl aufgesprungen, als sie das Wort „Fahrradfahren" gehört hat. Jetzt fällt ihr wieder schlagartig ein, was sie in der Nacht geträumt hatte, und es sprudelt aus ihr heraus: „Und heute nacht, da hab ich geträumt, ich bin Fahrrad gefahren, ganz schnell und immer schneller. Und auf einmal war da ein dunkles Loch und ich wollte ganz laut schreien, und ..." Papa fällt ihr ins Wort: „Und da bin ich in dein Zimmer gekommen und hab das Licht angemacht und nachgesehen." – „Ja, genauso war's!" stellt Lisa erstaunt fest. Woher ihr Papa das alles so genau weiß? Aber er sagt nur: „Ich glaube, du träumst immer noch. Weißt du eigentlich, wo dein Löffel ist? Und deine Cornflakes hast du auch noch nicht aufgegessen. Nun aber mal los, die Zeit des Träumens ist vorbei, es ist Zeit zum Gehen." Lisa schaut auf dem Tisch herum. Wo der Löffel nur ist? denkt sie. Und da entdeckt sie ihn schon auf dem Küchenboden. Wie ist denn der Löffel da hingekommen? Ob der Löffel auch schlafen und träumen kann? Aber sie fragt nicht mehr laut. Papa drängt zur Eile. Da weiß sie, daß er jetzt keine Zeit mehr hat, ihre vielen Fragen zu beantworten.

Kinderfragen

Die nächtliche Beobachtung des Mondes und der Sterne weckt das Interesse und den Wunsch der Kinder, noch mehr über die Gestirne zu erfahren. Für den Erwachsenen ist es nicht immer einfach, Kinderfragen sachlich richtig und zugleich kindgerecht zu beantworten. Einige typische Fragen und mögliche Antworten wurden deshalb hier zusammengestellt.

Warum wird es dunkel?

Alle 24 Stunden wechseln Tag und Nacht einander ab. Die Erde dreht sich und wendet dabei immer nur eine Seite der Sonne zu. Auf der Erdhälfte, die von der Sonne beschienen wird, ist Tag, auf der anderen Hälfte Nacht.
Da sich die Erde ständig um ihre Achse dreht, geht die Sonne am Morgen auf und am Abend unter. Sie verschwindet am Horizont. Nicht die Sonne bewegt sich, sondern die Erde.

Was ist ein Stern?

Sterne sind riesige Himmelskörper. Sie sind rund wie ein Ball oder oval wie ein Ei. Da sie glühend heiß sind, leuchten sie. Unsere Sonne ist auch ein Stern. Obwohl es viele Sterne gibt, die noch viel größer als die Sonne sind, erscheinen sie uns klein, da sie sehr weit weg sind.

Warum funkeln Sterne?

Die unruhige Luft, welche die Erde umgibt, erzeugt ein Flimmern und läßt die Sterne funkeln.

Wie viele Sterne gibt es?

In einer hellen Nacht kann man mit bloßem Auge mindestens 2000 Sterne sehen. Sie gehören zu einem einzigen Sternensystem, nämlich der Milchstraße. Zu ihr zählen ca. 100 Milliarden Sonnen. Unsere Sonne ist nur eine davon. Die Milchstraße ist nur eines von vielen Sternensystemen oder Galaxien im Weltraum. Es ist unmöglich, alle Sterne zu zählen.

Wie kommt die Milchstraße zu ihrem Namen?

Am nächtlichen Himmel kann sie als feiner weißer Schleier wahrgenommen werden. Es sieht so ähnlich aus, als ob jemand Milch verschüttet hätte.

Wie weit entfernt sind die Sterne?

Die Sterne sind unendlich weit von uns entfernt. Viele kann man nur mit einem sehr starken Fernrohr sehen.Die meisten Sterne sind aber so weit weg, daß man sie auch mit dem stärksten Fernrohr nicht sehen kann. Die Entfernungen sind so riesig, daß nicht in Kilometern, sondern in Lichtjahren gemessen wird. Ein Lichtjahr ist die Entfernung, die das Licht innerhalb eines Jahres zurücklegt.

Was sind Sternbilder?

Sterne gruppieren sich zu bestimmten Figuren, diese nennt man Sternbilder. Schon in alten Zeiten benannten Menschen diese Sternenfiguren nach Tieren, Sagengestalten, Göttern, Helden oder Gegenständen. Ein leicht zu entdeckendes Sternbild sind der Große und der Kleine Wagen.
Nachts sieht es so aus, als ob die Sternbilder von Ost nach West wandern würden. In Wirklichkeit behalten sie aber ihren Standort, die Erde dreht sich. Zu den verschiedenen Jahreszeiten sind unterschiedliche Sternbilder zu sehen, da die Erde um die Sonne wandert.

Wie heißt der hellste Stern am Himmel?

Es ist der Polarstern. Die Sternbilder Kleiner und Großer Wagen helfen, den Polarstern ausfindig zu machen. Das rückwärtige Brett des Großen Wagens wird nach oben hin um das Fünffache verlängert. Der Polarstern ist der vorderste Stern der Deichsel des Kleinen Wagens. Von uns aus gesehen ist es der einzige Stern, der sich nicht bewegt und immer genau im Norden steht. Der Polarstern ist 2000 mal heller als die Sonne und etwa zehnmal so groß. Er ist 400 Lichtjahre von uns entfernt.

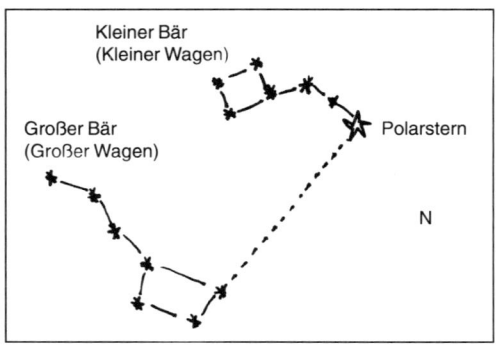

Was sind Sternschnuppen?

Zwischen den Planeten schweben viele kleine Steine, die meist nur die Größe eines Sandkorns haben. Sie können aber auch einige Kilometer Umfang haben und sie heißen Meteore.
Wenn ein solches Teilchen in Erdnähe kommt, wird es von der Luft abgebremst. Es wird dabei glühendheiß und leuchtet auf. Dabei entsteht eine Leuchtspur, die wir Sternschnuppe nennen. (Wer eine Sternschnuppe sieht, kann sich im geheimen etwas wünschen!) Die meisten Teilchen verlöschen über der Erdoberfläche. Einige wenige „verbrennen" nicht ganz und schlagen auf. Sie bohren dabei tiefe Krater in die Erde. Einer der größten Meteorite schlug vor 5 Millionen Jahren in Arizona ein und erzeugte einen 1200 m breiten Krater mit einer Tiefe von 175 m.

Was ist ein Planet?

Ein Planet hat im Gegensatz zu einem Stern kein eigenes Licht, sondern reflektiert das Licht der Sonne. Unsere Erde ist nur einer von neun Planeten, welche die Sonne umkreisen. Der Sonne am nächsten steht Merkur. Ihm folgen Venus, Erde, Jupiter, Saturn, Uranus, Neptun, Pluto.

Warum hat der Mond ein Gesicht?

Auf dem Mond gibt es Berge, Täler und Krater. Diese werfen Schatten, und es sieht so aus, als ob der Mond ein Gesicht hätte. Die großen, dunklen Stellen werden Mare oder Meere genannt. Man glaubte früher, es gäbe Wasser auf dem Mond.

Warum ist der Mond nicht immer rund?

Der Mond leuchtet nicht selbst. Er kreist im Laufe eines Monats um die Erde, und wir können immer nur den Teil von ihm sehen, der gerade von der Sonne angestrahlt wird. Wenn das Sonnenlicht direkt von vorne auf ihn trifft, ist Vollmond. Kommt das Licht von der Seite, sieht man nur den halben Mond, und wenn die Sonne auf die Rückseite scheint, ist der Mond überhaupt nicht zu sehen: Es ist Neumond.

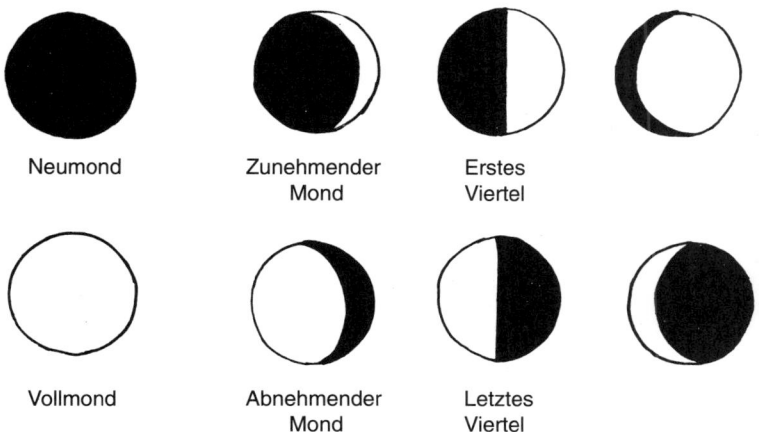

Neumond   Zunehmender   Erstes
                 Mond   Viertel

Vollmond   Abnehmender   Letztes
                 Mond   Viertel

Warum ist der Mond nicht bewohnt?

Auf dem Mond gibt es keine Luft zum Atmen, kein Wasser und keine Nahrung. Die Temperaturen sind unerträglich. Sie können bis auf 130°C steigen und bis 150°C unter Null sinken. Menschen und Tiere können deshalb auf dem Mond nicht leben, Pflanzen nicht wachsen. Der Mond ist eine große, leblose Wüste mit Gebirgen, dunklen Ebenen und unzähligen Kratern.

Staunen über Mond und Sterne

In einer klaren Nacht gibt es am Himmel unendlich viel zu entdecken und zu beobachten: den Mond und unzählige Sterne; Sterne, die sich zu Sternbildern gruppieren; manchmal Sternschnuppen, aber auch Satelliten und die Positionslichter von Flugzeugen.
Fern von künstlichen Lichtquellen sind die Sterne deutlicher zu sehen, denn die Nähe von Häusern und beleuchteten Straßen beeinträchtigt die Beobachtung. Zu einem besonderen Erlebnis wird die Himmelsschau mit einem Fernglas. Damit kann man beispielsweise Krater auf dem Mond sehen oder Sterne entdecken, die mit bloßem Auge nicht wahrzunehmen sind.
Der Gruppenleiter oder eine andere sachkundige Person kann gemeinsam mit den Kindern Sternbilder entdecken und benennen, auf Fragen der Kinder eingehen und Wissenswertes beisteuern. Ein späterer Besuch einer Sternwarte oder eines Planetariums wird bei den Kindern sicher auf Interesse stoßen.

Nachtwanderung

Es gibt kaum etwas Aufregenderes für Kinder als eine Nachtwanderung. Kinder lieben das Unheimliche, Spannende und Abenteuerliche. Nachts zeigt sich die Natur oft unwirklich, phantastisch. Bäume und Äste nehmen gespenstische Formen an. Der Mond läßt lange, dunkle Schatten entstehen. Geräusche wie das Knarren von Bäumen, das Rascheln des Laubs, unbekannte Tierstimmen sind zu hören, Tieraugen leuchten im Dunkeln. Dies alles erleben die Kinder als gruselig und ungemein spannend. Sie staunen aber auch über den funkelnden Sternenhimmel und den leuchtenden Mond.

In der Dunkelheit rückt die Gruppe näher zusammen. Sind Kinder und Gruppenleiter miteinander vertraut, können Ängste eingestanden werden, eine Bloßstellung vor der Gruppe wird vermieden. Die Mutigeren nehmen sich der Ängstlichen, die Älteren der Jüngeren an und beschützen sie. Das gemeinsame Bestehen dieses Abenteuers stärkt nicht nur das Selbstwertgefühl jedes einzelnen, sondern auch das Gruppengefühl, und läßt so die Gemeinschaft zusammenwachsen. Die Nachtwanderung wird zu einem bleibenden Erlebnis.

Um Gefährdungen der Kinder, aber auch Ruhestörungen der Bewohner sowie das Aufstören von Wild zu vermeiden, ist das Einhalten bestimmter Regeln erforderlich. Der Gruppenleiter muß sich hier auf die Teilnehmer verlassen können. Ebenso ist eine sorgfältige Wahl des Weges und eine entsprechende Ausrüstung entscheidend für den Erfolg dieser Unternehmung.

Wegstrecke
– Die Wegstrecke muß der Gruppenleiter gut kennen, gegebenenfalls vorher abgehen oder abfahren.
– Als Route eignet sich am besten ein Rundweg, der durch abwechslungsreiches Gelände führt: über Feldwege, entlang eines Baches, durch ein Stück Wald, zu einer Lichtung oder sogar einer Burgruine. Straßen ohne Gehwege sind nach Möglichkeit zu meiden.

Zeitliche Planung
– Der Himmel sollte klar sein, damit Sterne und Mond beobachtet werden können und ein Zurechtfinden in der Dunkelheit möglich ist.
– Die Wanderung beginnt erst bei Einbruch der Dunkelheit. Das ist im Sommer zwischen 21 und 22 Uhr. Sie endet nach ein bis zwei Stunden.

Betreuer
– Die Anzahl der Betreuer ist abhängig von der Gruppensituation und dem Alter der Kinder. Wandergruppen von mehr als 10 Personen sollten von mindestens zwei Erwachsenen begleitet werden.

Regeln
– Bei Ortsdurchquerungen die Kinder darauf hinweisen, die nächtliche Ruhe der Bewohner nicht durch Lärm zu stören.

- Im Wald sollte auf lärmendes Verhalten ebenfalls verzichtet werden, um das Wild nicht zu verschrecken oder zu verscheuchen. Zeitlich begrenzte Gespensterspiele bilden hier eine Ausnahme. Die Kinder können angeregt werden, auch einmal für kurze Zeit zu schweigen und auf die Geräusche der Nacht zu hören.

Verhalten auf der Straße
- Beim Benutzen öffentlicher Straßen sind gesetzliche Bestimmungen einzuhalten (StVO): Gruppen benutzen außerhalb geschlossener Ortschaften die rechte Straßenseite. Vom Hereinbrechen der Dunkelheit an muß die Kindergruppe nach vorne ihre seitliche Begrenzung und nach hinten ihr Ende durch Taschenlampen erkennbar machen (vorne weiß, hinten rot). Außerdem ist es ratsam, helle Kleidung zu tragen.

Ausrüstung und Bekleidung
- Strapazierfähige Kleidung: Jeans, Pullover oder Anorak, da es nachts rasch abkühlt; unempfindliche und bequeme Schuhe.
- Fernglas für Himmelsbeobachtungen.
- Trillerpfeife als Signalpfeife.
- Erste Hilfe-Tasche.
- Taschenlampen, Laternen oder Fackeln. Im Wald kein offenes Feuer tragen, da Waldbrandgefahr besteht.
- Für Gespensterspiele: weiße Bettlaken, weiße Theaterschminke, lange Nachthemden, Hüte, Besen als Geister- oder Hexenbesen, Masken, Lärminstrumente wie Blechbüchsen mit Steinen, Rasseln, Äste, die aufeinandergeschlagen werden, Eisenketten.

WALDGEISTERBAHN

Wenn eine Burgruine in der Nähe ist, hat man eine prächtige Kulisse für den nächtlichen Spuk. Zu ernst darf das Gespensterspektakel aber nicht inszeniert werden, da der Spaß und nicht die Angst im Vordergrund stehen sollte.
Ein Teil des Weges führt durch den Wald. Schweigend gehen die Kinder im Abstand von 2 bis 3 Minuten allein oder auch zu zweit eine etwa 500 m lange Strecke, die voll von unheimlichen Überraschungen ist: Lichter irren durch den Wald, Wehklagen oder das Heulen eines „Wolfes" ist zu hören, Geister tauchen

unvermittelt auf oder leuchten sich selbst mit der Lampe ins schaurige Gesicht, unheimliche Klopf- oder Rasselgeräusche sind zu hören, eine ausgestopfte Puppe oder ein Knochenmann ✳ baumeln vom Ast. Es erfordert schon einigen Mut, den Weg entlangzugehen. Am Ende des „Gespensterweges" warten die Kameraden und zeigen ihren Beifall für die Mutigen. Wenn alle die Strecke zurückgelegt haben, macht sich die Gruppe auf den Rückweg und sammelt die Gespenster samt Zubehör ein.

MITTERNACHTSIMBISS

Eine Nachtwanderung macht hungrig. So ist ein kleiner Imbiß sicher ein willkommener gemeinsamer Abschluß. Da es nachts meist kühl ist, finden warme Speisen und Getränke besonderen Anklang.

Für einen Imbiß eignen sich:
— Heiße, kräftige Suppen wie Erbsensuppe mit Würstchen, Kartoffelsuppe ✳
— Heiße Würstchen mit Brot oder Kartoffelsalat ✳
— Sternen- oder Mondbrot ✳ mit Butter oder Kräuterquark
— Früchtetee.

Der Imbiß kann von den Zuhausegebliebenen als Überraschung geplant und vorbereitet werden. Kerzenlicht sorgt für eine stimmungsvolle Atmosphäre: Teelichter auf Treppen und auf dem Flur weisen den Weg zum Buffet, Tischlaternen oder Wasserschalen mit Blumen und Schwimmkerzen sind eine hübsche Tischdekoration. Es ist darauf zu achten, daß das Kerzenlicht nie unbeaufsichtigt bleibt und ein mit Wasser gefüllter Eimer immer in greifbarer Nähe steht.

Am Lagerfeuer

In einer lauen Sommernacht am Lagerfeuer sitzen und bis zum Morgengrauen wach bleiben – dies gehört zu den unvergeßlichen Erlebnissen einer Kinderfreizeit. Jahrtausendelang hat offenes Feuer das Überleben der Menschen gesichert, die Entdeckung des Feuers gehört zu den größten kulturellen Leistungen der menschlichen Frühgeschichte.
Kinder spüren etwas von dieser Urerfahrung, wenn sie sich um das offene Feuer lagern, umgeben von der Dunkelheit der Nacht mit ihren geheimnisvollen Geräuschen. Sie erfahren die wärmende Kraft des Feuers; Funkenflug und zusammenbrechende Holzscheite regen die Phantasie an; bei verglimmender Glut rücken sie näher zusammen und erleben die schützende Gemeinschaft der Gruppe; Kartoffeln, in der Glut gegart, schmecken besonders gut, auch wenn sie halb verkohlt sind.

Trotz aller Lagerfeuerromantik sind im Umgang mit offenem Feuer wichtige Regeln zu beachten. Die Kinder müssen akzeptieren, daß zum Vergnügen auch die Sorge für das eigene Tun und die Verantwortung für die Umwelt gehören.

Planung
- Gemeindeverwaltung, Förster oder Feuerwehr nach einem geeigneten Platz fragen. Auch die Hauseltern von Ferienhäusern und Jugendherbergen können Auskunft erteilen, häufig gibt es spezielle Grillplätze im Gelände von Freizeiteinrichtungen.
- Wird ein Platz im Freien gewählt, so muß der Eigentümer um Erlaubnis gefragt werden. Er freut sich vielleicht über eine Einladung!
- Zeitpunkt vereinbaren, Wetterbericht verfolgen und evt. Ersatztermin erwägen.
- Aktionen, Programmpunkte mit den Kindern absprechen und vorbereiten.
- Essen und Trinken rechtzeitig planen, Transportmöglichkeiten überlegen!

Vorbereitung
- Trockenen, sandigen Boden wählen (nicht im Moor und in der Heide).
- Mindestens 10 m Abstand zu ausgetrockneten Grasflächen und Baumbestand einhalten.
- Reisig und trockenes Astholz sammeln, je nach Stärke und Länge auf verschiedene Haufen aufschichten. Gut geeignet ist trockenes Buchenholz.

Anlegen der Feuerstelle
- Steine kreisförmig auf dem Boden anlegen, sie bilden die Begrenzung der Feuerstelle. Durchmesser ca. 1 – 2 m.
- Brennmaterial in der Kreismitte immer in folgender Reihenfolge aufschichten:
  - locker zerknülltes Zeitungspapier oder Stroh
  - Reisig
  - kurzes, dünneres Astholz
  - wenige, längere Äste pyramidenförmig um das Brennmaterial aufstellen

Sitzplätze
- Sitzplätze so anordnen, daß keine Gefahr durch Funkenflug entstehen kann. Windrichtung beachten!
- Mindestens 2 m Abstand zur Feuerstelle einhalten.

Anzünden des Feuers
- Zeitungspapier mit Streichholz anzünden.
- *Hinweis:* Bei feuchtem Holz kann mit einigen Würfeln Kohleanzünder nachgeholfen werden.
  Nicht geeignet: Spiritus in Flaschen!
- Feuer braucht Sauerstoff. Deshalb immer darauf achten, daß das Brennmaterial locker aufeinanderliegt, evtl. mit kräftigen rhythmischen Bewegungen seitlich mit einer zusammengefalteten Zeitung Luft zufächeln.

- Zweige und Äste aus dem Holzvorrat nachlegen.
- Etwa eine Stunde vor dem Löschen kein weiteres Holz nachlegen.

Löschen des Feuers
- Kein hell brennendes Feuer löschen! Warten, bis das Feuer langsam verglimmt.
- Einige Eimer feuchten Sand auf die Glut geben, festtreten.
- Feuerstelle erst dann verlassen, wenn das Feuer vollständig gelöscht ist. Auch fast ganz abgebranntes Holz enthält noch Reste von Glut. Im Zweifelsfalle: Wasser nachgeben!
- Am nächsten Tag Asche und Kohlereste mit dem Boden so vermischen, daß keine Spuren zurückbleiben.
- Übriggebliebenes Holz in der Umgebung verteilen.

Verhaltensregeln am offenen Feuer
- Die Kinder in alle Vorbereitungen und weiteren Tätigkeiten mit einbeziehen.
- Unterhaltung, Singen, Spielen, Tanzen usw. lenken vom gefährlichen Spiel mit dem Feuer ab.
- Nicht zu nah an das lichterloh brennende Feuer kommen!
- Sitzplätze während des Programms nicht verlassen, nicht herumlaufen!
- Nichts in das Feuer hineinwerfen!
- Decken, Strickjacken bereithalten. Ein verglimmendes Feuer wärmt nicht mehr.
- Sitzplätze der Betreuer so anordnen, daß jeder Erwachsene eine kleine Kindergruppe überschauen kann.
- Braten und Backen erfolgt grundsätzlich in bzw. über der Glut, nie im offenen Feuer. Die Zeit bis zum Herunterbrennen des Feuers mit Singen, Spielen und Vorlesen ausfüllen.
- Erste Hilfe bei kleineren Brandverletzungen: Brandsalbe, kaltes Wasser.
- Plastiksack oder Eimer für Abfälle bereithalten. Abfälle am Schluß mitnehmen.

Aktionen am Lagerfeuer
Die Aktivitäten um das Lagerfeuer herum orientieren sich an dessen Rahmen und Umfang. So kann das Garen von Speisen auf einer einfachen Feuerstelle genauso zu einem kleinen Fest werden wie ein sorgfältig geplantes, großes Lagerfeuer mit Überraschungen und vielfältigen Programmpunkten, die für Spannung und Unterhaltung sorgen.
Jeder Gruppenleiter wird den Verlauf der Aktion mit den Kindern abstimmen. Je nach deren Alter und Interessen ergeben sich andere Schwerpunkte:

- ein besinnliches, ruhiges Lagerfeuer
- ein Lagerfeuer für Waldläufer, Trapper und Pfadfinder ✳
- ein Lagerfeuer im Wild-West-Stil
- ein Hexenfeuer
- ein Waldgeisterfeuer ✳
- eine Mischung aus mehreren Elementen, wobei der besinnliche Teil den Abschluß bildet.

LAGERFEUER FÜR WALDLÄUFER, TRAPPER UND PFADFINDER

Waldläufer und Trapper benötigen keine Unterhaltung am Lagerfeuer. Die ausgiebige und sachgerechte Vorbereitung ist ihnen Programm genug.
Nach einer alten Regel muß ein echter Trapper erst einmal dreimal richtig schwitzen, bevor er sich von einem Feuer zum Schwitzen bringen läßt! Vor der Lagerfeuerromantik steht also das schweißtreibende Vorbereiten, bis man sich entspannt am Feuer niederlassen kann.

Die drei schweißtreibenden Phasen sind:
– das Sammeln des Brennmaterials
– das Aufschichten des Brenngutes
– das Entzünden des Feuers.

Sammeln des Brennmaterials:
Schon bei ihren Streifzügen durch die Gegend schärfen Waldläufer ihren Blick für geeignetes oder ungeeignetes Brennmaterial. Geeignet sind: trockenes, am Boden liegendes Astholz, dürre Zweige, trockene Kiefern- und Tannenzapfen. Das Material darf nicht morsch oder modrig sein. Besonders gut geeignete Holzarten sind: Buche, Birke (brennt auch in feuchtem Zustand), Kiefer, Lärche. Weniger gut geeignet sind: Kastanie (erzeugt starken Funkenflug), Eiche, Ulme und Esche (erzeugen Rauch und Qualm). Frisch vom Baum geschnittene Zweige sind als Brennmaterial nicht geeignet und für einen Waldläufer, der die Natur schützt, für diesen Zweck tabu!

Aufschichten des Brenngutes:
Die gesammelten Äste und Zweige werden auf etwa gleiche, gut zu handhabende Länge zerkleinert. Ein echter Trapper braucht dazu keine weiteren Hilfsmittel, er tritt mit seinen Füßen fest auf den Ast und bricht ihn mit den Händen ab. Ein Fahrtenmesser ist natürlich erlaubt: zum Abspalten von kleineren Holzspänen, zum Schnitzen eines Grillspießes und dgl. Das zerkleinerte Brennmaterial wird in der Nähe der Feuerstelle aufgeschichtet, jedoch nicht so nah, daß das Feuer auf die Holzvorräte übergreifen kann. Ein erfahrener Waldläufer prüft zuerst die Windrichtung und bestimmt dann den Platz für die Holzvorräte.

Entzünden des Feuers:
Nachdem das Holz auf der Feuerstelle sachgerecht aufgeschichtet wurde, kommt nun die spannendste und schweißtreibendste Tat: das Feuer anzuzünden nach uralter Trappertradition, ohne „Errungenschaften der Zivilisation" wie Steichhölzer, Feuerzeug oder Brennwürfel. Ein Waldläufer versucht es zunächst so: Sonnenlicht mit dem Brennglas einer Lupe bündeln und auf ein Bündel trockenes Heu oder Papierschnipsel lenken, die an einer Seite der Feuerstelle liegen. Schnell werden diese Feuer fangen und die nächsten Zweige erfassen. Den gleichen Zweck erfüllt eine starke Lesebrille oder die Linse eines Fernglases. Durch Reibung entsteht ebenfalls Wärme. Wenn man die richtigen Steine findet, kann man versuchen, sie solange aneinanderzuschlagen, bis ein Funke entsteht. Diese Methode ist jedoch

sehr mühsam; etwas mehr Glück kann man mit einem Feuerquirl haben: Ein Stück hartes, sehr trockenes Holz wird an einem Ende angespitzt. Die Spitze auf ein weicheres, trockenes Stück Holz aufstellen und sie mit Holzmehl und Papierschnipseln umgeben. Mit beiden Händen nun den Stab hin- und herreiben, bis das umliegende Material zu glimmen anfängt.

Sollten diese Methoden erfolglos sein, so werden auch passionierte Waldläufer letztendlich doch die Streichholzschachtel nehmen oder, bei nicht ganz trockenem Holz, Brennwürfel zur Unterstützung verwenden.

Nach diesen Anstrengungen, die schon einige Stunden in Anspruch nehmen, werden die Waldläufer froh sein, wenn endlich das Feuer brennt und sie sich behaglich darum lagern können. Nun kann sich eine Atmosphäre entwickeln, die keiner weiteren gezielten Programmgestaltung bedarf: Gespräche entstehen, einer beginnt auf der Gitarre zu spielen, die anderen summen oder singen mit, einfache Gerichte werden über der Glut gegart und im Verlauf des Abends verspeist. Je weiter das Feuer heruntergebrannt ist, umso niedriger wird der Lärmpegel, lange Pausen entstehen, in denen kein Wort mehr fällt, man lauscht auf die Geräusche der Natur und wird langsam schläfrig. Vielleicht entsteht der Wunsch, die ganze Nacht im Freien zu verbringen, und einzelne beginnen, sich mit warmer Kleidung und Schlafsack darauf einzurichten.

WALDGEISTERFEUER

Bei einem Waldgeister-Lagerfeuer dürfen die Kinder einmal all das tun, was sonst nicht gern gesehen oder sogar verboten ist: laut sein und lärmen, sich gegenseitig erschrecken und sich verrückt anziehen.

Die Vorbereitungen beginnen mit der Verkleidung. Die Kinder kostümieren sich mit allem, was sie auftreiben und was sie zu echten Waldgeistern macht: dunkle Strumpfhosen mit wallenden, weißen Tüchern, die übergeworfen werden, Masken und schaurigen Kopfbedeckungen. Schon jetzt wird die Stimmung für den Geisterabend angeheizt.

Der Gang zum Feuer wird zu einem gruseligen Abenteuer: Am Weg entlang erschrecken Unholde und andere Waldgeister die Kinder (➙ Waldgeisterbahn, S. 244).

Zum Programm am Lagerfeuer gehört natürlich eine spannende Gruselgeschichte, ein Waldgeistertanz ✳ (➙ Hexentanz, S. 252), kleine spontane Sketche und ein Bewegungsspiel zum Mitmachen ✳ (➙ Gespensterspuk um Mitternacht, s. u.).

Das Grillen am Feuer wird zum großen „Fressen der Waldgeister", die an diesem besonderen Abend natürlich mit den Fingern essen.

Selbstverständlich muß bei einer Aktion, in der gerade gutes Benehmen nicht an der Tagesordnung ist, ganz besonders auf ein Eskalieren der Stimmung geachtet werden. Alle Regeln im Umgang mit Feuer sind konsequent einzuhalten!

Gespensterspuk um Mitternacht

Teilnehmer
20 Spieler und mehr (je größer die Gruppe, desto lebhafter das Spiel).

Material
Ein Gong, ein Schlüsselbund, Papiertaschentücher.

Mitternachtsgespenstersong

Schu - bi - du - hu - hu - hu, schu - bi - du - hu - hu - hu, schu - bi - du - hu - hu - hu - hu - hu.

Spielverlauf
Die Spieler sitzen in mehreren Reihen hintereinander im Halbkreis auf dem Boden. Der Spielleiter stellt sich als Sir Arthur Rutherfield aus Southern-Small-Village vor und übt mehrmals den Mitternachts-Gespenster-Song mit der Gruppe ein. Im weiteren Verlauf erzählt er seine Geschichte, die er mit Bewegungen (unten in Klammer stehend) und dem Mitternachts-Gespenster-Song untermalt. Die Gruppe greift dies auf und macht die Bewegungen und den Gesang mit; dazu erhält jeder ein Papiertaschentuch. Der Spielleiter steigert die Spannung oder läßt den Mitternachts-Gespenster-Song wiederholen (laut–leise), damit die Stimmung angeheizt wird.

Gespenstergeschichte

Es ist Mitternacht in Southern-Small-Village. Vom Kirchturm ertönen zwölf Glocken-schläge (zwölf Schläge auf dem Gong). Aus einem dumpfen Kellergewölbe kommt kettenrasselnd (mit Schlüsselbund rasseln) Sir Arthur Rutherfield. Bleich scheint der runde Mond (mit beiden Armen Kreise in der Luft zeichnen) durch die jahrhun-dertealten, verstaubten Kellerfenster. Sir Arthur Rutherfield ist ja soo müde (laut gähnen)! Seit 497 Jahren und 352 Nächten schon muß er jede Nacht seinen Mitter-nachts-Gespenster-Song durch die offene Kellerluke singen. Er singt müde: Schuhu... Wo meine Gespenster heute bleiben?

Er singt noch einmal seinen Mitternachts-Gespenster-Song, diesmal etwas lauter: Schuhu... und rasselt laut mit den Ketten (mit Schlüsselbund rasseln). Da ertönt es aus den verfallenen Ruinen des Schlosses leise zurück: Schuhu... Sir Arthur Ru-therfield reckt und streckt sich (recken und strecken), er fühlt neue Kräfte in sich.

Da kommen sie ja (mit dem Finger in eine Ecke weisen), klettern die eingefallenen Mauern hoch (mit Armen und Beinen kraxeln); schwingen sich über dunkle Ab-gründe (leises zischen zsssss); laufen schnell durch die endlos langen Schloßflure (mit den Füßen trampeln), stolpern über jahrhundertealte, vermooste Mauersteine (mit den Händen Stolperrhythmus klatschen) und singen aus allen Ecken den Mit-ternachts-Gespenster-Song. (Der Spielleiter teilt ein: Eine Gruppe beginnt, eine in einer anderen Ecke wiederholt usw. bis ca. 4 mal). Schon treffen sich alle Gespen-ster im Turmzimmer bei den aufgescheuchten Fledermäusen (Arme schwingen und zischen). Und ab geht die wilde Jagd; die 1037 Stufen der Wendeltreppe hinunter (kreisende Bewegung eines Armes von oben nach unten), durch die knarrende Holztür (krr), über herumliegende Steinbrocken (Stolperrhythmus klatschen), und immer lauter rufen sie ihren Mitternachts-Gespenster-Song: Schuhu... Schon sind sie im Keller angekommen; Sir Arthur Rutherfield begrüßt sie mit einem freudigen: Schuhu ... Seine Gespenster antworten laut: Schuhu... und auch die kleinsten Ge-spensterchen kreischen (in hohen Tönen) Schuhu... Sir Arthur Rutherfield rasselt mit seinen Ketten (Schlüsselbund rasseln), alle Gespenster sind still.

Und sogleich beginnen sie wieder an allen Ecken und Enden mit ihrem Gespenster-tanz (Papiertaschentuch in der Hand hin und her schwenken, Schunkelbewegun-gen machen, dabei den Gespenstersong singen oder summen).

Doch nun müssen sie wieder zurück, ihre Zeit ist bald um. Ab geht es über herumlie-gende Steinbrocken (Stolperrhythmus klatschen), durch die knarrende Holztür (krr, krrr), die 1037 Stufen der Wendeltreppe hinauf (kreisende Bewegungen mit einem Arm von unten nach oben), zurück in das Turmzimmer zu den aufgescheuchten Fle-dermäusen (Arme schwingen, zischen), die eingefallene Schloßmauer hoch (mit Armen und Beinen kraxeln) und zurück in ihre Gespensterlöcher. Von dort erklingt es noch einmal aus allen Ecken: Schuhu... Sir Arthur Rutherfield antwortet: Schuhu ... Er rasselt noch einmal leise mit den Ketten (Schlüsselbund rasseln) und versinkt in seinen Gespensterschlaf. Schon schlägt die Kirchturmuhr 1 Uhr (1 mal auf den Gong schlagen). Alles ist still wie im Grab, nichts ist mehr zu hören in Southern-Small-Village. (Lange Pause)

Hexentanz

Ein Hexentanz um das Lagerfeuer herum kann sehr eindrucksvoll sein und die Stimmung anheizen.

Tänzer
10 –26, dazu ein oder mehrere Spieler mit Instrumenten.

Instrumente
Tambourin mit Schlegel, Bongo oder anderes Rhythmusinstrument.

Der Rhythmus wird am Anfang sehr langsam und schleppend, in der zweiten Phase etwas schneller geschlagen, dann immer schneller werdend und sich steigernd, bis zum Schluß ein abrupter Schlag das Ende darstellt.

Requisiten
Für jeden Tänzer einen Hexenbesen, bestehend aus einem Ast, an dessen Ende ein Bündel von Zweigen, mit einem Bindfaden umwickelt, befestigt wird.

Verkleidung
Kopftuch, ein kleines Kissen als Buckel auf dem Rücken unter das T-Shirt gesteckt, lange Röcke oder wallende Kleidung, evt. Pappnase.

Tanzschritte

1. Phase: sehr langsamer und schleppender Rhythmus.

– Langsam schlurfend umrunden die Hexen auf ihren Hexenbesen reitend das Feuer – mit der Hand auf dem Tambourin schleifendes Geräusch erzeugen.
– Stehenbleiben, sich auf der Stelle langsam umdrehen, dabei 8 mal mit dem Fuß aufstampfen.
– In die Gegenrichtung umdrehen, mit den Füßen stampfen, dabei den Hexenbesen in die rechte Hand nehmen und auf dem Boden 8 mal aufstoßen.

2. Phase: etwas zügiger werden im Rhythmus.

– Mit dem Besen in der Hand um das Feuer herumgehen, Besen auf dem Boden bei jedem Schritt aufstoßen.
– Am Ausgangspunkt angekommen, vier Schritte rückwärts gehen, den Besen mit der rechten Hand in die Luft stoßen, vier Schritte vorwärts, eine schnelle Drehung auf der Stelle machen, vier Schritte aus dem Kreis heraus und vier Schritte wieder zurück in Richtung Feuer machen, den Besen dabei drohend in die Luft stoßen.

- Aufstellung zu Paaren: Jeweils zwei Hexen schultern ihren Besen über der rechten Schulter, haken sich links unter und drehen sich gemeinsam auf der Stelle – acht Schritte.
- Dasselbe in die andere Richtung, Besen über die linke Schulter legen, rechts einhaken und achtmal auf der Stelle drehen.
- Paarweise sich gegenüberstellen: Jeder nimmt den Besen in beide Hände und stößt ihn im angegebenen Rhythmus nach oben, nach links, nach rechts und nach unten; Wiederholung derselben Tanzform.

3. Phase: Rhythmus bleibt zunächst im Tempo und steigert sich dann langsam, später immer schneller werdend, bis er zum Schluß mit einem Schlag abrupt endet.

- Die Hexen gehen um das Feuer, anfangs noch im gleichen Tempo, dabei schwingen sie die Besen kreisförmig in die Luft; bei schneller werdendem Rhythmus steigert sich die Gangart zu Laufen und Rennen, die Hexen stoßen schrille Laute wie Hihihi, hohoho, huhuhu aus oder kreischen wild durcheinander. Beim letzten Schlag bleiben sie ganz plötzlich wie versteinert stehen.

Alle Tanzformen werden in derselben Schrittfolge und in den drei verschiedenen Rhythmen wiederholt. Nach einer langen Pause, in der die Hexen wieder versteinert stehen, beginnen sie ihre Bewegungen wieder mit dem schlurfenden Gang um das Feuer.

Nach dem letzten abrupten Schlag auf dem Rhythmusinstrument bleiben die Hexen wieder stehen und werfen ihre Besen ins Feuer. Der Spuk hat ein Ende.

Variation
Aus dem Hexentanz läßt sich ohne weiteres ein Waldgeistertanz entwickeln, bei gleicher Schrittfolge. Statt des Hexenbesens tragen die Tänzer eine Waldgeistermaske ✳ (s. u.) vor dem Gesicht. Auf einzelne Tanzformen, wie z.B. das Aufstampfen mit dem Besen, muß dann verzichtet werden. Zum Abschluß können um das Feuer liegende Äste ins Feuer geworfen werden.

Waldgeistermaske

Material
Karton DIN A 4, Zeitungspapier, Bleistift, Schere, Klebeband, Kleister, Büroklammern, Naturmaterial wie Gräser, Farne, Moos, Wurzeln, Zapfen; gerade gewachsener Ast, ca. 50 – 60 cm lang.

So wird's gemacht
- An der unteren Seite des Kartons eine Rundung markieren und schneiden.

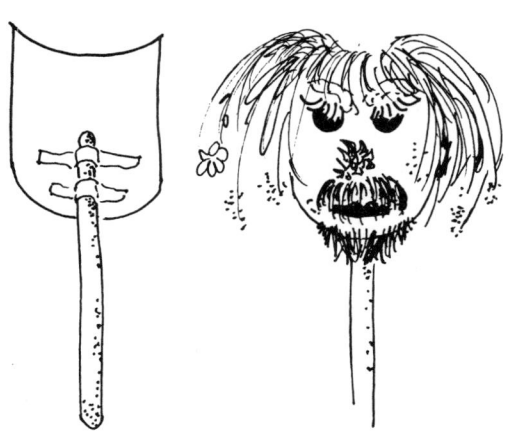

- Karton über eine Tischkante ziehen, es entsteht eine leichte Wölbung.
- Augen markieren und ausschneiden.
- An der Innenseite den Stock mit Klebeband gut befestigen.
- Maske ausschmücken: Gräser und Farne eignen sich für Haare und Bart, ein Kiefernzapfen wird zur Nase etc. Befestigt wird das Material mit Klebeband und Büroklammern sowie mit Streifen von Zeitungspapier, die mit Kleister bestrichen werden.

Gerippe aus Astholz

Ein Gerippe, vom Ast herabbaumelnd, wird so manchen Spaziergänger im Wald erschrecken oder belustigen. Kinder haben großes Vergnügen daran, es herzustellen und sich gruselige Geschichten dazu auszudenken.

Material
Astholz, Zweige, Baumrinde, Moos, Farn oder Grasbüschel, Baumschere, Fuchsschwanz, Fahrtenmesser, Handbohrer, 3 Haken, Blumendraht, Bindfaden, Blumentopf, schwarzer Filzstift.

So wird's gemacht
- Astholz (unterschiedlich in Dicke und Länge), Rinde und Zweige sammeln und zuschneiden: vier Äste gleicher Länge und Dicke für die Arme, vier Äste gleicher Länge und Dicke für die Beine.
- Sechs bis acht Äste für die Rippen so zuschneiden, daß die Länge um jeweils 2–4 cm abnimmt.
Für das Becken entweder ein sehr dickes Stück Holz oder ein Stück Rinde verwenden.

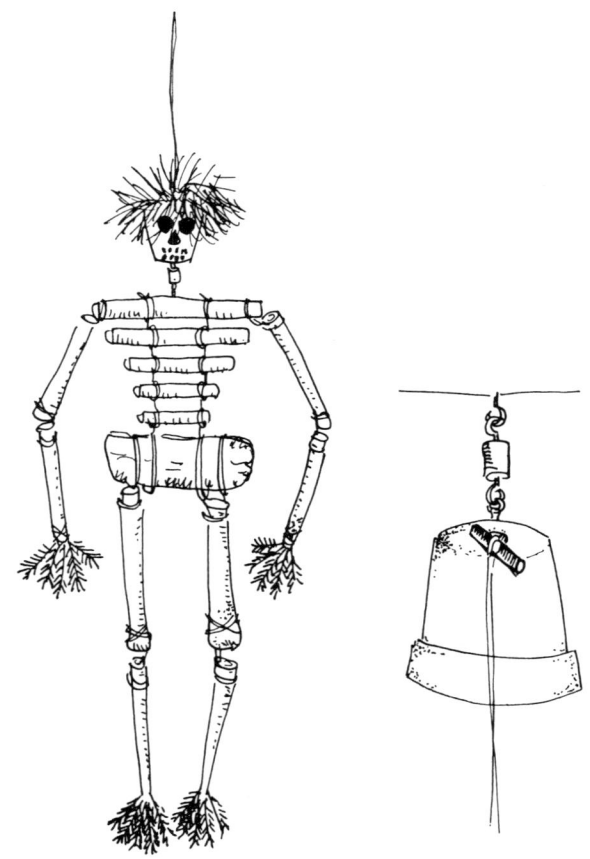

- Die „Knochen" des Gerippes mit Blumendraht oder Bindfaden miteinander verbinden und jeweils einen kleinen Zwischenraum lassen, daß sie beweglich bleiben. Bei den Rippen mit dem längsten Ast oben beginnen, an beiden Enden Blumendraht herumwickeln und den nächst kürzeren Ast anbinden. So fortfahren bis zur „Taille". Hier nun das Becken ansetzen, an dieses die „Knochen" der Beine. Links und rechts an den Schultern die Armknochen befestigen. Je fünf kleine Tannenzweiglein, mit Blumendraht zusammengebunden, bilden Hände und Füße.
- In der Mitte des obersten Rippenknochens einen Haken anbringen.
- Kurzes Aststück für den Hals an beiden Enden mit einem Haken versehen.
- „Hals" in den Haken der obersten Rippe einhängen.
- Kopf herstellen: Ein 2 – 3 m langes Stück Blumendraht in der Mitte umbiegen, dieses geschlossene Ende des Blumendrahtes von innen nach außen durch das Loch im Boden des Blumentopfes stecken und in den oberen Haken des „Halses" einhängen. Im Innern des Blumentopfes ein kleines Stück Holz mit Blumendraht umwickelt quer zum Topfboden als Befestigung anbringen.
- Augen, Nase und Zähne mit dem Filzstift auf den Blumentopf malen.
- In die Topföffnung ein Grasbüschel, Moos oder Farne stopfen.
- Gerippe mit dem noch heraustehenden Blumendraht an einem Ast befestigen.

Leuchtkäfer-Lampion

An lauen Sommerabenden können die Kinder manchmal in der Dunkelheit Glühwürmchen sehen. Vielleicht haben sie Lust, sich einen großen Leuchtkäfer als Lampion zu basteln. Mehrere dieser Laternen, in einen Baum gehängt, sorgen für die richtige Stimmung bei einer Mitternachtsparty.

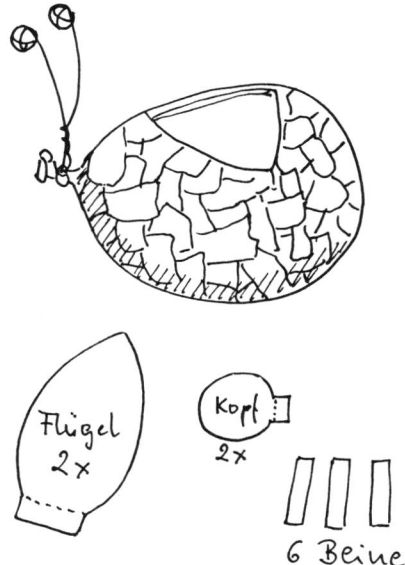

Material
Luftballon, schwarzer Fotokarton, Seidenpapier (weiß, hellgrün, zitronengelb), zwei kleine Wattekugeln, Blumendraht, Teelicht, Kleister, Kleber, Schere, schwarze Plakafarbe, Pinsel.

So wird's gemacht
- Luftballon aufblasen.
- Seidenpapier in große Schnipsel reißen, mit Kleister bestreichen und in mehreren Schichten übereinander auf den Luftballon kleben.

- Beklebten Ballon trocknen lassen.
- In eine Seite des Ballons ein Dreieck als Öffnung schneiden, durch die später das Teelicht in den Lampion hineingestellt werden kann. Dabei platzt die Haut des Luftballons, sie kann jetzt entfernt werden.
- An dem geknoteten Nippel des Luftballons die Fühler anbringen: An beiden Enden des ca. 30 cm langen Blumendrahtes die Wattekugeln befestigen, mit den Drahtenden umwickeln; Blumendraht so um den Nippel wickeln, daß die beiden Fühler nach oben gerichtet sind.
- Wattekugeln mit schwarzer Plakafarbe bemalen.
- Aus dem Fotokarton ausschneiden: zwei Flügel mit Lasche zum Ankleben; zwei Kopfteile mit Lasche zum Ankleben; sechs Beine.
- Teile an den Luftballon kleben: Mit den beiden Kopfteilen den Nippel fassen und beide Teile zusammenkleben, Laschen am Ballon festkleben. Flügel an den Seiten der dreieckigen Öffnung anlegen, Lasche nach innen wenden, ankleben. An beiden Seiten des Luftballons jeweils drei Beine ankleben.
- Teelicht mit einem Tropfen heißen Wachs im Lampion befestigen.
- Aus Blumendraht einen Bügel biegen, über der Öffnung des Lampions befestigen.
- Lampion mit Blumendraht aufhängen.

LICHTERSCHIFFCHEN

Material
Rinde, 20 – 35 cm langer Zweig, 2 cm langes Aststück oder Korken, Transparentpapier, Kleber, Teelicht mit Hülse, Handbohrer, Messer.

So wird's gemacht
- Rinde säubern, zurechtschneiden: 20 – 35 cm lang
- In das Aststück oder den Korken ein Loch bohren, Zweig hineinstecken, evtl. mit Kleber befestigen.
- Transparentpapier zu einem rechteckigen Segel zurechtschneiden, auf den Zweig stecken.
- Fertiges Segel auf der Rinde mit Kleber befestigen.
- Teelicht mit einigen Tropfen flüssigem Wachs hinter dem Segel befestigen.

(Aus: Eva Reuys/Hanne Viehoff, Feste kreativ gestalten. 1000 Ideen für Kindergruppen. Don Bosco Verlag, München [4]1994)

BLUMENLICHT

Geeignet für einen Lichterkranz.

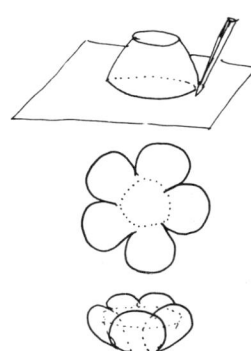

Material
Kompottschälchen (Durchmesser 10–12 cm), Seidenpapier, Tapetenkleister, Schere, Bleistift, Teelichter.

Durchführung
– Kompottschälchen mit der geöffneten Seite auf das
  Seidenpapier stellen, Kreis umfahren.
– Fünf Blütenblätter um den Kreis gruppieren.
– Blüte ausschneiden.
– 2–3 Blüten derselben Farbe außen an den Boden und bis zur Hälfte der Seiten-
  wände des Kompottschälchens kleben.

(Aus: Eva Reuys / Hanne Viehoff, Feste kreativ gestalten. 1000 Ideen für Kindergruppen. Don Bosco
Verlag, München [4]1994)

Grillspieße

Grillspieße, auf die Lebensmittel aufgespießt werden, müssen grundsätzlich aus frischen Zweigen und Ästen hergestellt werden. Trockenes Holz würde sofort verbrennen, das Grillgut fällt ins Feuer, was zu gefährlichen und enttäuschenden Situationen führen kann. Birkenholz ist ebenfalls nicht geeignet, da es auch in frischem Zustand brennen kann.

Material
Gerade gewachsene Zweige oder Äste, die frisch
geschnitten werden, Baumschere, Fahrten-,
Schnitz- oder Küchenmesser, Äste mit einer Gabelung.

So wird's gemacht
– Zweige oder Äste auf die gewünschte Länge
  zuschneiden.
– An einem Drittel des Astes die Rinde entfernen
  und das Ende zuspitzen.
– Bei Astgabeln dasselbe an der Gabelung aus-
  führen.
– Wer will, kann in seinen Grillspieß ein Muster
  einschnitzen, so läßt er sich später am Feuer
  besser wiedererkennen.

Schaschlik oder Stockbrot läßt sich besser auf gerade Äste aufspießen. Gegabelte
Grillspieße sind dagegen besser für Würste und Fleischstücke geeignet.

Lieder

BONSOIR

4 st. Kanon   (Text und Melodie aus Frankreich)

Bon - soir, bon - soir, la bru-me mon-te du sol,

on en-tend le ros-si-gnol, la bru-me mon-te du sol,

on en-tend le ros-si-gnol. Bon - soir, bon - soir.

Übersetzung: Guten Abend ... Der Nebel steigt von der Erde auf, man hört schon die Nachtigall.

DIE DÄMMERUNG FÄLLT

(Text und Melodie mündlich überliefert)

1. Die Däm - me - rung fällt, wir sind mü - de vom

Tra - ben, die Stra - ßen, sie ha - ben der Stei - ne so

viel. Laßt uns für heu - te al - lein_____ !

Laßt uns für heu - te al - lein _____ .

2. Es ist uns bestellt, mit brennenden Füßen
die Unrast zu büßen, die tags uns befällt!
Laßt uns für heute allein! Laßt uns für heute allein!

3. Wer weiß, wo der Wind uns morgen noch hinweht,
wo keiner mehr mitgeht, der Bruder uns ist?
Laßt uns für heute allein! Laßt uns für heute allein!

WARUM GEHT NUN DIE SONNE FORT

(Text: Wolfgang Borchert
Melodie: Dorothée Kreusch-Jacob)[1]

2. Warum, ach sag, warum
wird unsere Stadt so still?
Schlaf ein, mein Kind und träume sacht,
das kommt wohl von der dunklen Nacht,
weil sie dann schlafen will.

3. Warum, ach sag, warum
   brennt die Laterne so?
   Schlaf ein, mein Kind, und träume sacht,
   das kommt wohl von der dunklen Nacht,
   da brennt sie lichterloh!

4. Warum, ach sag, warum
   gehn manche Hand in Hand?
   Schlaf ein, mein Kind, und träume sacht,
   das kommt wohl von der dunklen Nacht,
   da geht man Hand in Hand.

5. Warum, ach sag, warum
   ist unser Herz so klein?
   Schlaf ein, mein Kind, und träume sacht,
   das kommt wohl von der dunklen Nacht,
   da sind wir ganz allein.

[1](Melodie aus: Heut nacht steigt der Mond übers Dach, © by Verlag Heinrich Ellermann, München; Text aus: Wolfgang Borchert, Das Gesamtwerk, © 1949 by Rowohlt Verlag, Hamburg)

GESPENSTERKANON

(Text und Melodie mündlich überliefert)

Fin-ster, fin-ster, fin-ster, fin-ster, nur der Glüh-wurm glüht im Gin-ster,

und der U - hu ruft im Grun - de: Gei - ster - stun - de.

Schwar - ze Ra - ben kräch - zen, und Ge-spen - ster lech - zen

u - i, u - i, u - iii.

Beginn der Geisterstunde: 12 Schläge auf einem Klanginstrument.

Sprechtext:

1. Um die alte Burgruine schleicht die Jungfer Clementine,
   kann im Grab nicht Ruhe finden wegen ihrer schweren Sünden.

   Kanon

2. Schieles Auge, irrer Blick, um die Lenden einen Strick,
   schimmert klapperndes Gebein dort im fahlen Mondenschein.

   Kanon

3. Droben kauert ein Gerippe aus des Burgherrn edler Sippe,
   doch es starb der edle Zecher durch das Gift aus ihrem Becher.

   Kanon

4. Kauz und Eule flattern bang an dem alten Turm entlang.
   Bäume ächzen, Stimmen kreischen jener, die nach Rache heischen.

   Kanon

5. Eins die Glock vom Turme kündet, und der ganze Spuk verschwindet.
   Irrlicht hüpft zum Wald hinüber; Geisterstunde ist vorüber.

Ende der Geisterstunde: 1 Schlag auf einem Klanginstrument.

SONNE WILL GEHEN

(Text und Melodie: Hanne Viehoff)

1. Die Sonne will gehen fern am Himmelszelt, die letzten goldenen Strahlen verzaubern noch die Welt.

2. Es dämmert der Abend, ruhig wird der Wind;
   die Vögel in ihren Nestern schon eingeschlafen sind.

3. Die Nacht ist gekommen, es glänzt der erste Stern;
   große und kleine Lichter leuchten nah und fern.

4. Der Mond ist aufgegangen, seinen Weg er macht;
   die Kinder in ihren Häusern wünschen sich: Gute Nacht!

O, DU STILLE ZEIT

(T.: J. von Eichendorff /
M.: C. Bresgen)

2. Aus der Einsamkeit rauscht es nun so sacht
   über die Berge weit, über die Berge weit:
   Gute Nacht!

(Voggenreiter Verlag, Bonn)

Grillgerichte am Lagerfeuer

SCHWARZE BANANEN

Bananen mit der Schale in die heiße Asche legen und regelmäßig mit Grillzange oder Stöcken wenden. Wenn die Banane von allen Seiten dunkel ist, von der Glut nehmen (Achtung: sehr heiß!) und vorsichtig einen Streifen abziehen. Mit Zucker und Zimt bestreuen und aus der heißen Schale löffeln.

FOLIENKARTOFFELN

Kartoffeln in Alufolie einwickeln und in die Glut legen. Nach ca. 60 Minuten die Folienkartoffeln mit Stöcken aus der Asche holen und Folie oben öffnen. Kartoffel der

Länge nach aufschneiden, auseinanderklappen, mit Salz und Pfeffer würzen und aus der Schale essen. Sehr gut schmeckt dazu Sauerrahm mit Kräutern oder geschmolzener Käse.

BRATWURST AM SPIESS

Je eine Bratwurst auf einen langen Stock spießen und so lange über der Glut drehen, bis sie durchgebraten ist. Mit Ketchup oder Senf und Brot essen.

PFADFINDER-RACLETTE

Nicht zu große Käsewürfel auf Weidenstöcke spießen und so lange über der Glut drehen, bis der Käse anfängt zu laufen. Schmeckt gut zu Folienkartoffeln.

STOCKBROTE

Zutaten
450 g Weizenmehl, 1 Tl Salz, 2 Tl Backpulver, 1 Tasse Milch.

Zubereitung
Salz, Backpulver und Mehl in einer Schüssel mischen, nach und nach die Milch zugeben, bis ein geschmeidiger Teig entsteht. Vom Teig etwa 10 Teile abstechen und mit bemehlten Händen Würste formen. Jede Wurst schlangenförmig um einen angespitzten Stock wickeln. Stockbrot durch Drehen über der Glut backen, bis es gar ist und eine hellbraune Farbe hat.

Mitternachtsimbiß

MONDBROT UND STERNENBROT

Zutaten
Quarkölteig von: 500 g Mehl, 400 g Magerquark, 1/2 Tasse Milch, 1/2 Tasse Öl, 2 Päckchen Backpulver, 1 Tl Salz, Eigelb zum Bestreichen.

Geräte
Rührschüssel, Kochlöffel oder Handrührgerät mit Quirl und Knethaken, Backpapier, Gefäß für Eigelb, Messer, Backblech.

Zubereitung
- Quark mit Öl, Milch und Salz verrühren.
- Die Hälfte des mit Backpulver gemischten Mehls unterrühren.
- Restliches Mehl unterkneten, bis der Teig gleichmäßige Beschaffenheit hat.
- Blech mit Backpapier belegen.

Formen des Mondes:
- Aus Teigkugel Mondsichel mit Nase formen. Mund und Auge mit dem Messerrücken einkerben.

Formen des Sterns:
- Teig zur Kugel formen und auf die Mitte des Bleches legen.
- Kugel plattdrücken und rundherum 8 mal einige Zentimeter mit dem Messer einschneiden.
- Aus dem Teig zwischen den Einschnittstellen Sternzacken formen.

Formen eines Kometen:
Aus jeweils der Hälfte des Teiges den Stern und den Kometenschweif formen. Ansatzstellen zwischen Stern und Schweif mit Eiweiß bepinseln.

- Mond oder Stern mit Eigelb bestreichen.
- Herd auf 180°C vorheizen. Backzeit ca. 30 Minuten.

KARTOFFELSUPPE MIT WÜRSTCHEN

Selten schmeckt eine Suppe so gut wie um Mitternacht nach einer Nachtwanderung oder nach einem Fest. Wenn die Kinder mithelfen dürfen, macht schon die Zubereitung Spaß.

Zutaten (für 4 Personen)
30 g Speck, 1 Zwiebel, 2 Karotten, 1 Stange Lauch, 3/4 kg Kartoffeln, 1 1/2 l Gemüsebrühe (Würfel), 20 g Mehl, Salz, Paprika, Majoran; 2 Paar Wiener Würstchen.

Zubereitung
– Speck in kleine Würfel schneiden.
– Zwiebeln würfeln; Lauch und Karotten gründlich waschen und in Scheiben schneiden.
– Kartoffeln schälen und in Würfel schneiden.
– Speckwürfel leicht anbraten, Zwiebel, Karotten und Lauch darin andünsten.
– Kartoffelwürfel zugeben, mitdünsten.
– Gewürze zugeben, mit Brühe auffüllen und gar kochen.
– Mehl mit etwas kaltem Wasser in einer Tasse anrühren und die Suppe damit binden.
– Würstchen in Scheiben schneiden und 10 Minuten in der Suppe ziehen, aber nicht mehr kochen lassen.

Garzeit etwa 1/2 – 3/4 Stunde.

WARMER KARTOFFELSALAT

Zutaten (für 4 Personen)
1 kg Salatkartoffeln (festkochende Sorte), 2 Zwiebeln, 3 Gewürzgurken, Salatkräuter.
Salatmarinade aus: 4 – 6 El Essig, 1/4 l heiße Gemüsebrühe, Salz, 1 Prise Zucker, 3 – 4 El Öl.

Zubereitung
– Salatkartoffeln dämpfen, etwas abkühlen lassen, schälen, in Scheiben schneiden, mit fein geschnittenen Zwiebeln mischen.
– Die noch warmen Kartoffeln mit heißer, gut abgeschmeckter Marinade ohne Öl anmachen, vorsichtig mischen, abschmecken, gut durchziehen lassen, zuletzt Öl untermischen.
– Gewürzgurken in Würfel schneiden und untermischen, Salatkräuter über den Salat streuen.

Verbrennungen

Durch Berührung heißer Gegenstände, von offenem Feuer oder heißer Flüssigkeit können Verbrennungen oder Verbrühungen der Haut und des darunter liegenden Gewebes entstehen.

Es werden vier Verbrennungsgrade unterschieden:
1. Grad: Rötung, Schwellung, Schmerz.
2. Grad: Blasenbildung und oberflächige Zerstörung der Haut.
3. Grad: Schorfbildung bei Gewebezerstörung.
4. Grad: Verkohlung.

Erste Hilfe
- Kleine, oberflächliche Brandwunden sofort unter kaltes, möglichst fließendes Wasser halten, bis der Schmerz nachläßt, jedoch mindestens 10 Minuten.
- Kleiderbrände sofort löschen, Flammen mit Tüchern, Wolldecken oder Kleidungsstücken ersticken; brennende Person auf dem Boden wälzen oder (falls rasch zur Hand) mit Wasser übergießen bzw. in Wasser eintauchen. Kleidung rasch entfernen, jedoch eingebrannten Stoff nicht losreißen.
- Verbrannte Körperstelle möglichst sofort unter kaltes Wasser halten, bis der Schmerz nachläßt.
- Brandsalben, Puder, Gelees niemals auf großflächige Verbrennungen geben, da dies die Behandlung im Krankenhaus stört. Um Infektionen zu vermeiden, Brandwunden niemals mit den Fingern berühren!
- Brandwunden keimfrei bedecken mit Brandwundenpäckchen, Brandwundenverbandtüchern, Metallinetüchern, notfalls auch mit frischen Leintüchern.
- Verbrennungen 2. Grades gehören in ärztliche Behandlung, wenn die Blasenbildung größer als die Handfläche ist. Bei Verbrennungen 3. Grades ist sofort der Arzt und bei Verbrennungen 4. Grades sofort die Rettungsstelle zu rufen!

Literatur

Beck, Martine: Schlaf und Traum. Reihe: Die Welt entdecken, Bd. 42. Ravensburger TB 8342. Ravensburger Buchverlag Otto Maier, Ravensburg 1988.

Heubest, Nigel: Wir entdecken und bestimmen den Sternenhimmel. Ravensburger TB 540. Ravensburger Buchverlag Otto Maier, Ravensburg 1991.

Kreusch-Jacob Dorothée/Seelig, Renate (Hrsg.): Heut nacht steigt der Mond übers Dach. Geschichten, Gedichte und Lieder vor dem Schlafengehen. Verlag H. Ellermann, München 1988.

Ruck-Pauquèt, Gina: Tag- und Traum-Geschichtenbuch. 70 Geschichten zum Vor- und Selberlesen. Ravensburger Buchverlag Otto Maier, Ravensburg 1991.

Stichwortregister nach Sachgruppen

ℹ Informationen für den Gruppenleiter

❓ Kinderfragen

⦿ Geschichten und Texte

👁 Erkundungen und Naturbeobachtungen

Aktionen und Spiele

✂️ Werken und Gestalten

🎼 Lieder

Kochen und Backen

 Unfallverhütung und Erste Hilfe

Kennen Sie schon ...

... Blubberplop, den Wassermann, die Ameise Krabbel oder Hafti, das verschnupfte Kamel? Das sind nur drei der lustigen Tiere, die in Klanggeschichten und Liedern so manches erleben. Und diese können mit Hilfe der einfachen grafischen Notationen für Körper- und Orffinstrumente in der Arbeit mit Kindern in Kindergarten und Grundschule zum Leben erweckt werden ...

Elisabeth Wagner
Herr Blubberplop, der Wassermann
Neue Klanggeschichten und Lieder

60 S., ill. v. F. Weinold, kart., ISBN 3-7698-0700-6

Volker Rosin
Itzibitz - die Liedermaus
Neue Kinderlieder mit Geschichten im Jahreskreis

2. Aufl., 76 S., ill. v. F. Weinold, kart., ISBN 3-7698-0642-5

Elisabeth Wagner
Quacki, der kleine freche Frosch
37 lustige Klanggeschichten für Kinder von 3 - 8

7. Aufl., 80 S., ill. v. F. Weinold, kart., ISBN 3-7698-0622-0

Renate Schwab
Wenn die Lachkatze um 7 Ecken springt
Lustige Geschichten, Verse, Lieder und Spiele durchs Jahr

108 S., ill. v. F. Weinold, kart., ISBN 3-7698-0712-X

Das Handbuch für Kindergarten und Schule

„ ... eine Fundgrube für alle Jahreszeiten und jede Gelegenheit"
(aus *Mücki & Max im Unterricht*)

Eva Reuys/Hanne Viehoff

Feste kreativ gestalten

1000 Ideen für Kindergruppen

5. Aufl., 308 S., zahlr. Zeichn. u. Noten,
kart., ISBN 3-7698-0615-8

Feste kreativ gestalten ist ein umfangreiches Werk mit vollständigen Modellen zu allen Festen im Jahreslauf einschließlich Sommerfest und Kindergeburtstag. Das Buch ist aus reichhaltiger Erfahrung erwachsen und für alle Einrichtungen und freien Gruppen mit Kindern von 5 bis 14 Jahren geeignet. Eva Reuys und Hanne Viehoff sind in der Aus- und Fortbildung von Erzieherinnen und Erziehern tätig als Dozentinnen an der Fachakademie für Sozialpädagogik der Landeshauptstadt München.

Das Besondere an *Feste kreativ gestalten*:

Die Sammlung ist systematisch und übersichtlich aufgebaut; sie erleichtert dem Gruppenleiter die Vorbereitung und Planung der Jahresfeste.

Die Schwerpunkte:
- Informationen über geschichtliche Entwicklung, Brauchtum und religiösen Sinngehalt der Feste
- detaillierte Vorschläge zur Planung und Organisation
- methodische Hinweise zur Durchführung
- Lieder, Tänze, Spiele, Werkarbeiten, Kochrezepte
- Materialangaben
- Skizzen, die die Arbeitsvorgänge veranschaulichen
- Literaturangaben zum jeweiligen Thema

DON BOSCO
VERLAG
Sieboldstraße 11
81669 München